KEIN RUHESTAND

WIE FRAUEN
MIT ALTERSARMUT UMGEHEN

Herausgegeben von Irene Götz

Unter Mitarbeit von
Esther Gajek, Alex Rau, Marcia von Rebay, Petra Schweiger,
und Noémi Sebök-Polyfka

Verlag Antje Kunstmann

Inhalt

Teil I

ALTERSARMUT – EIN LANGE VERNACHLÄSSIGTES PROBLEM

von Irene Götz

unter Mitarbeit von
Esther Gajek, Alex Rau, Marcia von Rebay,
Petra Schweiger und Noémi Sebök-Polyfka

1. Vom wohlverdienten zum prekären Ruhestand*

Ich schaue halt und suche. Aber du kriegst nichts mehr, keine Chance. Weil die Jüngere wollen. Ja, klar. Mit 68, da sagen sie ›die ist zu langsam, die kann das nicht, bis die einlernt‹ […]. Also in der Telefonakquise da kriegst immer was, weil da sieht dich ja keiner, musst halt stundenlang telefonieren. Aber das geht natürlich schon an die Substanz. Da gehe ich raus, da bin ich fertig.

Die hier interviewte ehemalige Versicherungsangestellte Monika Tegt[1] (68) muss nach 40 Jahren Berufstätigkeit abends in einem Callcenter wie im Akkord telefonieren, weil ihre Rente von – im Jahr 2015 – rund 900 Euro nicht zum Leben ausreicht. Die 85-jährige ehemalige Hausmeisterin Maiana Dovan hat kein Geld, um ihre aufgetragenen Winterschuhe reparieren zu lassen – und ihren kleinen Balkon, früher ihre ganze Freude, begrünt sie schon lange nicht mehr, das ist zu teuer. Traudel Heller, frühere Bürokraft, Anfang 70, geriet trotz einer Pension von 1460 Euro nach Scheidung und Aufbau eines eigenen Haushalts in die Schuldenfalle – ihre neu bezogene Wohnung allein frisst schon 700 Euro Miete. Alle ihre Rücklagen sind aufgebraucht, »*jetzt muss ich knausern und sparen*«. Diese Beispiele verweisen auf die Lebensbedingungen vieler Menschen im Rentenalter, insbesondere von alleinstehenden Frauen in teuren Städten, um die es in diesem Buch geht.

* Alle im Folgenden verwendeten Personennamen unserer Gesprächspartnerinnen sind Pseudonyme, um die Anonymität der Interviewten zu wahren.

Wir wissen noch wenig darüber, wie Ältere ganz konkret in ihrem Alltag mit niedrigen Renten zurechtkommen, weil Altersarmut oft sogar im engeren Familienkreis im Verborgenen bleibt.

Diese Interview-Studie will mit ihren mikroskopischen Einblicken in die Lebensführung von Frauen der heutigen Rentnerinnengeneration zu differenzierten Sichtweisen anregen, die sowohl deren Leistungen der Selbstsorge wertschätzend herausstellen als auch ihre Sorgen ernst nehmen. In diesem Sinne – im Sinne der Interessen und Bedürfnisse der Frauen – soll die Politik im Großen wie auf kommunaler Ebene durch überfällige Einblicke in bestehende Bedürftigkeiten handlungsfähiger gemacht werden. Vor allem aber will dieses Buch dazu beitragen, dass Rentnerinnen ihre Situation nicht als individuelles, womöglich noch selbstverschuldetes Schicksal begreifen, sondern als Teil einer gesamtgesellschaftlichen Problematik. Und es will dazu ermutigen, die eigene prekäre Situation zu verbessern, zum Beispiel, indem bei einschlägigen Beratungsstellen Unterstützung geholt wird (siehe die Informationen im letzten Teil des Buches). Vielleicht überzeugen die Befunde auch die Jüngeren, soweit möglich, früh für ihr Alter Lebensformen und Lösungen anzudenken, was jedoch nicht heißen soll, dass nicht gerade die Politik angehalten ist, für die nächsten Generationen präventive und vor allem nachhaltigere Alterssicherungen zu entwickeln.[2]

Im ersten Teil des Buches wird auf der Basis der geführten Interviews das vielschichtige gesellschaftliche Problem der Altersarmut skizziert. Welche gesellschaftlichen und biografischen Faktoren führten (und führen oft weiterhin) dazu, dass heute im Alter vor allem Frauen von Armut bedroht sind? Welche Strategien und Praktiken haben sie entwickelt, wenn sie noch dazu allein in einem Haushalt wirtschaften müssen? Was unternehmen sie derzeit noch an Zusatzarbeit (z.b. Minijobs, Selbstständigkeit bis ins hohe Alter, Hilfsdienste für andere)? Inwieweit stellen diese Tätigkeiten eher eine Bereicherung oder vor allem eine ökonomische Notwendigkeit dar? Welche Strategien des Sparens und Umgangs mit knappen Mitteln entwickeln die Frauen darüber hinaus, um sich ihren Verbleib in der vertrauten Wohnung so lange wie möglich leisten zu können? Welche Sorgen – insbesondere vor der Zukunft – müssen sie bewältigen, und auf welche Unterstützung (Familie, Nachbarn, Kollegen, Ämter) können sie dabei zurückgreifen (oder eben auch nicht)? Welche sozialen und kulturellen Ressourcen helfen diesen Frauen der Generation der Kriegs- und Nachkriegskinder, sich mit ihrer Situation zu arrangieren?

Im zweiten Teil kommen die Frauen selbst zu Wort, in einem dritten Teil wird dann darüber informiert, wo man sich gegebenenfalls finanzielle oder soziale Unterstützung holen und damit weiterhin trotz finanzieller Engpässe im Alter am gesellschaftlichen und kulturellen Leben teilhaben kann.

Armutszuwachs in Deutschland

Wie können Frauen über die Runden kommen, wenn ihre Rente oft kaum reicht, um die Miete aufzubringen, und Sozial- oder Genossenschaftswohnungen rar sind? Diese Frage stand am Anfang unserer Untersuchung, und sie ist ihr Leitmotiv. Auch einschlägige Studien verweisen in den letzten Jahren darauf, dass das Problem der Altersarmut, das durch »gesicherte« Renten ja aus der Welt geschafft schien, im »reichen« Deutschland wieder drängend geworden ist. Alleinstehende Frauen, gering Qualifizierte im Niedriglohnsektor, in dem sich übrigens vielfach die Frauen finden, und Langzeitarbeitslose sind besonders gefährdet.[3] Insbesondere in den Großstädten wird die Altersarmut weiter zunehmen. In Prognosen, die sich auf statistische Daten beziehen, wurde beispielsweise für München hochgerechnet, dass im Jahr 2035 »mehr als jede dritte Person ab 65 Jahren« unterhalb der Armutsschwelle leben wird.[4] »Wir haben es hier mit einem armutspolitischen Erdrutsch zu tun«, warnte der Leiter des Paritätischen Wohlfahrtsverbandes Ulrich Schneider 2015 und verwies auf den Befund, dass generell in Deutschland – nicht zuletzt angesichts der sukzessive abgesenkten Renten – der Armutszuwachs bei Neurentnerinnen und Neurentnern seit 2006 im Vergleich zu anderen Altersgruppen am stärksten zugenommen hat.[5] Daran änderten auch die Rentenerhöhungen der letzten Jahre nichts. Demnach ist deutschlandweit etwa jede sechste Person im Rentenalter mittlerweile von der sogenannten relativen Einkommensarmut bedroht.[6] Ein solches relatives Armutsrisiko ist nach offizieller statistischer Bemessung gegeben, wenn eine Person mit 60 Prozent des mittleren Netto-Einkommens auskommen muss. Laut Berechnungen des Statistischen Bundesamtes belief sich diese Armutsgefährdungsschwelle für Deutschland 2006 noch durchschnittlich auf 746 Euro, 2016 angesichts der steigenden Lebenshaltungskosten bereits auf 969 Euro. In urbanen Zentren, wo Wohnen und Leben besonders teurer ist, liegt die Schwelle zur Armut für einen Einpersonenhaushalt deutlich höher: bei 1100 Euro oder für besonders teure Großstädte wie München sogar mittlerweile bei 1350 Euro.[7] Angesichts dieser Befunde ist leicht nachzuvollziehen, dass die Armutsgefährdung bei den über 65-Jährigen als ein inzwischen alltägliches Phänomen auch in den bürgerlichen Milieus angekommen ist und soziale Teilhabe schwer macht. »*Mit Freundinnen treffen? Das ist Luxus, das geht nicht*«, stellt die von uns interviewte Traudel Heller fest. Die Münchnerin ist angesichts ihrer Lebenslage bitter geworden: »*Das Leben ist eigentlich gelaufen. Ich sehe kein Highlight mehr für mich.*«

Gerade in den Städten kommt man mit einer durchschnittlichen gesetzlichen Erwerbsrente als Alleinstehende/r kaum zurecht. In München beispielsweise lag der Durchschnittswert der Bestandsrente für Männer im Jahr 2016 laut der Deutschen Rentenversicherung bei 1100 Euro, bei den Frauen lediglich bei 785 Euro, auch wenn Neurentnerinnen inzwischen gegenüber den Neurentnern aufholen, da zumindest in den Städten die jüngeren Frauengenerationen häufiger berufstätig waren.[8]

Die Renten können je nach Bedarfslage des Einzelfalls, der vom Sozialamt geprüft wird, zwar durch Grundsicherung aufgestockt werden – in München in einem Einpersonenhaushalt bis zur durchschnittlichen Höhe von derzeit etwa 1100 Euro. Dass nur ein Viertel der Menschen ab 65, die von einem Armutsrisiko betroffen sind, in dieser Stadt Grundsicherung bezieht,[9] hat auch mit der Lücke von circa 200 Euro zu tun, die zwischen Grundsicherung und Armutsgefährdungsschwelle klafft. Diese nicht ausreichende Höhe des Regelbedarfes – wobei München hier nur ein eindrückliches Beispiel ist – wird von Sozialverbänden und Kommunen schon einige Zeit kritisiert.[10]

Auch wenn die Prognosen düster sind und die unzulänglichen Sicherungssysteme immer mehr in die Kritik geraten, hat sich die Bundespolitik dem Thema der Armutsgefährdung im Alter erst in jüngerer Zeit und zögerlich angenommen. Im siebten Armuts- und Reichtumsbericht der Bundesregierung, vorgelegt im Frühjahr 2017, wird das Thema noch, wie generell die zunehmende gesellschaftliche Spaltung, kleingeredet, so als ob die boomende Wirtschaft doch wirklich allen zugutekäme.[11]

Das Thema der Altersarmut tauchte, wenn überhaupt, auf politischer Ebene lange Zeit vor allem im Zusammenhang mit dem Drohszenario der alternden Gesellschaft und dem demografischen Wandel auf, der zum Mangel an Facharbeitskräften führe und schon jetzt und mittelfristig die Sozialkassen über Gebühr belaste. »Altenlast« wird hier als volkswirtschaftliches Problem verhandelt – es geht um die Belastung der Gesellschaft durch die Älteren; die Belastungen der Älteren selbst standen dagegen lange im Hintergrund. Die offiziellen Altenberichte der Bundesregierung zeichneten vielmehr das einseitige Bild einer neuen Generation »aktiver« und »fitter« älterer Mitbürgerinnen und -bürger, die ihr Alter selbst absichern können und sich weiter nützlich machen sollen. Auf einem Arbeitsmarkt, der um Fachkräfte ringt, werden einerseits die »Potenziale des Alters«[12] als Ressource entdeckt. Andererseits ist die Eigenaktivität über die Renten hinaus in der Realität für immer mehr Ältere weniger eine Frage freiwilligen gesellschaftlichen Engagements als primär des Überlebens angesichts ihres prekären Ruhestandes. Flaschensammler[13] und Rentnerinnen, die Regale in Supermärkten einräumen, prägen als neue Sozialfiguren der Altersarmut das Bild insbesondere der Städte. So bildet sich die gesellschaftliche Spaltung auch im Alter ab. Wohlsituierte »Best Ager« als neue Konsumentinnen und Konsumenten, die an den sonnigen Plätzen der Welt ihren Ruhestand genießen, hoch qualifizierte Senior-Berater in Betrieben, Vorleserinnen in Grundschulen oder Studierende im Hochschul-Seniorenprogramm auf der einen Seite. Auf der anderen Seite diejenigen, bei denen es chronisch knapp ist und für die gesellschaftliche Aktivierungsappelle und Selbstvorsorge bisweilen sogar zynisch klingen mögen.

Objektive prekäre Lagen und subjektive Sichtweisen

Den »wohlverdienten Ruhestand«, in Zeiten des »Wirtschaftswunders« und der prosperierenden Jahre ein Privileg und eine Erwartung für viele, können sich inzwischen nur noch wenige leisten. Insbesondere Frauen sind von Altersarmut bedroht. Auch wenn die Ursachenanalyse für die geschlechtsspezifischen Ungleichheiten im Alter weit gediehen ist und auf überlieferte Rollenbilder sowie auf rentenpolitische Unzulänglichkeiten verweist, ist ganz offensichtlich immer noch wenig darüber bekannt, wie Betroffene damit umgehen.

Hier setzt dieses Buch an; es leuchtet mit biografischen Interviews und Fallgeschichten tief in diese Lebensrealitäten älterer Frauen hinein. Es zeigt, wie die Interviewten trotz ihrer vergleichsweise niederen Alterseinkommen, dank ihrer Findigkeit und Fertigkeiten, in einer teuren Stadt mehr oder weniger zurechtkommen. Die Strategien und Praktiken ihrer Lebensführung[14] stellen sich dabei allerdings als wesentlich vielgestaltiger dar, als es die oft stereotypen Bilder und statistisch errechneten Zahlen über das Alter vordergründig nahelegen. In der jeweiligen biografischen Gemengelage gibt es nicht nur Schwarz oder Weiß: für die einen die Last des Minijobs als Notbehelf und für die anderen, die gut betuchten Ruheständlerinnen, dafür Müßiggang, die Lust am Ehrenamt und Anerkennung. Die ehrenamtliche Seniorenbegleiterin Ulla Scheibler ist ein Beispiel, das zeigt, wie sich im Tätigsein oft Notwendigkeit und Job einerseits mit Engagement und Sinnerfahrung andererseits mischen. Die Mitsiebzigerin ist so beschäftigt, dass wir kaum einen Interviewtermin fanden. So muss sie ihre Rente von rund 1100 Euro mit teilweise durch Aufwandsentschädigungen honorierten »Ehrenämtern« unbedingt aufbessern. Sie machen ihr aber auch Freude und bringen sie in Kontakt mit Menschen, die sie unterstützen kann, und auch angesichts des engen Verhältnisses zu Tochter und Enkel würde sie sich nie als »arm« bezeichnen.

Die Alltagsbewältigung von allein in einem Haushalt wirtschaftenden Älteren ist überaus unterschiedlich wie auch deren Selbstsichten und Haltungen. Bei unserer explorativen Spurensuche in München fanden sich tatsächlich wenige Frauen, die sich selbst als arm verstanden, viele nahmen sich jedoch sehr wohl als prekär wahr, das heißt, als von Abstieg und Mangel bedroht, als verwundbar, etwa auch durch nachlassende Kräfte, und in den Möglichkeiten im Vergleich zu anderen eingeschränkt. Eine vordergründige objektive Lage und die subjektive Sicht auf diese gehen dabei nicht immer zusammen. Und viele Faktoren wie Gesundheit, Bildung oder vorhandene Netzwerke spielen eine bedeutende Rolle. Doch auch hier waren unsere Befunde überraschend. So fanden wir nicht wenige vor, wie etwa die gesundheitlich sehr belastete Heidi Grujau, die ausgesöhnt sind mit einem Leben, das schon lange nur mithilfe von Grundsicherung und Haushaltshilfe durch die Tochter noch halbwegs selbstständig möglich ist. Auch der soziale Abstieg nach der Verrentung oder aufgrund persönlicher Schicksalsschläge wurden oft aus einer großen Gelassenheit heraus bewältigt. Diese verbreitete optimistische Grundhaltung[15] darf jedoch nicht darüber hinwegtäuschen, dass alle Frauen, mit denen wir sprachen, immer wieder in kritischen Situationen und schwachen Momenten von Ängsten heimgesucht werden: allen voran vor dem Verlust der nicht mehr finanzierbaren Wohnung und des gesicherten Alltags oder vor Krankheit und Abhängigkeit. Ihre fragile Lage macht sie regelrecht wütend; so hat sich das Versprechen der »sicheren Rente« als Illusion erwiesen. Einzelne verglichen sich neidvoll mit bessergestellten Nachbarn. Manche hadern mit ihrer Abhängigkeit von den Ämtern. Alle fürchten sie sich vor der Zukunft. Selbstständig zu bleiben und sozial eingebunden – wie kann das mit geringen Alterseinkommen jetzt und in Zukunft gelingen? Diese zentrale Frage[16] trieb die Interviewten als Motor ihrer alltäglichen Bemühungen und Kämpfe um. Den meisten gelang es bislang, Strategien des Zurechtkommens zu entwickeln, wie lange können sie aber noch aufrechterhalten werden?

Angesichts der vielschichtigen und ambivalenten Befunde ist dies kein Buch ausschließlich über Altersarmut im engeren Sinn geworden, sondern behandelt die vielen Formen einer prekären, also verwundbaren Lebensführung vor dem Hintergrund der spezifischen biografischen Dispositionen insbesondere von Frauen, die bis auf Ausnahmen zwischen 1940 und 1950 geboren sind (zwei Interviewte sind in der ersten Hälfte der 1930er und zwei 1954 bzw. 1955 geboren). Von Frauen aus der Generation der Kriegs- und Nachkriegskinder[17] handelt dieses Buch, wenngleich viele der Probleme auch jüngere (und ältere) Geschlechtsgenossinnen und sicher teilweise auch Männer im Alter betreffen mögen.

Die Babyboomer kommen in den nächsten Jahren in Rente, und für diese geburtenstarken Jahrgänge der späten 1950er- bis mittleren 1960er-Jahre werden die in diesem Buch aufscheinenden Fragen und Probleme ebenfalls zunehmend relevant. Die auf diese folgenden, noch jüngeren Generationen wiederum sind durch vielfach nicht oder nur gering versicherungspflichtige Tätigkeiten auf einem deregulierten Arbeitsmarkt bezüglich Altersarmut ohnehin gefährdet. Es bleibt zu hoffen, dass der »Generation Praktikum« einmal reformierte Alterssicherungssysteme zur Verfügung stehen. Gegenwärtig könnten sie, zumal in den vielfach projektförmigen Tätigkeiten auf Zeit, mit keiner auskömmlichen staatlichen Erwerbsrente mehr rechnen.

Weibliches Altern in seiner Vielschichtigkeit

Die Armutsgefährdung von Frauen ist deutschlandweit gegenüber der von Männern über 65 Jahren im letzten Jahrzehnt deutlich gestiegen.[18] Die durchschnittliche deutsche Rentnerin erhält stets, bei allen regionalen und erwerbsbiografischen Unterschieden im Einzelfall, noch immer eine weitaus geringere eigene Erwerbsrente als der durchschnittliche männliche Rentner.[19] Diese Altersrenten ergeben sich aus den weiblichen Erwerbsorientierungen der älteren Generationen: Die heutigen Rentnerinnen wurden noch in der Zeit des Nationalsozialismus – oder wie die von uns Interviewten dann in der Adenauerzeit mit ihrer restaurativen Familienpolitik – erzogen und ausgebildet. In die Bildung dieser Kriegs- und Nachkriegskinder, insbesondere in die Mädchen, wurde entsprechend meist wenig investiert (hier liegt ein Unterschied zu den späteren Generationen, etwa bereits zu den Babyboomern, die von der Bildungsoffensive der späten 1960er-Jahre unmittelbar profitierten). Erwerbsarbeit bis zur Familiengründung, Teilzeitarbeit und Erwerbslücken während der Erziehungszeiten – dies sind, kurz gesagt, die Stichworte, die auf die Gründe für die Rentenlücken vieler Frauen verweisen.

Diese weiblichen Erwerbsbiografien, denen die meisten unserer Gesprächspartnerinnen zunächst bis ins mittlere Erwachsenenalter auch folgten, sind hier ein wichtiger, aber nicht der einzige Grund für eine Altersarmut. Die Lage verschärft sich, wenn weitere Faktoren hinzukommen. Eine Scheidung etwa oder eine chronische Erkrankung steigern das Armutsrisiko zusätzlich. Auch Alleinerziehende sind (bereits in jüngeren Jahren zusammen mit ihren Kindern) bis heute, statistisch gesehen, einem solchen deutlich erhöhten Risiko ausgesetzt.[20]

Frauen – und zwar aus allen Milieus – sind von einem prekären Ruhestand besonders bedroht, wenn sie im Alter von nur einem Haushaltseinkommen leben. Dies ist zum Beispiel der Fall, wenn sie im letzten Lebensdrittel allein übrig bleiben und nicht über Ersparnisse, eine Erbschaft oder zumindest eine Zusatzrente verfügen. Frauen leben, statistisch gesehen, länger, pflegen häufig ihre Partner, haben aber am Ende selbst oft keine solche partnerschaftliche Unterstützung zu erwarten.[21] Zudem wiederverheiraten sich Witwer sehr viel häufiger als Witwen. Es leben daher bereits heute signifikant mehr ältere Frauen als ältere Männer in Singlehaushalten, eine Tatsache, die sich noch weiter verstärken wird.[22] Frauen sind, trotz teilweise vorhandener zusätzlicher Witwenrenten, häufig bezüglich ihrer gesamten Lage (z. B. auch bezüglich Wohnungsbesitzes und angesparten Vermögens) nicht nur finanziell schlechter gestellt als Männer, sondern auch stärker Individualisierungstendenzen ausgesetzt und müssen ihr Leben primär selbst gestalten. Sie sind im höheren Alter häufiger als Männer von Einsamkeit betroffen, sind häufiger chronisch krank, müssen familiäre Leistungen erbringen, die ihrer gesundheitlichen Situation nicht mehr angemessen sind, und müssen häufiger dazuverdienen. Anders ausgedrückt: Ältere Männer leiden seltener und weniger intensiv unter sozialen Problemen als Frauen. Die geschlechtsspezifische Rollenverteilung bringt jedoch auch mit sich, dass Männer schlechter mit Veränderungen und Verlusten umgehen können.[23]

Trotz der genannten erwerbsbiografischen Prägungen und Tendenzen sind die Lebens-, Familien- und Arbeitsverhältnisse von Frauen (wie natürlich auch die von Männern) sehr unterschiedlich. Entsprechend lässt sich auch eine Pluralität der (weiblichen) Lebenslagen und Lebensstile im Alter ausmachen. Das Soziologen-Team rund um Silke van Dyk und Stephan Lessenich identifizierte in einem Forschungsprojekt sechs verschiedene »typische« Sozialfiguren des Ruheständlers, die sich insbesondere darin unterschieden, wie aktiv sie ihren Ruhestand gestalten, ob sie diese Aktivitäten freiwillig erbringen oder durch ihre monetäre und familiäre Situation erzwungen, wie zufrieden sie dabei sind und wie ihre Einstellung zur Produktivität ist.[24] Als typisch weibliche Figuren gelten dabei »Die verhinderte Ruheständlerin« und »Die Gebremste«. Erstere begreift den Ruhestand als verdiente Ruhephase, kommt jedoch aufgrund helfender Aktivitäten insbesondere in Betreuung und Pflege nicht dazu, sich »auszuruhen«. Letztere ist ihr Gegenpart: Sie besitzt eine hohe Produktivitätsorientierung, deren Erwartung auf sie erfüllende Aktivitäten sich aber unter anderem aufgrund finanzieller Prekarität, Ausgrenzungserfahrungen im ehrenamtlichen Kontext und Einschränkungen durch den Ehemann nicht erfüllt. Bezüglich Ehrenämtern häufen sich im Alter für Männer nämlich die Vorteile. Durch hohe Qualifizierung und kontinuierliche Beschäftigung sowie potente Netzwerke und ein entsprechendes professionelles Selbstbild erhalten sie auch nach der Verrentung leichter ein prestigeträchtiges Ehrenamt, wohingegen Frauen im Alter häufig weiter im häuslichen Bereich oder öffentlichen Pflegeeinrichtungen bei kraftzehrenden Tätigkeiten im Hintergrund aktiv bleiben.[25]

Summa summarum: Im Alter verstärken und verschränken sich nach Erkenntnissen der Sozialwissenschaften soziale Unterschiede und Geschlechtsunterschiede, Einkommensunterschiede, Bildungsunterschiede und Unterschiede in Quantität und Qualität sozialer Netzwerke, wobei hier Bildung ein besonders relevanter Faktor ist. Auch ethnische Diskriminierungen und Migrationserfahrungen können sich im Alter belastend auswirken.[26] Die Soziologin Gertrud Backes konstatiert entsprechend eine Kumulation von Benachteiligungen bei Arbeiterwitwen mit nur geringfügiger Qualifikation, mit diskontinuierlichem Erwerbsverlauf und mit Mehrfachbelastung. Unter unseren Interviewpartnerinnen ist zum Beispiel Maiana Dovan (die nicht weiß, wie sie ihre Schuhreparatur finanzieren soll) in diesem Sinne mehrfach belastet: Ihr Ehemann, mit dem sie aus Rumänien geflohen ist, arbeitete wie sie selbst nach der Migration in prekären Verhältnissen. Nach seinem Tod, eigener Erkrankung und der Aufgabe der Hausmeisterinnenstelle musste sie in eine kleinere Wohnung umziehen. Dass ihre Arbeitgeberin sie nicht ganz regulär angemeldet hatte, wurde ihr, die als Migrantin mit der deutschen Bürokratie zunächst wenig vertraut war, erst gewahr, als sie mit einer Rente von 100 Euro (plus Witwenrente von 122 Euro) zum Sozialamt musste. Migrantinnen und Migranten sind, insbesondere in den Großstädten, überdurchschnittlich häufig unter den Grundsicherungsempfängerinnen im Alter vertreten.[27] Die Möglichkeiten, Armut und sozialen Abstieg nach der Verrentung abzufedern, sind somit unterschiedlich vorgeprägt. Hier kommt der Soziologe Pierre Bourdieu mit seinen Analysen der »feinen Unterschiede« ins Spiel.[28] Am Beispiel der französischen Gesellschaft zeigte er, wie sich die Praktiken des Alltags und die jeweiligen subjektiven Weltsichten und Haltungen aus einer kollektiven und objektivierbaren gesellschaftlichen Lage ergeben. Diese spezifischen Praktiken und Haltungen, der »Habitus«, sind nicht einfach nur vordergründig »schichtabhängig«, sondern ergeben sich aus einer je nach Stellung im »sozialen Raum« sehr spezifischen Verteilung von »Kapitalsorten« in den sich in der Gegenwart weiter ausdifferenzierenden gesellschaftlichen Milieus und Gruppen.[29] Die jeweilige Zusammenstellung des ökonomischen, sozialen und kulturellen Kapitals prägt gruppenspezifischen Geschmack und Einstellungen, Stil und Sozialbeziehungen, Handlungsmöglichkeiten und ihre Begrenzung. Für unser Feld stellt sich also die Frage, ob ein Mangel an ökonomischem Kapital zum Beispiel von den bürgerlichen oder avantgardistischen Milieus durch ein Mehr an kulturellem Kapital (Wissen, Bildung) und sozialem Kapital (Familie, Freundeskreis) unter bestimmten Umständen ausgeglichen werden kann. Wer also Bildung im Alter noch zu kapitalisieren versteht oder über hauswirtschaftliche Versorgungs- und Spartechniken verfügt (kulturelles Kapital) sowie über ein wohlhabendes oder zumindest intaktes Umfeld als Unterstützung (soziales Kapital), kann finanzielle Engpässe besser abfedern. Wirklich arm sind dann diejenigen, die an allen drei Kapitalsorten Mangel haben.

Das Forschungsprojekt »Prekärer Ruhestand«

Mit dieser Ausgangsthese über die unterschiedlichen soziokulturellen Voraussetzungen der alltäglichen Kämpfe von Frauen im Alter – wobei auch das bürgerliche Milieu von Altersarmut bedroht ist, diese jedoch unter Umständen besser abfedern kann – startete im Jahr 2014 ein Forschungsprojekt über »Prekären Ruhestand« an der Ludwig-Maximilians-Universität München. Seine Ergebnisse liegen diesem Buch zugrunde. Es basiert im Wesentlichen auf mehrstündigen Interviews mit betroffenen Frauen in dieser Stadt und führte uns, ein Team von Kulturwissenschaftlerinnen,[30] auf der Suche nach Gesprächspartnerinnen in unseren weiteren Bekanntenkreis, dann auch in die Einrichtungen der offenen Altenhilfe, etwa in die Alten- und Service-Zentren als Münchner Nachbarschaftszentren für Ältere, in Schuldnerberatungen, in eine Kleiderkammer und in kirchliche Einrichtungen. Wir sprachen mit allein wirtschaftenden Frauen; wir sprachen mit ihnen nach Möglichkeit in ihren Wohnungen, oft stundenlang und mehrfach, über ihre wirtschaftliche Situation und ihre Sparstrategien, über ihre Erwerbsbiografien und Familiensituation. In biografischen Interviews versuchten wir herauszufinden, wie sie in ihre jeweilige prekäre Lage gekommen waren. Wir hörten viele ähnliche Geschichten, von für sie ungünstig ausgegangenen Scheidungen und folgendem spätem Einstieg in den Arbeitsmarkt, von Teilzeitanstellungen in als weniger qualifiziert geltenden Berufen, aber auch von Enttäuschungen, nach 45 Jahren hochqualifizierter Erwerbstätigkeit in Vollzeit nur eine Rente von rund 1200 Euro zu erhalten und damit in München unter der Armutsgefährdungsgrenze zu liegen. Wir hörten von Schicksalen wie der langjährigen Pflege eines Familienangehörigen, die zur frühen Aufgabe der Erwerbsarbeit führten, oder von sozialem Abstieg nach einer Migration oder nach dem Ende einer Ehe, die eine bürgerliche Existenz einmal in jungen Jahren versprochen hatte, ein ganzes Leben lang abzusichern. Wir erfuhren viel über die Sorgen der Frauen, aber genauso viel über Mut machende Autonomie und ein Zurechtkommen, das man sich selbst erarbeitet hat.

Das Gros der Frauen, die wir zwischen 2014 und 2017 interviewten, war zum Zeitpunkt der Gespräche zwischen 60 und 75 Jahre alt; zwei Frauen waren bereits über 80. Die meisten waren geschieden, wenige verwitwet, einzelne hatten neue, aber getrennt wirtschaftende Partner oder in zwei Fällen auch Partnerinnen. Wir suchten unsere Interviewpartnerinnen in unterschiedlichen Milieus und Berufen. So befragten wir ehemalige Reinigungskräfte, Kellnerinnen, Kosmetikerinnen, Krankenschwestern, Altenpflegerinnen, Büroangestellte, Buchhändlerinnen, Facharbeiterinnen, Geschäftsfrauen, Lektorinnen, Künstlerinnen, Therapeutinnen. Die Frage, welche Ausschlusskriterien wir in einem Projekt über »prekären Ruhestand« anlegen sollten, etwa die Höhe der Rente beziehungsweise ihres Alterseinkommens oder die Frage, ob es noch eine gewisses angespartes Kapital gibt, ließ sich nicht pauschal beantworten. In einzelnen Fällen nahmen wir auch Frauen in unser Sample auf, die eine kleine selbstbewohnte Eigentumswohnung besitzen, die sie aber kaum noch bewirtschaften können, weil die Nebenkosten zu hoch sind, oder Frauen, die jetzt ein für den Fall der Pflege aufgespartes Kapital zum Lebensunterhalt bereits verbrauchen müssen. Entscheidend schien uns das jeweilige Gesamtarrangement einer »prekären«, das heißt vulnerablen Lebensführung. Prekär bezieht sich eben nicht nur auf die objektive materielle Situation, sondern auch auf die subjektiv empfundene Verwundbarkeit[31] oder die Antizipation, dass das aufgebaute Alltagsgerüst jederzeit zusammenfallen kann, wenn zum Beispiel die Wohnnebenkosten weiter steigen, ein Minijob aufgegeben werden muss oder die Gesundheit stark nachlässt.

Angesichts dieser sozial breit gestreuten Gruppe von Interviewpartnerinnen zeigten sich einerseits generationstypische Ähnlichkeiten bezüglich der Lebensläufe. Andererseits waren die sozialen und regionalen Herkünfte und die gegenwärtigen Lebenslagen sehr unterschiedlich. Dabei beschäftigte alle die Angst vor Kontrollverlust und Abhängigkeit, die es auch erschwerte, sich Unterstützung bei den Ämtern oder bei den Familien zu holen. Die Kinder und Enkelkinder sollten nicht belastet werden; gelegentlich waren auch keine Familienangehörigen in der Nähe, oder sie waren selbst aus verschiedenen Gründen nicht belastbar. Altersarmut erwies sich als Tabu, nicht nur lange Zeit in der Öffentlichkeit, sondern auch weiterhin innerhalb der Familien.

Hier kamen wir ins Spiel – das Forscherinnenteam, dem von der eigenen Lage erzählt wurde, sei es, weil wir besonders fremd oder teilweise doch bereits durch ein Bekanntschaftsverhältnis vertraut und vertrauensvoll erschienen. Manchmal sprachen die Frauen ausführlich und mehrfach – wie befreit – mit uns, weil man sich bekanntlich gegenüber Fremden bei manchen Themen bereitwilliger öffnet als gegenüber der eigenen Tochter oder Enkelin, in deren Rolle wir dennoch immer wieder als Zuhörerin unmerklich gesteckt wurden. Manchmal kamen unsere Gespräche in den Wohnungen, im Café oder einem Nachbarschaftstreff allerdings nur zögerlich in Schwung. Nicht alle Frauen wollten oder konnten uns Einblicke in ihre Geschichten geben. Einzelne Frauen waren regelrecht sprachlos. Bestimmt blieb auch manches ungesagt – »*darüber will ich jetzt nicht sprechen*« –, es war zu schmerzhaft und wohl schambesetzt. Dies war zum Beispiel der Fall, wenn es um intime Konflikte bei Trennungen vom Ehemann ging oder in einzelnen Fällen um erlebte Suchterfahrungen, die im Gespräch eher indirekt angedeutet wurden. Starke körperliche und finanzielle Einschränkungen wurden gelegentlich wohl auch in ihren Auswirkungen kleingeredet; manche Frauen wollten sich uns, dem gesellschaftlichen Leitwert der Unabhängigkeit und Selbstverantwortlichkeit gehorchend, auch als weiterhin potent und autark präsentieren. Schließlich geht es bei Armut und Bedürftigkeit auch sehr um verlorene Würde. Anstatt über den Mangel zu sprechen, zeigten uns manche Frauen demnach lieber, wie sie mit ihren ausgeklügelten Strategien des Wirtschaftens und Haushaltens bemüht sind, diese Würde und einen gewissen eigenständigen Lebensstil so lange wie möglich zu bewahren und die Situation nach außen nicht sichtbar werden zu lassen.

Über drei Jahre hinweg suchten wir Frauen auf, die alleinlebend in der teuren Stadt München meist ohne größere Ersparnisse nur von ihrer Rente leben müssen, manche stocken diese durch Grundsicherung auf, andere verdienen noch dazu. 50 davon nahmen wir in unser Sample auf, knapp 20 haben wir am Ende ausführlich für dieses Buch porträtiert. Die in diesem Buch vorgestellten Porträts zeigen die Vielfalt eines zu lange vernachlässigten Problems, der drohenden oder bereits eingetretenen Altersarmut von Frauen aus deren *eigener* Alltagsperspektive. Unsere »Sozialreportagen«[32] vermögen es, Tiefenschärfe sowie Differenzierung in die alltägliche Lebensführung im Alter hineinzubringen und damit zu einem besseren Verstehen beizutragen, was Altersarmut im jeweiligen konkreten Fall für die einzelne Betroffene bedeutet.

Die Altersrente als Armutsfaktor in Großstädten

Allein im Alter leben und wirtschaften erscheint besonders in den urbanen Zentren an sich schon als Armutsrisiko. Eine aussagekräftige Statistik: In München beispielsweise lebten 2012 nahezu 90 Prozent der Bezieherinnen und Bezieher von Grundsicherung im Alter in Einpersonenhaushalten.[33] Laut dem Münchner Armutsbericht von 2017 sind Personen im Rentenalter zunehmend gezwungen, ihre Rente durch Minijobs aufzubessern.[34] Dass wir alle Gesprächspartnerinnen in München (in einem Fall im Umland) suchten und uns hier vor allem auf allein in einem Haushalt lebende Frauen konzentrierten, hatte genau damit zu tun: München steht als Stadt mit hohen Mieten und Lebenshaltungskosten für entsprechende urbane Zentren, die einerseits gerade auch die für Ältere besonders wichtigen Infrastrukturen – Einkaufsmöglichkeiten, öffentlicher Nahverkehr, Fachärzte, Altenzentren, Ämter – gut erreichbar bereit halten. Andererseits bedrohen solche Städte jedoch all jene mit Ausschluss aus dem kulturellen und sozialen Leben, die sich dieses Leben hier nicht mehr leisten und auch nichts mehr dazuverdienen können. Hier besonders haben die Renten eine geringere Kaufkraft als anderswo; hier finden sich für die Rentnerinnen und Rentner oder Geringverdienende keine Wohnungen, die für sie im Alter nach Auszug der Familie vielleicht passender und bezahlbar wären. Wir wollten wissen, wie man mit Erwerbsrenten, die sich bei den interviewten Frauen zwischen rund 400 und 1500 Euro bewegten, in einer besonders teuren Stadt in einem Singlehaushalt überleben kann und inwiefern Teilhabe unter den jeweiligen Bedingungen überhaupt möglich bleibt.

Eine Rente von 400 Euro oder 1500 Euro – dies macht einerseits einen großen Unterschied, und dennoch sind auch mit einer Rente von 1500 Euro in einer Großstadt die Möglichkeiten, zumal unter den Bedingungen des Alters, beschränkt, wenn etwa eine Wohnung bereits, sofern man einen alten Mietvertrag hat, »nur« beispielsweise 700 Euro kostet, die steigenden Nebenkosten noch dazukommen und überdies Versicherungen, Telefon- und Internet- sowie Rundfunkgebühren zu entrichten sind. Dann sind die Tickets für den öffentlichen Nahverkehr zu bezahlen, sofern man kein Sozialticket beantragen kann (siehe dazu Teil III), ferner kommen Rezeptzuzahlungen und Arzneimittel als Posten hinzu, die nicht mehr vollständig erstattet werden. Gerade im Alter fallen oft höhere Gesundheitskosten an, auch ist, so gesehen, eine solche monatliche Summe von 1500 Euro, von der ein mobiler Studierender im WG-Zimmer noch seine Rucksackreise finanzieren können mag, für Ältere knapp. 1500 Euro hatten überdies nur zwei der befragten 50 Frauen zur Verfügung, die um ihre privilegierte Rentensituation wussten, sich aber nach der Verrentung als finanziellem Einschnitt ebenfalls sehr einschränken mussten.[35] Anschaffungen jeglicher Art, eine Waschmaschinenreparatur oder gar ein Urlaub sind auch für sie kaum noch möglich.

Die meisten Interviewten hatten mit etwas über 1000 Euro monatlichem Alterseinkommen auszukommen. Dabei stockten nicht wenige ihre deutlich geringere Rente durch Grundsicherung oder andere soziale Leistungen, zum Beispiel auch Wohngeld, auf, um überhaupt über eine solche monatliche Summe verfügen zu können, die jedoch laut dem aktuellsten Armutsbericht von 2017 immer noch unter der Münchner Armutsgefährdungsschwelle von 1350 Euro liegt. Dass auch die ehemalige Stationsleiterin eines Altenheimes, Dawina Bublica, nach 44 Jahren Vollzeittätigkeit in Deutschland mit rund 1250 Euro unter dieser Armutsgefährdungsschwelle lag, schockierte sie selbst und uns gleichermaßen. Das Gleiche gilt beispielsweise für die ehemalige Lektoratsassistentin Walburga Kratzer, die mit 1170 Euro Rente einen Minijob als Aufstockung gesucht hatte, solange die Gesundheit es erlaubte.

Die Fallporträts machen plastisch, inwiefern die Interviewten objektiv als arm oder jedenfalls armutsgefährdet gelten können. Ihre materiellen Grundlagen und sozialen Einbindungen sind in unterschiedlicher Weise bedroht, auch wenn sie sich, wie oben dargestellt, selbst nicht unbedingt als »arm« eingeordnet wissen wollen. Armut gilt schließlich in einer Leistungsgesellschaft als ein Stigma und persönliches Versagen. Manche mit besonders kleinen Renten kämpfen sich auch deshalb ohne weitere Unterstützungen durch, die ihnen zustehen würden. Laut Münchner Armutsbericht gibt es eine große Dunkelziffer derer, die nicht zu den Ämtern gehen – weil sie sich schämen oder bürokratische Hürden bei der Beantragung von Grundsicherung scheuen oder weil sie aus Unwissen fürchten, das Amt hole sich wieder etwas davon bei den Kindern zurück. Eine dieser geschätzt 10.000 Berechtigten[36], die nicht zum Amt gehen, ist unsere Gesprächspartnerin Jolanda Fischer, die betonte, dafür lieber die Straßenzeitung zu verkaufen und ihre Rente selbstständig aufzustocken.

Diese Befunde verweisen auf den immer wieder thematisierten Reformstau des nicht mehr funktionalen Rentensystems, das auf breiter Front durch Sozialleistungen ergänzt werden muss. Die Rentenerhöhungen der letzten Jahre haben daran nicht viel geändert.

Folgt man den offiziellen Zahlen des DGB Bayern, dann bedeuten diese, dass drei Viertel aller allein lebenden Frauen im Rentenalter und zwei Drittel aller Rentner dieses »reichen Bundeslandes« unterhalb der Armutsgefährdungsschwelle leben, sofern sie nur die eigene Rente als Haushaltseinkommen zur Verfügung haben![37]

Rentnerinnen und Rentner müssten somit eigentlich aus den wohlhabenden Regionen und besonders aus den Ballungsräumen wegziehen und im letzten Lebensdrittel noch einmal neu in strukturschwächeren, aber preiswerteren Gebieten beginnen. Dies ist teilweise der Fall, obwohl es bedeutet, auf die im Alter besonders wichtigen Netzwerke im vertrauten Nahraum und oft auch auf eine direkt greifbare Versorgung mit zum Beispiel Fachärzten zu verzichten. Die Frauen, die wir interviewten, sind bis auf eine Ausnahme – Jolanda Fischer, der in München die Obdachlosigkeit drohte – aus verschiedenen Gründen bislang in ihrer vertrauten Stadt geblieben. Wie kommen sie zurecht? Wie zeigen sich die im folgenden Abschnitt skizzierten spezifischen gesellschaftlichen Schieflagen als persönliche Miseren? Aufgrund welcher Faktoren sind die Frauen also in eine prekäre Lage geraten?

Eineinhalb-Ernährer-Familie und Teilzeit-Falle

Unter den vorrangigsten Ursachen für die besondere Gefährdung von Frauen im Alter ist zunächst das an lebenslanger Vollzeitarbeit orientierte Rentensystem zu nennen. An kontinuierliche auskömmliche Erwerbsarbeit gekoppelt, begünstigt es damit bis heute die Männer, weil diese nach dem traditionellen Familienmodell in der Nachkriegswirtschaft die Hauternährer waren und dies gegenwärtig vielfach immer noch sind.

Noch in den 1950er-Jahren, zumal nach den Verlusten des Krieges, hatten Rentnerinnen und Rentner als generell arm oder gebrechlich gegolten; gleichwohl war es üblich und notwendig für viele, trotz Verrentung weiterzuarbeiten. Dies änderte sich allmählich nach der Rentenreform von 1957, die das Umlageprinzip einführte. In den Wohlstandsjahren konnte man sich Rentnerinnen und Rentner im »Ruhestand« leisten, weil es zunehmend genügend relativ gut Verdienende als Rentenzahler im mittleren Alter gab. Und in den späten 1960er-Jahren, als die westdeutsche Wirtschaft allmählich zu stagnieren begann, war es dann politisch gewollt, dass nach den Frauen auch die Älteren zugunsten der jüngeren Arbeitsuchenden zu Hause blieben. Vorruhestandsregelungen waren bis in die jüngere Zeit ein beliebtes beschäftigungspolitisches Instrument, das allerdings eine nachhaltige Nebenwirkung zeitigte. So verfestigte sich das Stereotyp vom nicht mehr leistungsfähigen älteren Arbeitnehmer im Zuge der Legitimierung seiner frühen Entpflichtung von Erwerbsarbeit.[38] (Die Rente mit 67 und jüngste Neuverpflichtung der Älteren wiederum folgt einer umgekehrten Logik in Zeiten des Fachkräftemangels).

Parallel zu dieser rentenpolitischen Arbeitsmarktsteuerung setzte sich in den 1950ern die Ein-Ernährer-Familie als Leitbild durch, nachdem die Männer aus dem Krieg wieder zurück waren und, traumatisiert im autoritären Habitus Halt suchend, die Frauen aus dem Erwerbsleben zurückdrängten. Die konservative Familienpolitik in Westdeutschland trieb dieses bürgerliche Leitbild in breiteren Kreisen voran. Das Modell familiärer Aufgabenteilung wurde in den 1950er-Jahren historisch erstmals in vielen Familien bis in die Facharbeitermilieus hinein auch tatsächlich umsetzbar. Bis in die 1970er-Jahre hinein sollten die Frauen am Wiederaufbau dergestalt mitwirken, dass sie vor allem im Sinne des Wachstums – und auch als Bollwerk gegen den Kommunismus – Kinder bekamen, diese bei deren Ausbildung unterstützten und dem Ehemann im Übrigen für die Modernisierung der Nachkriegsgesellschaft den Rücken freihielten. Viele Frauen konnten während langer Erziehungszeiten diesem Leitbild nach zu Hause bleiben und sich vorrangig um die Haus- und Pflegearbeit kümmern, weil die Löhne und Gehälter in der prosperierenden Nachkriegswirtschaft zunächst lange Zeit gestiegen waren.

Die Folge für viele Frauen der Kriegs- und Nachkriegsgeneration war, dass sie nur bis zur Familiengründung berufstätig blieben. Womit diese Frauen neben dem allgemein beschworenen ewigen Wachstum und Wohlstand, nicht zuletzt dank eines gesicherten Erwerbseinkommens des Ehemannes, noch wie ihre Mütter rechnen zu können glaubten, war der fraglose lebenslange Halt der familiären Solidarität – zumindest waren sie so erzogen worden. Scheidungen waren bekanntlich seltener und schwierig, weil sich hier rechtlich »Schuldfragen« und noch bis in die späten 1970er-Jahre auch entsprechend diffizile Fragen der Versorgung stellten. Frauen konnten (und können), wenn sie gemeinsam mit ihrem Ehemann alt wurden (werden), mit einer Witwenrente rechnen, die zwar eine Einbuße bedeutet, aber Altersarmut bis zu einem gewissen Grad vorbeugt.

In Vollzeit erwerbstätige Single-Frauen mittleren Alters und Verheiratete, die nicht zumindest teilweise aus dem Erwerbsleben ausschieden, waren, als die Kriegs- und Nachkriegskinder in ihrer Jugend ihre Vorbilder suchten, in der Minderzahl. Man hatte hier Kriegerwitwen vor Augen, Bürodamen und Fürsorgerinnen, die noch mit Fräulein angeredet wurden, ein paar Lehrerinnen, die Familie hatten, oder Geschäftsfrauen; seltene Ausnahmen waren auch Akademikerinnen, die es geschafft hatten, sich im Studium und dann in einem Betrieb unter Männern durchzusetzen und meist unverheiratet waren; und natürlich gab es die Arbeiterfrauen, die Geld verdienen mussten.

So blieb das Standardmodell lange Zeit die männlich dominierte Ein-Ernährer-Familie, die auch durch diverse Steuer-, Familien- und Sozialgesetzgebungen politisch unterfüttert wurde. Vollzeitarbeit (der Männer) war in diesem Modell in der BRD bis in die 1980er-Jahre der Normalfall. Die Kernfamilie – Vater, Mutter, Kinder –, der dieses Modell der Aufgabenteilung in der Ein-Ernährer-Familie funktional folgte, wurde allerdings bereits im Zuge der Liberalisierung der Gesellschaft in den späten 1960ern durch »Scheidungsfamilien« und andere Lebensformen ergänzt. Ebenfalls wuchsen neue Generationen mit anderen beruflichen Aspirationen heran.

Die Töchter (und natürlich auch die Söhne) der Kriegs- und unmittelbaren Nachkriegsgeneration, geboren in den späten 1950er-, 1960er- und 1970er-Jahren, waren, kurz gesagt, die Profiteurinnen (und Profiteure) des in ihren Familien erwirtschafteten relativen Wohlstands, sie waren auch die Profiteurinnen der 1968er Modernisierungsbewegung, der zweiten Frauenbewegung und vor allem einer entsprechenden Bildungsoffensive, dem Ausbau höherer Schulen und Universitäten. Vergleichsweise gut ausgebildet und mit anderen Erwartungen an die eigene Berufswahl und -ausübung als die meisten ihrer Mütter versehen (wenngleich oft in der Praxis der Ehe dann nicht mit anderen Geschlechterrollen bezüglich familiärer Arbeitsteilung), strebte diese Generation junger Frauen auf den Arbeitsmarkt. Sie vor allem war es, die in breiter Front seit den 1980er-Jahren dann Vereinbarkeitsansprüche in der Arbeitswelt geltend machte und dafür Teilzeitarbeitsmodelle vorantrieb.[39] Für die Kinder und Enkel der 68er wurde es somit zunehmend selbstverständlicher, Familie *und* Sinnerfüllung im qualifizierten Beruf anzustreben, und sie hatten es hier leichter als ihre Mütter, eben weil diese jüngeren Frauen vielfach besser ausgebildet wurden und überdies von Kindesbeinen an bereits mit einem anderen Selbstverständnis aufgewachsen waren, das sich ihre Mütter aus der Generation der Kriegs- und Nachkriegskinder erst im Erwachsenenalter aneigneten, was auch unsere Interviews zeigten.

Teilzeitarbeit war im Zuge dieser breiteren beruflichen Emanzipationsbewegung der Frauen zunächst im Dienstleistungsbereich, in den viele drängten, seit den 1980ern ein Synonym für weibliche Erwerbsarbeit geworden. Die ausgebauten Teilzeitmodelle werden den Frauen von den Betrieben und der Arbeitsmarktpolitik längst auch als Wohltat für Vereinbarkeitsfragen verkauft. Doch der Umbau ganzer Branchen in Teilzeitstellen – etwa im Verkauf – erwies sich nicht nur als Chance, sondern, karrierestrategisch und rententechnisch gesehen, als Falle, abgesehen davon, dass sich von einer Teilzeitstelle keine Familie ernähren lässt, weshalb diese Jobs ja schließlich in dieser gängigen Logik auch für Frauen geradezu prädestiniert scheinen.

Vor allem durch die Arbeitsmarktreformen der letzten Jahrzehnte seit der Regierung Gerhard Schröders haben sich diese Midi- und Minijobs, wie auch die Leiharbeit, zu Standardwerkzeugen für die Abfederung von Marktschwankungen entwickelt, die besonders den Betrieben helfen, mit geringen Lohnnebenkosten und einem flexibilisierbaren Arbeitskräftebestand je nach Bedarf zu jonglieren. Passend dazu folgt auch die Familienpolitik, die die Frauen je nach Konjunktur wieder, etwa in der letzten Dekade durch Wiedereinstiegsprogramme, vom Herd weg aktiviert, den Logiken des Marktes mit dem jeweiligen Bedarf an Arbeitskräften.

Der »reflexive Kapitalismus« hat sich, wie es der Soziologe Luc Boltanski und die Ökonomin Eve Chiapello ausgedrückt haben,[40] eine emanzipatorische Errungenschaft der Beschäftigten, die Teilzeitarbeit, somit einmal mehr zunutze gemacht. Und dies gereicht in Zeiten von millionenfach eingeführten sogenannten »atypischen« Arbeitsverhältnissen – neben Teilzeitarbeit unter 20 Stunden und Minijobs auch Formen der (Schein-)Selbstständigkeit, Werkvertragsverhältnissen u.v.m. – den Beschäftigten selbst zum Nachteil: Die Kinder der Babyboomer-Generation, welche selbst zunächst von der Teilzeitarbeit als Errungenschaft zu profitieren schien, springen jetzt, zumal in Zeiten der Entwertung akademischer Abschlüsse, als »Generation Praktikum« von Werkvertrag zu Minijob und Zweitjob. Sie können sich eine Familiengründung schwer und oft erst spät leisten und ein Leben mit Kindern in den teuren Städten schon zweimal nicht. Müßig zu spekulieren, wieweit sie nebenher noch für ihre Rente privat vorsorgen können.

In diesen jüngeren Generationen ist das Leitbild der Ein- oder Eineinhalb-Ernährer-Familie weniger wirkmächtig, auch angesichts der gestiegenen Lebenshaltungskosten und der Prekarisierung der Lohnniveaus. Andererseits bleibt diese Aufgabenteilung bei verheirateten Paaren noch immer attraktiv, zumal sie steuerlich durch das Ehegattensplitting gefördert wird[41] und in vielen Regionen bislang die Kinderbetreuungsplätze nicht ausreichend ausgebaut worden sind. Aus der Ein-Ernährer- ist meist eine Eineinhalb-Ernährer-Familie geworden. Eine paritätische Aufgabenteilung zwischen beiden Geschlechtern sowohl bezüglich Erwerbswie auch Erziehungsarbeit ist in Deutschland noch eher die Ausnahme. So arbeiteten noch vor nicht allzu langer Zeit, im Jahr 2012, rund 80 Prozent der Frauen mit Kindern unter 18 Jahren, zumindest im eher konservativen und wohlhabenden Bayern, Teilzeit.[42] Auch nach Einführung der Elternzeit nehmen die noch immer besser verdienenden Ehemänner derzeit in den jungen Familien meist nur kurze Erziehungsmonate, in denen die Familie gemeinsame Zeit verbringt und zum Beispiel reist, anstatt dass die Frau gleich wieder voll in die Erwerbsarbeit einsteigt. Teilzeitarbeit bleibt auch im Jahr 2017 vorwiegend weiblich. Im Bundesdurchschnitt arbeiteten 2017 fast 50 Prozent der sozialversicherungspflichtigen Frauen Teilzeit; nicht eingerechnet sind hier die Minijobs, die ebenfalls zu einem weit größeren Teil von Frauen ausgeführt werden.[43]

Für die familienorientierten Frauen sind diese Aufgabenteilung und die Erwerbslücken in Hinblick auf die späteren Rentenbezüge fatal. Tätigkeiten, denen kein Erwerbsstatus zugeschrieben wird, sind bis heute nicht oder nur geringfügig im Rentensystem berücksichtigt. So wird Erziehungsarbeit zwar durch ein paar Rentenpunkte abgegolten, die jedoch nur eine gewisse Kompensation für Renteneinbußen infolge der Erwerbsarbeitslücken während der Erziehungszeiten darstellen.[44] Insbesondere die Frauengeneration der heutigen Rentnerinnen stieg nach Phasen von Kindererziehungs- und Pflegezeiten entweder gar nicht mehr ins Berufsleben ein oder unterlag dem Risiko, in geringfügigen Beschäftigungen zu verbleiben.[45] Die gelernte Fremdsprachenkorrespondentin Walburga Kratzer, die heute mit Armut kämpft, steht stellvertretend für viele. Sie ist 1944 geboren und hat, während die Kinder klein waren, über zehn Jahre nur ein paar Stunden die Woche »gejobbt«, teilweise in nicht versicherungspflichtigen freiberuflichen Tätigkeiten.

Gender Pay Gap – Gender Pension Gap

In Deutschland verdienen Frauen noch immer durchschnittlich 21 Prozent weniger als Männer. Dieser »Gender Pay Gap« entwickelt sich dann im Alter zum »Gender Pension Gap«, wenn die Frauen nicht privat durch eine Lebensversicherung oder Zusatzrente ihr Alterseinkommen aufstocken, was außer einem entsprechenden Bewusstsein dafür jedoch eine gewisse Einkommenshöhe oder finanzielle Ressourcen voraussetzt. Gerade die Frauen aus den weniger privilegierten Milieus, die wir interviewten, konnten selbst bei Erwerbsarbeit in Vollzeit keinen Cent zurücklegen. So etwa die ehemalige Bedienung Dagmar Berger, die deshalb auch bis zu ihren Herzinfarkten mit 70 Jahren kellnerte, oder die Reinigungskraft Sofija Djukic, die heute auf Grundsicherung im Alter und weitere Unterstützung durch eine kirchliche Sozialberatung angewiesen ist. Hier zeigen sich einmal mehr die sozialen Unterschiede, die sich nach Renteneintritt verstärken.

Diese sozialen Unterschiede werden in politischen Konzepten kaum berücksichtigt, welche in Deutschland seit den Reformen der rot-grünen Bundesregierung 2004 darauf setzen, dass die gesetzlichen Rentenabsenkungen außer durch Betriebsrenten vor allem durch private Zusatzversicherungen selbstverantwortlich abgefangen werden. Dass private Renten oder private Lebensversicherungen von den Zinserträgen des investierten Kapitals abhängen, ist überdies in einer Zeit der Niedrigzinspolitik fatal: Die Finanzierung der vielen hundert Milliarden, die in die Rettung der Banken und Staaten der EU gepumpt wurden, geschah und geschieht bekanntlich über die »Vergesellschaftung« der Schulden und Verlagerung ihrer Abtragung in die Zukunft; die EU-Notenbank machte das Geld durch die Zinssenkungen für Investoren wie verschuldete Banken und Staaten einerseits billiger. Andererseits führte diese Politik dazu, dass die Sparer, die jetzt für ihre privaten Renten in Finanzprodukte investieren sollten, kaum noch Renditen erwarten können. Dass Zahlungen aus der privaten oder betrieblichen Altersvorsorge, aber auch die »Mütterrente« überdies auf die aufstockende Grundsicherung im Alter bislang angerechnet wurden, ist ein weiteres vielfach kritisiertes Problem,[46] was gerade Altersarme und die Frauen weiter benachteiligt.

Symptomatisch für die Ungleichheit, die das reformierte Modell der abgesenkten gesetzlichen Renten mit erzeugt, ist folgende Episode, die Aufsehen erregte und das mangelnde diesbezügliche Wissen der politisch Verantwortlichen entlarvte. Im Zuge des Bundestagswahlkampfes 2017 konfrontierte eine in einem Krankenhaus angestellte Reinigungskraft, die eine 656-Euro-Rente erwartet, Angela Merkel mit dem Rentenproblem. Auf ihre Frage, warum es in Deutschland nicht wie in Österreich eine Bürgerversicherung gebe, in die jeder einzahlen müsse, oder eine Grundrente für alle, kam die Kanzlerin ins Schwimmen. Sie fragte die Reinigungskraft ausweichend zurück, ob sie denn nicht in die Riester-Rente als Zusatzversicherung einzahle. »Von 1050 Euro?«, kam die prompte Gegenfrage, die die Konzeptlosigkeit der politisch Verantwortlichen bezüglich Altersarmut im Fernsehstudio weithin sichtbar machte.[47]

Der fatale Gender Pay Gap erklärt sich des Weiteren daraus, dass Frauen bis heute für die gleiche Arbeit nicht nur oft weniger Geld als ihre männlichen Kollegen erhalten, sondern sie werden auch seltener befördert, vor allem, wenn sie in Teilzeitarbeit beschäftigt sind. In dem seit den Hartz IV-Reformen stark ausgehöhlten Sozialstaat, der auf private Vorsorge setzt, sind viele Frauen doppelt benachteiligt, denn auch denjenigen mit einem Teilzeitverdienst fällt die geforderte private Bildung von finanziellen Rücklagen für das Alter besonders schwer. Insbesondere die Minijobs, die so gut wie keine Rentenpunkte einbringen, führen geradewegs in die Altersarmut, auch wenn sie besonders Frauen im Eineinhalb-Ernährer-Modell vielleicht als »unkomplizierte« Zuverdienstlösung in ihren mittleren Jahren zunächst zupasskommen. Die geschiedene Maria Zöllner, ehemalige Kosmetikerin und Verkäuferin, die heute jeden Euro umdrehen muss, steht für viele unserer Gesprächspartnerinnen, die mit ihrer ausgeprägten Familienorientierung eigentlich nur gearbeitet haben, um – in ihrem Fall dem gut verdienenden Ehemann – zu helfen, das Reihenhaus abzubezahlen, wie sie es ausdrückte.

Zuarbeit in »Frauenberufen« und die Folgen

Frauen, besonders noch in der Generation der heutigen Rentnerinnen, arbeiteten häufig in hausarbeitsnahen, typischen »Frauenberufen«. Pflege von Kindern oder Alten, Erziehungsarbeit, aber auch Berufe wie Kosmetikerin, wurden und werden auf einem »geschlechtsspezifischen Arbeitsmarkt«[48] vergleichsweise schlecht bezahlt; sie bauten – so die implizite Ideologie – auf scheinbar den Frauen von »Natur« gegebenen Fertigkeiten des sich Kümmerns, Erziehens und Pflegens auf, für die es keine allzu großer Qualifizierung brauche. Diese Einschätzung spiegelte sich dann im monatlichen Gehaltsscheck und den überdies geringen Aufstiegschancen in diesen Berufen, die ja mit der Familiengründung für die Frauen zunächst ganz oder teilweise beendet schienen. Innerhalb der Familien führten sie dann als Mütter und Pflegerinnen der Eltern oder Schwiegereltern diese Verrichtungen ohnehin ganz umsonst weiter. Die Debatte um eine wie auch immer finanzierte und geartete »Entlohnung« der Reproduktionsarbeit oder ihre geschlechtergerechte Umverteilung ist seit Beginn der Frauenbewegung bis heute noch nicht viel weiter vorangekommen. Vielmehr hat die lang erkämpfte zunehmende Erwerbstätigkeit von Frauen zur Folge, dass auch zunehmend mehr häusliche Tätigkeiten in den Dienstleitungsbereich ausgelagert werden müssen. Dies führt dann allerdings zu einer anderen, oft kritisierten Form globaler Umverteilung, indem Care-Arbeiterinnen aus zum Beispiel Osteuropa diese Tätigkeiten zu geringen Löhnen übernehmen, wie im Falle unserer Interviewten, der 24-Stunden-Pflegekraft Mária Jakubová.[49]

Für unsere interviewten Frauen der Nachkriegsgeneration jedenfalls sollten diese beruflichen Tätigkeiten meist bis zur Eheschließung reichen und kein eigenständiges Leben auf Dauer absichern. »*Volksschule*«, das habe auf dem Land für Mädchen damals »*gereicht*«, so resümierte es die ehemalige Versicherungsangestellte Monika Tegt. Eine andere, Ulla Scheibler, wurde zu Beginn der 1960er-Jahre nach dem Abitur vom Vater »*ins Büro*« eines befreundeten Architekten »*geschickt*«. Sie heirate ja ohnehin, habe es geheißen, und sie fügte sich, zumal sie gar nicht gewusst habe, was sie mit ihrem höheren Schulabschluss anfangen solle. Lehrerin als Berufswahl hätten die Eltern vielleicht erlaubt, aber für ihr Traumstudium der Psychologie sah sie keinen Weg. Ulla Scheibler bringt schulterzuckend auf den Punkt, wie es damals weithin üblich war: Im Büro war sie

die Sekretärin, Mädchen für alles [...]. Hat mir eigentlich sehr, ja, sehr gut gefallen. [...] Dann habe ich meinen Mann kennengelernt. Wie es so ist, schwanger geworden, geheiratet. Und dann natürlich aufgehört. Und als mein Sohn ein Jahr war, war es eben so, dass mein Mann, [...] er hat in Wien studiert, keine Chancen sah und zurück [nach München] *wollte.*

Das damalige Familienrecht unterstützte die gängige Praxis, dass der Ehemann auch den Wohnort bestimmte. Auf jeden Fall legte dessen Tätigkeit den Status der Familie fest, und viele Frauen waren dazu erzogen, möglichst eine »gute Partie« zu sein und im besten Fall sogar gesellschaftlich »nach oben« zu heiraten. Viele Interviewte mit einem derartigen bürgerlichen Wertehintergrund zogen ganz selbstverständlich dem Ehemann hinterher – Maria

Zöllner sogar ihrem gut verdienenden Mann von Brasilien nach Deutschland –, und sie ordneten, vor allem wenn sie ja schlechter ausgebildet waren, ihre Berufswege denen des Mannes ebenso selbstverständlich unter.

Generell lässt sich festhalten: Die in den letzten Kriegsjahren und den unmittelbaren Nachkriegsjahren Geborenen profitierten noch nicht von der Bildungsoffensive der späten 1960er-Jahre. In bürgerlichen Kreisen war es ein besonderer Wert, dass die Ehefrau nach Geburt der Kinder nicht arbeiten »musste«.»Schlüsselkinder« zu haben, die sich nachmittags unbetreut zu Hause selbst versorgten, galt als Stigma oder Los der Arbeiterfrauen.»Doppelverdiener« war überdies in konservativen bürgerlichen Kreisen seit der Zeit des Nationalsozialismus, der die Frauen generell von der Ideologie her für die Mutterschaft vorsah, ebenso verpönt und galt im bürgerlichen Milieu, nicht nur bei Beamten, weiterhin als unerwünscht. Nachdem die Männer aus dem Krieg zurückgekehrt waren, sollten die Frauen die Arbeitsplätze, die sie zu Kriegszeiten übernommen hatten, wieder für sie räumen. Es gab in der Nachkriegszeit Arbeitsverträge, die nach dem »Doppelverdienergesetz« Frauen, insbesondere Beamtinnen, bei Heirat aus ihrem Beruf herausdrängten.[50] »Eine Frau durfte bis 1977 nach offizieller Gesetzeslage nicht einmal arbeiten, wenn der Mann dies nicht gestattet hätte«, bilanziert Hilde Meyer, eine der wenigen Interviewten, die eine Familienorientierung für sich von Anfang an ausschloss. Erst infolge der 68er und der neuen Frauenbewegung mit der weitergehenden Liberalisierung der Gesellschaft, der Verhütungsmöglichkeiten durch die »Pille« und Reformierung des Ehe- und Scheidungsrechts entwickelte sich – auch bei den von uns interviewten Frauen – eine Vorstellung von einem anderen Leben; Scheidungen wurden immer üblicher und als Möglichkeit von manchen Frauen in ihren mittleren Lebensjahren dann auch ergriffen. Maria Zöllner jedenfalls betonte, hier dann auch von diesem typischen sie einschränkenden Rollenmodell an der Seite eines gut verdienenden Ehemannes einfach genug gehabt zu haben.

Scheidung als Risikofaktor

Scheidung spielt in den Lebensläufen der Frauen eine große und sehr ambivalente Rolle. Einerseits erfuhren die Interviewten ihre Scheidung als emanzipatorischen Akt – viele Interviewte sprachen von geradezu unerträglichen Situationen in ihrer Ehe mit alkoholkranken oder fremdgehenden Ehemännern, die sie ohne Anerkennung die Familienarbeit machen ließen –, andererseits gelang der Berufseinstieg oft nicht mehr in auskömmlicher Form. Das in den letzten Jahrzehnten häufiger gewordene Scheitern der auf ein ganzes Leben ausgerichteten Ehe ist generell ein gewichtiger Armutsfaktor, insbesondere für die Frauen. Ulla Scheibler, die mit ihren kleinen Kindern auf dem bayerischen Land lebte, erfuhr überdies eine doppelte Stigmatisierung. Als Alleinerziehende war sie eine Exotin und aufgrund ihrer materiellen Situation aus den sonntäglichen Vergnügungen anderer Familien ausgeschlossen. Ein Kreis Alleinerziehender gab ihr seinerzeit Halt und Unterstützung.

Angesichts der gestiegenen Scheidungszahlen greift die traditionelle Vorstellung von der lebenslangen Absicherung durch einen Ehemann längst nicht mehr. Das vor zehn Jahren erneut reformierte Scheidungsrecht hat überdies einer früher häufigeren lebenslangen Versorgung der geschiedenen Frau durch den Ex-Mann ein Ende gesetzt. Demnach steht der Versorgungsanspruch der Frauen inzwischen hinter dem der Kinder, gegebenenfalls auch aus der neuen Familie, zurück und beschränkt sich in der Regel auf einige wenige Jahre, solange kleine Kinder von der Mutter versorgt werden. Frauen sind gezwungen, ihren Lebensunterhalt nach einer Scheidung – die heute tendenziell jede zweite bis dritte Ehe betreffen kann – allein zu bestreiten und so gut zu verdienen, dass sie auch für ihr Alter selbst vorsorgen können. Ulla Scheibler war Letzteres wie den meisten geschiedenen Interviewten in den 1970er- oder 1980er-Jahren noch nicht möglich; sie hatten den beruflichen Anschluss zu spät gesucht, oder aufgrund der unzureichenden Kinderbetreuungssituation war wiederum nur eine Teilzeittätigkeit möglich, bis die Kinder aus dem Haus waren. Denn die Mütter übernahmen in dieser Generation nach der Trennung oft noch allein die Haupterziehungsarbeit. Die ohnehin leicht zu prekären Lagen führende Situation als Alleinerziehende hat auf jeden Fall Folgen bis ins Alter. Die Kosmetikverkäuferin Jolanda Fischer musste beispielsweise wegen der Betreuung ihrer Kinder und der inkompatiblen Arbeitszeiten in die schlechter entlohnte Position als Lagerarbeiterin wechseln, was sie letztlich jetzt in die Altersarmut führte.

Auch erhielten nicht alle Geschiedenen Unterhalt von ihren Ex-Ehemännern, nicht einmal für die gemeinsamen Kinder.[51] Oft wurde der Unterhalt unregelmäßig bezahlt, wie Jolanda Fischer berichtete. Ulla Scheibler ließ, umgekehrt, ihrem Ehemann, einem Schauspieler ohne festes Engagement, sogar immer mal Geld zukommen. Klara Träger verzichtete ganz auf Unterhalt für ihren Sohn. Sie wollten mit ihrem Ex-Ehemann beziehungsweise dem Vater nach 13 Jahren Ehe voller Gewalterfahrungen nichts mehr zu tun haben. Dabei hätte dem Sohn von dem gut verdienenden Verlagsleiter Unterhalt zugestanden. Klara Träger war dann selbst als Buchhändlerin berufstätig und konnte den Verzicht somit abfangen, auch wenn sie selbst damit nichts für ihr Alter ansparen konnte.

Die in der gemeinsamen Ehezeit von beiden Partnern erworbenen Rentenpunkte werden zwar bei einer Scheidung aufgeteilt, sodass der meist besser verdienende Mann Rentenansprüche an seine Ex-Frau abgibt, doch dies ist vielfach nicht ausreichend für ein auskömmliches Alter der Geschiedenen. Einzelne unserer Interviewpartnerinnen konnten überdies kaum mit solchen übertragenen Rentenpunkten rechnen, weil die Männer selbst nicht viel eingezahlt hatten. Im Falle von Monika Tegt konnte der Ex-Mann sogar Rentenansprüche an sie geltend machen. Sie habe sich, wie es auch andere Interviewte angaben, bei der Scheidung schlecht beraten gefühlt; und sie sei ohnehin wegen der Kinder viel zu lange bei ihrem Mann geblieben.

Auch bei den Scheidungen stellten die Frauen wieder die Interessen der Familie, speziell der Kinder, über ihre eigenen, wenn sie, etwa auch um das Verhältnis des Ex-Mannes zu den Kindern nicht zu gefährden, Ansprüche nicht einklagten oder bei den Scheidungsvereinbarungen nachgaben. Beate Flossmann verzichtete seinerzeit auf ihren Teil der Eigentumswohnung zugunsten der Tochter. Auch Mária Jakubová war letztlich die Verliererin nach der Trennung von ihrem Ehemann, der das gemeinsame Haus in der Slowakei behielt, in dem auch ihr gesamter Verdienst steckte. In anderen Fällen gab es mit der Scheidung nur eine kleine Abfindung wie im Falle von Traudel Heller, die einen für sie ungünstigen Ehevertrag abgeschlossen hatte.

Die Finanzberaterin Helma Sick weiß um die Probleme, die entstehen, wenn auch heute noch bei jungen Frauen das Bewusstsein für diese Altersarmutsfallen nicht da ist und sie nach längerer Familienzeit und schlecht gestellt nach einer Scheidung erst in mittleren Jahren beginnen vorzusorgen. Ein Ehemann ist keine Altersversicherung, so das erfahrungsgesättigte Statement von Helma Sick und Renate Schmidt in ihrem scharfen Plädoyer an die Frauen, sich nicht auf den »Versorger« zu verlassen.[52] Doch gerade den Frauen der älteren Generation, die entsprechend erzogen waren, war das oft zu spät bewusst geworden. Heute wäre sie auch schlauer, reflektiert Monika Tegt, sie hätte von Anfang an auch finanziell an sich denken sollen:

Mit meinem Geld habe ich die Familie ernährt, war halt so. […] Und ich habe gesagt, meine Familie muss ich unterstützen, ist ja klar, ich war ja Familienmensch. Aber das würde ich heute natürlich nicht mehr machen. Man lernt ja dazu. […] Ich hätte mir viel Geld zur Seite gelegt.

Fast alle Interviewten gaben an, sich erst spät um Geldangelegenheiten gekümmert zu haben. Geld, insbesondere Geldanlagen oder die weitere private Altersvorsorge in Ehen, war – oder ist es zum Teil immer noch – Sache des Mannes.[53] De facto hatten unsere ehemals verheirateten Interviewten bis zur Scheidung auch nie an Rente gedacht. Hierfür gab es viele Gründe, nicht zuletzt auch das Versprechen der »sicheren« Altersrente, aber auch darüber hinaus insbesondere in den avantgardistischen Milieus antimaterialistische und institutionenkritische Haltungen, wie sie auch bei einzelnen Interviewten, die von der 68er Bewegung stärker beeinflusst waren, greifbar waren. Demnach galten Angestelltenmentalität, Materialismus und Sicherheitsdenken dem politisch linken Zeitgeist nach als »spießig«, wie es Hilde Meyer, eine Aktivistin der Frauenbewegung, ausdrückte. Der Staat habe damals ja vielen als repressive Institution gegolten, und bis heute wisse sie nicht recht, ob es legitim sei für sie, sich nun über diese kleine Rente des Staates, den sie einst bekämpfte, zu ärgern, geschweige denn moralisch etwas von ihm einzufordern.

Arm durch Care-Arbeit

Ein weiterer Armutsfaktor sind die sehr häufigen Frühverrentungen infolge berufsbedingter Erkrankungen.[54] Insbesondere die »weiblichen« Care-Berufe mit ihrer hohen Arbeitsverdichtung in Krankenhäusern oder Altenheimen sind davon betroffen. Eine ehemalige Krankenschwester mit massiven Rückenproblemen, die stark in ihrer Beweglichkeit eingeschränkte Dorina Rubenbauer, erklärte ihre Frühverrentung infolge der körperlich aufzehrenden Tätigkeit: »Man ist verbraucht.« Und auch die ehemals leitende Altenpflegerin Dawina Bublica musste wegen verschiedener gesundheitlicher Einschränkungen zwei Jahre früher in Rente und die Abschläge durch einen Minijob kompensieren. Dies gelang ihr jedoch nur noch kurze Zeit; die Mitsechzigerin ist so stark eingeschrankt, dass sie sogar Probleme beim Hochsteigen der Treppe hat, was sie letztlich daran hinderte, nach der Frühverrentung in der ambulanten Pflege auf 450-Euro-Basis weiterzujobben.

Arm macht oft auch die Pflege des Partners wie im Fall von Regina Kirchhoff, die es nicht schaffte, den einst mit dem Ehemann betriebenen Musikalienhandel allein vor dem Bankrott zu retten, als sie sich über Jahre zwischen der Pflege ihres schwerkranken Partners und der Weiterführung des Geschäftes aufrieb. In anderen Fällen war es die Pflege der Eltern, Schwiegereltern oder eines kranken Kindes, die von einer kontinuierlichen Erwerbsarbeit abhielt. Diese häuslichen Pflegetätigkeiten waren und sind ganz selbstverständlich den Frauen und Müttern, den Töchtern und Schwiegertöchtern zugewiesen, während die Männer als Haupternährer andere Freiheiten und einträgliche und angesehenere Aufgaben wahrnehmen, die sie für ihr Alter besser absichern. Die Ehemänner beziehungsweise Väter waren bei manchen Interviewten überhaupt nicht mehr verfügbar. Im Fall der Spätaussiedlerin Elisabeth Koch hatte ihr erster Ehemann sich früh getrennt. Sie war allein verantwortlich für ihren kranken Sohn und entsprechend auch nach ihrer Ankunft in Deutschland kaum berufstätig gewesen. Am Beispiel dieser Bauingenieurin, die dann nach ihrer Migration nur wenige Jahre in einer Stelle mit niedrigerer Qualifizierungsanforderung als Bauzeichnerin arbeiten konnte, zeigt sich überdies, was bittere Armut im Alter bedeutet, wenn der Weg zur Kleiderkammer als einzig helfender Institution die Existenz notdürftig sichert.

Migration und (De-)Qualifizierung

Das Beispiel von Elisabeth Koch macht plastisch, wie die Mixtur von Migration (mit der Folge einer De-Qualifizierung), das Leben im Singlehaushalt und weibliches Geschlecht gemeinsam Altersarmut hervorbringen.[55] Statistisch gesehen, sind gerade die alleinstehenden Frauen mit Migrationshintergrund im Verhältnis zur Gesamtbevölkerung am stärksten von Altersarmut bedroht.[56]

Die Arbeitsmigrantinnen und -migranten aus den Anwerbeländern, die in den 1950er- und 1960er-Jahren jung nach Deutschland kamen, konnten zwar im Unterschied zu den Spätaussiedlern aus dem (süd-)östlichen Europa, die erst seit den 1980ern zuwanderten, noch mehr Rentenpunkte erwirtschaften. Doch auch sie leben heute oft von besonders kleinen Altersrenten, nachdem sie oft in gering entlohnten Arbeitsbereichen tätig waren.

Die ehemaligen Arbeitsmigrantinnen sind – auch hier fanden sich in unserem Sample entsprechende Fälle – durch begrenzte Zugänge zu Informationen über Unterstützungsmöglichkeiten oder auch (sprachliche) Barrieren im Umgang mit Behörden, Ärzten und Versicherungen benachteiligt. Aufgrund ihrer harten Arbeitsbedingungen in früheren Jahren haben viele auch mit Gesundheitsproblemen zu kämpfen, wie etwa die ehemalige Reinigungskraft Sofija Djukic, die vorzeitig gealtert schien. Wenn die Frauen nicht um ihre sozialen Rechte wissen oder keine diesbezüglich kundigen familiären Netzwerke vor Ort haben, wird die Situation besonders dramatisch.

Ein Faktor, der einer Altersarmut der Migrantinnen zuspielt, kann etwa die Notwendigkeit sein, die Familie, insbesondere in der Heimat, finanziell zu unterstützen, eine Notwendigkeit, die sich aufgrund globaler Ungleichheitsverhältnisse ergibt und von familiärer Fürsorge und familiärem Zusammenhalt getragen wird. Diese Unterstützung gaben und geben alle unsere von Migration betroffenen Interviewten teilweise bis heute, obwohl sie finanziell prekär sind. Umgekehrt sind die eigenen Familien nicht in allen Fällen sichere Unterstützungsnetzwerke. Sofija Djukic ließ wie viele Arbeitsmigrantinnen und -migranten ihre Kinder bei den Großeltern in Serbien zurück, als sie nach Deutschland ging. Auch wenn eine Tochter als junge Frau nachkam, ist das Verhältnis nicht gut, und auch der Sohn in Serbien ist mit dem Überlebenskampf für seine Kinder beschäftigt, sodass die Grundsicherungsempfängerin in Deutschland nur die kirchliche Beratungsstelle als Ansprechpartner für ihre Belange hat.

Migration ist nicht gleich Migration, und sie kann, gerade auch im Alter, ein großes Kapital sein, sie eröffnet Möglichkeiten. Mária Jakubová kann sich als Pendelmigrantin in Deutschland für ihr

Alter in der Slowakei eine Existenz aufbauen. Dorina Rubenbauer, die sich als junge Frau in Deutschland durch eine hier erworbene Qualifikation eine neue Existenz aufbauen konnte, profitiert heute von ihren Kontakten in die Heimat und von den günstigen Produkten, die ihre Schulfreundinnen aus der Slowakei ihr regelmäßig mitbringen. Und Dawina Bublica erholt sich jedes Jahr in ihrem Elternhaus in Kroatien, auch wenn sie dort nie das ganze Jahr leben würde; denn ihre Familie ist in Deutschland. Dieser geht es dank ihrer jahrzehntelangen unermüdlichen und erfolgreichen Arbeit für die beiden Töchter und Enkel materiell gut. Die Migration hat sich hier für das Familienkollektiv als Ganzes ausgezahlt. Der soziale Aufstieg der nächsten Generation ist gelungen, der familiäre Zusammenhalt eng und auch für Dawina Bublica eine große Ressource, auch wenn sie durch ihre weitere Mitarbeit daran, den Aufstieg zu konsolidieren, selbst in materieller Hinsicht Nachteile hat.

Wie wirtschaften die interviewten Frauen nun angesichts ihrer milieuspezifisch unterschiedlich gegebenen Möglichkeiten im Alter? Und welche Rolle spielten für den Aufbau von – wenn nicht ökonomischem, so doch kulturellem und sozialem – Kapital ihre Biografien? Überraschend war für uns, wie sehr die Frauen alles daransetzten, dass sie, auch wenn es noch so schwerfällt, möglichst selbstständig zurechtkommen. Dazu versuchten sie, diverse Strategien des Wirtschaftens mit Mangel zu entwickeln, welcher bereits für diese Generation in einer Nachkriegskindheit eine prägende Erfahrung bildete. Davon soll im Folgenden die Rede sein.

2. Strategien und Praktiken des Wirtschaftens

Kindheit in einer Mangelgesellschaft

In vielerlei Hinsicht hatten die Frauen der Generation der Kriegs- und Nachkriegskinder eine schlechtere Ausgangsbasis als etwa die Babyboomer, die in den prosperierenden Jahren ihre Kindheit in einer Wohlstandsgesellschaft erlebten und ihr Alter vielleicht nun sogar mit einer Erbschaft – dem von den Eltern in den Wirtschaftswunderjahren Aufgebauten – absichern können. (Wo dies nicht der Fall ist und eine eigene Karriere dies nicht kompensieren kann, landen auch diese – angesichts ihres Starts in den prosperierenden 1960er-Jahren mit der Verheißung auf ewiges Wachstum – jetzt im Alter in einer unerwartet prekären Lage.) Ökonomisches Kapital, ein Erbe oder Familienbesitz, ging in fast allen Familien der Interviewten dagegen im Krieg oder auf der Flucht verloren. Bildungskapital durch eine höhere Schulbildung war für Mädchen damals, wie oben dargelegt, auch nicht vorgesehen. So waren bereits ihre Ausgangsbedingungen in mehrerer Hinsicht schwierige.

Bis auf zwei ältere Befragte zwischen 1940 und 1954 geboren, haben unsere Gesprächspartnerinnen nicht selten bis heute zunächst mit Kindheitstraumata zu kämpfen. Klara Träger, Tochter eines amerikanischen Soldaten und einer Deutschen, kann sich genau an die Schuldgefühle erinnern, die ihr gemacht wurden, nachdem ihr Vater nach seinem Einsatz im Zweiten Weltkrieg wieder in die USA zurückkehrte und sie mit ihrer Mutter zurückließ:

*Meine Mama war dann natürlich schon ganz schön verbittert
[...] ich konnte das fühlen, dass ich an allem schuld war. Das ist
nicht so einfach gewesen. Das hat mein Leben irgendwie begleitet.*

Das Stigma des unehelichen Kindes hatte für Klara Träger weit-
reichende Konsequenzen. So war es nicht ihre Mutter, die bis zu
ihrer Volljährigkeit wichtige Entscheidungen traf, sondern ein staatlicher Vormund, der ihr zugewiesen wurde. Auch bei ihrer Hochzeit schickte der Pfarrer sie aus dem Raum, um den zukünftigen
Ehemann noch mal unter vier Augen zu fragen, ob dieser wisse, dass
seine zukünftige Frau ein Kind aus unehelichen Verhältnissen sei.
Derartige männliche Autorität und Dominanz sind bei Weitem keine Ausnahmen für die damalige Zeit. Und oft setzte sich dieses pa-
triarchale System für die Frauen dann in den Ehen fort.

Auch Walburga Kratzer, die ihren Vater im Krieg verlor und
somit ebenfalls allein mit ihrer Mutter aufwuchs, berichtet von
ähnlichen Erfahrungen bis hin zu sexueller und physischer Gewalt
durch einen Lehrer, vor dem sie niemand geschützt hatte: »*Nichts
gemacht, keiner war dabei, niemand hat was gesehen. Wir wurden
ja auch geschlagen.*« Schließlich war das auch der Grund, weshalb
sie ein halbes Jahr vor ihrem Abitur die Schule verließ. Genau wie
sie seien »*halt viele Mädchen abgegangen*«, erhielten im besten Falle noch die mittlere Reife und fanden sich in Ausbildungsberufen
wieder anstatt an den Universitäten. So wurde zum Beispiel der Interviewpartnerin Beate Flossmann der Übertritt auf das Gymnasium von ihren Lehrern zwar empfohlen, doch ihre Eltern schickten
sie in eine Sicherheit versprechende Banklehre. Jenes autoritäre
Erziehungsmodell, das weiterhin vor allem Frauen benachteiligte,
lockerte sich erst mit der Bildungsoffensive[57] in den 1970er-Jahren.

Zu den Erfahrungen der Nachkriegskinder gehörten Gefühle
des Unerwünschtseins und diffuser Schuld – die Familien waren
mit sich, mit Verdrängung und dem Wiederaufbau beschäftigt. So
berichtete uns beispielsweise Hilde Meyer:

Also 1945. Ich bin auf der Flucht geboren, ich habe die ganze Na-
zischeiße sozusagen eingeträufelt gehabt, als ich zur Welt kam.
[...] drei Kinder waren schon da, und meine Mutter hatte kom-
plett kein Bock. Ich war irgendwie immer zu viel. Und war ei-
gentlich ziemlich auf mich gestellt.

Kinder als Last, rigide Erziehung, Flüchtlingsarmut und das Stigma, nicht dazuzugehören, das auch Traudel Heller als Flüchtlingskind bis heute beschäftigt – dies bedeutete einerseits, dass die
Frauen von kleinauf lernten zu funktionieren und mitzuhelfen,
etwa kleinere Geschwister zu versorgen. Besondere Wünsche,
etwa auf ein selbstbestimmtes Leben, waren ihnen nicht vergönnt.
Wie Dawina Rubenbauer übten sie sich früh in Verzicht und Bescheidenheit. Deren adelige Familie floh, nachdem sie nach dem
Krieg in Ungarn von den Sozialisten enteignet worden war, zunächst in die Tschechoslowakei und von dort in den 1960ern nach
Niederbayern, wo sie ein zweites Mal bei null begann. Andererseits lernten die Mädchen und jungen Frauen nicht nur, sich zugunsten der Familie zurückzunehmen, sondern auch, geschickt zu
wirtschaften, das heißt, heute noch können sie mit begrenzten Ressourcen haushalten, Möbel und Kleidung werden selbstverständlich geschont oder repariert: *»Ich bin ein Kriegskind und kann*
nichts wegwerfen – es ist immer so eine Verwertung dann doch da«,
so eine Mitsiebzigerin, die Körpertherapeutin Ulla Färber, im Interview.

In der Zeit ihrer Kindheit und dann Ehe übten sich viele unserer Gesprächspartnerinnen darin, einen eigenständigen Haushalt
zu führen, zu sparen, sie lernten genaues Vorausplanen und Kalkulieren, Vorräte anzulegen und einzuteilen. Hier eigneten sie
sich Do-it-yourself-Techniken, etwa des Handarbeitens, an, die
sie heute in die Lage versetzen, auch Geschenke oder Tauscharti-
kel für die Tauschbörse herzustellen. Ulla Scheibler etwa bäckt vor
Weihnachten kiloweise Vanillekipferl, die sie dann im Tausch gegen Fahrdienste oder Balkonstreichen einsetzt.

Aus allem etwas machen zu können, sparsam mit Ressourcen zu wirtschaften, aber auch hauswirtschaftliche Techniken wie Einkochen oder aus aufgetrennter Wolle Pullover stricken, Stoffe wiederzuverwerten – all das wappnete die Frauen für Notzeiten, und sie können dieses Kapital nun im Alter auch mehr oder weniger nutzbar machen, um Geld zu sparen. So sind diese frühen biografischen Erfahrungen sehr ambivalent, hier vermittelten sich den jungen Mädchen einerseits praktische Fertigkeiten und Strategien der Überlebenshilfe, zum anderen waren diese Jahre eine lange nachwirkende emotionale Last und der Anfang einer strukturellen Benachteiligung, beispielsweise gegenüber den oft besser ausgebildeten Brüdern. Für so manche setzte sich das Gefühl fehlender Unterstützung und patriarchaler Unterdrückung dann in ihren Ehen und Beziehungen fort. Andere suchen heute noch ihren Platz in der Gesellschaft wie das ehemalige Flüchtlingskind Traudel Heller, die immer »dazugehören« wollte und dies durch ihre Ehe nicht auf Dauer schaffte. Andererseits erklärte sich manche große Bescheidenheit und Zufriedenheit, die uns in den Gesprächen begegnete, gerade auch als wohl in den schweren Jahren der Kindheit erworbene, anerzogene Haltung, die von Mädchen, die sich zu fügen hatten, damals einfach erwartet wurde.

Der Einfluss der 68er-Liberalisierung

Vom gesellschaftlichen Aufbruch der 68er-Bewegung profitierten die Frauen dann – anders als manche Babyboomer nicht bereits als Kinder in Form von reformierter Bildung und Erziehung, sondern erst als junge Erwachsene, beziehungsweise sie waren wie Hilde Meyer im engeren Sinn Teil der Bewegung. Die neue Frauenbewegung, die kurz darauf aufkam, prangerte auch die »Doppelmoral« im Alltagsleben und in den Familien an; es wurde im Zuge verschiedenster Aktionen und Protestformen eine antiautoritäre Erziehung, Meinungs- und sexuelle Freiheit gefordert, letztlich die Demokratisierung aller Lebensbereiche und von den Frauen insbesondere ihre Gleichberechtigung und volle gesellschaftliche Teilhabe auch an ökonomischen Ressourcen.[58] Auch die Interviewten waren mehr oder weniger direkt von diesen Entwicklungen beeinflusst, etwa wenn sie nun aus ihren Ehen und Rollenmustern ausbrachen.

Geschiedene unterlagen durch ein neues Scheidungsrecht, das nach 1976 nicht mehr den oder die »Schuldige« festlegte, zunehmend seltener einem sozialen Stigma, wie es noch Ulla Scheibler auf dem bayerischen Land erlebt hatte. Nicht selten standen alleinerziehenden Frauen dabei insbesondere die während der Frauenbewegung gegründeten frauenspezifischen Institutionen unterstützend zur Seite. So auch im Falle von Walburga Kratzer, die sich mit der Scheidung aus einer unterdrückenden Ehe befreite:

Mein Mann hat mich geschlagen, hat mich vergewaltigt, und das war kurz vor knapp. [...] Und dann habe ich mir über das Frauenzentrum eine Anwältin, so eine richtige Kämpferin, gesucht.

Somit war es vielen Frauen erstmals möglich, sich von ihren Ehemännern zu trennen und mit der Zeit ihre eigenen Wege auch dann ohne Angst vor gesellschaftlicher Ächtung zu gehen.

In Anbetracht der neuen Lebenssituationen, in denen sich die gerade geschiedenen Frauen nun bei keinen oder meist nicht ausreichenden Unterhaltszahlungen selbst um ihr finanzielles Auskommen kümmerten, spielte das Geld zwar auf der einen Seite eine zunehmend größere Rolle, auf der anderen Seite entwickelte sich infolge der konsumkritischen Haltung der 68er bisweilen eine neue Einstellung: *»Also [...], das war, Konsum war ja was völlig Negatives«,* so Hilde Meyer über die aufkommende antimaterialistische Einstellung, die ihr Leben in ihrer bescheidenen Wohnung bis heute bestimmt. Allerdings bleibt diese Haltung auf die eher linksliberalen Milieus beschränkt. In den eher konservativen Kreisen litten die Frauen, wenn zur Zeit der Ehe vorhandene Statussymbole wie eine Eigentumswohnung oder ein eigenes Auto nicht mehr finanzierbar waren und sich die Nachbarn hier durch einen solchen Wohlstand abhoben.

Viele Interviewte profitierten seit den 1970ern noch mehr davon, dass ihre Fertigkeiten des Selbermachens und andere kreative Praktiken wie auch der Retro-Stil und Flohmärkte oder auch eine weniger steife, freier wähl- und kombinierbare Kleidung in Mode kamen und das Leben einfacher und auch kostengünstiger machten. Letzteres scheint zum Beispiel für die Interviewpartnerin Regina Kirchhoff eine wichtige und positive Entwicklung zu sein, die ihr heute ihre finanziell knappe Situation erleichtert:

Es ist ja heutzutage anders. Früher, als ich jung war [...], da hat man ein Kostüm gehabt, ja, da hat das Oberteil mit dem Rock zusammenpassen müssen, und dann die Hosenanzüge, das hat alles zusammenpassen müssen. Dazu noch dementsprechende Täschchen.

Neue Lebensformen, etwa WGs, in denen sich auch Alleinerziehende gegenseitig unterstützten, waren ebenfalls Errungenschaften, die den frisch Geschiedenen halfen. Auch konnten einzelne von Ganztagsschulen für ihre Kinder profitieren, von Kinderläden oder liberaleren Erziehungsstilen, die auch die Mutterrolle weniger hierarchisch, sondern »lockerer« und flexibler ausgestaltbar werden ließ und mehr Raum für die eigene – auch berufliche – Entwicklung der Frauen jenseits der festgefahrenen Rollenmuster eröffnete. Die Netzwerke aus dieser Zeit, etwa die Alleinerziehendengruppe Ulla Scheiblers, sind für sie Ressourcen bis heute.

Im folgenden Abschnitt erfolgt nun, biografisch gesehen, ein Sprung in die Zeit vor und nach der Verrentung der Frauen. Naheliegend wäre für manche angesichts ihrer prekären Lage, einfach weiterzuarbeiten, doch dies ist in den meisten Fällen nur schwer oder unter problematischen Verhältnissen möglich.

Verrentung und Minijob – Einfach weiterarbeiten?

Im Jahr 2016 wurden in München mehr als zehn Prozent der geringfügig entlohnten Beschäftigungsverhältnisse von Älteren über 65 Jahren ausgeübt (ca. 17.5000 Personen).[59] Deutschlandweit sind die Prozentzahlen ähnlich. Was sagen sie aber aus? Die von uns interviewten Frauen konnten meist einen solchen Minijob, wenn sie körperlich dazu überhaupt noch in der Lage waren, nur kurze Zeit nach der Verrentung ausüben. Dann verschlechterte sich ihr Gesundheitszustand wie im Falle von Dawina Bublica, die eine körperliche Pflegearbeit nicht mehr stemmen konnte, oder wie Walburga Kratzer, die bis zu ihrem Schlaganfall sehr gerne als Rezeptionistin in ihren Verlag gegangen war, auch wegen all der Kontakte dort. Sie fühlte sich hier einfach anerkannt und gebraucht.

Dabei ist es ein bekanntes Problem für ältere Arbeitskräfte, etwa nach einer Kündigung, überhaupt noch einmal Fuß zu fassen. Die Buchhändlerin Klara Träger, die nach jahrelangem Mobbing mit 61 Jahren kündigte, hatte danach mit Monaten der Arbeitslosigkeit zu kämpfen. Die zahlreichen Bewerbungen, die sie verschickte, waren alle erfolglos. Mit 63 Jahren trat sie vorzeitig in den Ruhestand – mit entsprechenden Rentenabzügen. Noch heute ist ihre Wut spürbar; sie führt ihre schwere Erkrankung auf diese Misere zurück. Die Arbeit, die Kollegen, hätten ihr trotz allem so gefehlt, große Einsamkeit und auch die Einbuße der zu teuer gewordenen Wohnung waren die Folge.

Eine solche Altersdiskriminierung, der Ausschluss Älterer vom Arbeitsmarkt, wie er nach Jahrzehnten von Vorruhestandsregelungen Tradition hat, wird durch viele Vorurteile legitimiert: Älteren wird immer wieder unterstellt, sie seien weniger leistungsfähig, weniger lernfähig und weniger flexibel, überdies öfter krank – und als Angestellte zu teuer. Gegen diese Vorurteile schreibt eine kritische Altersforschung mit ihren Erkenntnissen zur »Plastizität« des Alters, der Fähigkeit, auch im Alter noch zu lernen und Erfahrung einzubringen, bislang vergeblich an. Auch die Altersberichte der Bundesregierung bemühen sich hier – um die »Potenziale des Alters« zu nutzen – um Aufklärung, auch wenn diese noch kaum Wirkungen zeitigt.[60] Je höher das Alter, so scheint es, desto geringer die Wahrscheinlichkeit, auch nur eine stundenweise Beschäftigung als Minijobberin zu finden, selbst wenn man gesund und so gepflegt ist wie die ehemalige Kosmetikerin Maria Zöllner. Sie teilte die Erfahrung, die Monika Tegt trotz vieler Bewerbungen gemacht hatte, einfach nichts, außer unattraktiven und belastenden Jobs wie Telefonakquise, angeboten zu bekommen:

Da sind ein paar Modegeschäfte. Aber [...] wenn du dann an die 70 bist, du kriegst nichts mehr [...] nicht mal zum Weihnachtsgeschäft.

So fasste Maria Zöllner ihre Erfahrungen zusammen. Monika Tegt hätte gerne in ihrer Versicherung auch nach der Verrentung weitergearbeitet, doch der Arbeitgeber gestattete dies nicht, was auf ein generelles Problem der relativ rigiden Renteneintrittsalter in Deutschland verweist. Einerseits wurde das Renteneintrittsalter sukzessive angehoben, was vor allem mit dem demografischen Wandel, einsetzenden Fachkräftemangel und drohender Finanzierungslücken der Sozialkassen begründet wird. Gleichzeitig existiert in vielen Branchen weiterhin der verpflichtende Ruhestand, der im angelsächsischen Raum schon seit geraumer Zeit als Ausdruck von Altersdiskriminierung gilt und in den USA bereits 1986 per Gesetz verboten wurde[61] – eine Diskussion, die in Deutschland bislang nur zögernd im Kontext der Flexibilisierung des Renteneintrittsalters einsetzt und sicherlich ein zweischneidiges Schwert ist. Durch die Aufweichung des Renteneintrittsalters und die Appelle, selbst aktiv zum Alterseinkommen und Gemeinwohl beizutragen, entsteht moralischer Druck auch auf diejenigen, die dazu nicht mehr in der Lage sind und den Ruhestand auch dringend und vielleicht sogar schon vorzeitig benötigen.[62] Bekanntlich sind viele Berufsgruppen – zum Beispiel neben Pflegekräften und Erzieherinnen auch Handwerker, Supermarktkassiererinnen oder Servicekräfte mit verschlissenen Knochen und Gelenken – nach Jahrzehnten körperlich oder psychisch beanspruchender Arbeit gar nicht in der Lage, bis 65 oder jetzt 67 weiterzuarbeiten. Der Kellnerin Dagmar Berger gelang dies aus der Not heraus bis zur völligen Erschöpfung mit 70. Sie ist Teil der zunehmenden Gruppe von Berufstätigen im Alter von 65 bis 69 Jahren, innerhalb derer sich in München die Erwerbstätigenquote in den letzten zehn Jahren von 6,5 auf 14,4 Prozent mehr als verdoppelt hat.[63]

Die abschlagsfreie Rente nach 43 Berufsjahren ist ein jüngeres Entgegenkommen der Rentenpolitik, das für die Altenpflegerin Dawina Bublica allerdings zu spät eingeführt wurde. Sie hatte, als ihre Verrentung nach bereits 43 anstatt der regulären 45 Jahre aufgrund ihrer gesundheitlichen Situation unausweichlich war, noch Rentenabschläge hinzunehmen. Aufgrund mehrfacher Erkrankungen konnte sie die fehlende Zeit nicht mehr weiterarbeiten; das jahrzehntelange schwer belastende Heben der zu Pflegenden, früher noch ohne unterstützenden Hebelifter, das zig-malige Hoch und Runter der Treppen zwischen den Stationen – all das war nicht mehr zu schaffen.

Die Schere, wer in welchem Gesundheitsstatus und in welchen sozialen Verhältnissen altert – was im Übrigen zusammenhängt –, geht mehr denn je auseinander. Die Reinigungskraft Sofija Djukic litt, als sie mit 59 körperlich vorgealtert nach ihrer Verrentung, in der Kleiderkammer der Diakonie Hilfe suchte, unter starken Schwindelattacken, wohl auch an Depressionen und massivem Untergewicht. Monatelang war sie, weil die Füße nicht mehr mitgemacht hatten, gelegen, bevor sie sich Hilfe holte, um ihre Rente aufzustocken. Ihre Erwerbsminderungsrente von 550 Euro ist das Ergebnis langjähriger Vollzeitarbeit in Hotels, Krankenhäusern und bei der Kirche. Auch Jolanda Fischer, die, 1954 geboren, die jüngste Interviewpartnerin ist, kann von ihrer Erwerbsunfähigkeitsrente von 600 Euro höchstens ihre Wohnung und Versicherungen bezahlen. Dabei hatte sie einmal an den auskömmlichen »Ruhestand« geglaubt, bevor ihre 17 Jahre während Stellung in einem renommierten Münchner Modehaus wegen Rationalisierungsmaßnahmen 2004 gekündigt wurde. Danach folgte für sie – gerade einmal 50-jährig – die Dauerarbeitslosigkeit, und sie landete letztlich nach allen nur erdenklichen Bewerbungen beim Straßenzeitungsverkauf. Ihr früherer Arbeitgeber, das Modehaus, habe »die alten Leute« gegen jüngere, günstigere Beschäftigte ausgetauscht und sie hatte als »ältere« und geringqualifizierte Arbeitssuchende das Nachsehen.

Die Sozialverbände, etwa der VdK, fordern schon geraume Zeit, dass diejenigen, die mit über 50 Jahren in Dauerarbeitslosigkeit fallen, nicht noch damit bestraft werden, dass ihre Bezüge von SGB-II-Leistungen nicht mehr als Rentenbeitragszeiten gewertet werden. Bis 2011 sammelte man auch bei Leistungsbezug noch Rentenpunkte. Wenn dies nicht mehr der Fall ist, ist die Altersarmut bei älteren Langzeitarbeitslosen damit doppelt vorprogrammiert. Denn spätestens mit 55 sinkt für sie mit jedem Jahr die Chance auf Reintegration in den Arbeitsmarkt.[64] Auch hier tut sich eine Kluft auf. Während sich ältere Erwerbslose mit hoher Qualifikation in Zeiten der Hochkonjunktur und neu geschaffener »Flexi-Rente« (die neuerdings eine individuellere, abschlagsfreie Kombination von Teilrente und Hinzuverdienst ermöglicht), leichter tun, wieder eingestellt zu werden, ist dies für den Personenkreis, der im Niedriglohnsektor körperlichem Verschleiß ausgesetzt war, kaum eine Option.

Einerseits sind diese jüngeren Flexibilisierungen des Renteneintritts vor allem für Besserverdienende und die Arbeitgeber ein Entgegenkommen – Letztere können Rentnerinnen und Rentner anstellen, ohne noch Rentenversicherungsanteile abführen zu müssen. Andererseits wünschen sich auch unsere Interviewten flexiblere Lösungen. In Zeiten, in denen die Menschen älter werden und die Arbeitsverhältnisse wie auch die Renten vielfach prekärer, passt der verpflichtende Austritt aus dem Arbeitsmarkt nicht mehr zu den insgesamt vielfältiger werdenden Lebensläufen – manche *wollen* sich und andere *können* sich diesen »Ruhestand« gar nicht leisten. Andere wiederum müssen viel früher in regelrechten formellen Beschäftigungsverhältnissen aufhören beziehungsweise finden keine Anstellung mehr und landen dann fast zwangsläufig direkt in der Altersarmut und auf dem Sozialamt.

Die Privilegierten, die nicht in Ruhestand gehen wollen und auch nicht müssen, sind beispielsweise diejenigen, die freiberuflich weiterarbeiten können. Häufig sind es, dies bestätigt auch eine Bremer sozialwissenschaftliche Studie,[65] diejenigen mit einem höheren Bildungsgrad, die im eigenen Beruf weiterarbeiten. Hier spielen Erfahrung als geschätztes Gut und andere kulturelle Kapitalien eine große Rolle. Die privilegierten Schichten und Berufe bleiben oft länger gesund, sind materiell versorgt und können es sich offensichtlich leisten, aus Neigung und Leidenschaft für ihre Arbeit weiter tätig zu sein, sodass hierfür – im Unterschied zu den unterprivilegierten Rentnerinnen und Rentnern – oft gar nicht finanzielle Gründe den Ausschlag geben. Dabei ist ausgesprochen wichtig, dass Arbeit nicht nur den Alltag sinnhaft strukturiert, sondern auch in eine Gemeinschaft einbindet und Anerkennung vermittelt – diese Motive stehen gerade bei den Älteren, die es sich noch körperlich oder aufgrund vorhandener Freiräume »leisten« können, tätig zu sein, oft im Vordergrund.

So kann Ulla Scheibler den Wechsel in den Rentnerinnenstatus und die damit einhergehenden Einkommensverluste – von 2000 Euro netto auf 1100 Euro – ein Stück weit durch ihr Engagement in der Altenarbeit kompensieren. Vor allem stellt diese Tätigkeit darüber hinaus für sie eine Form der Selbstwirksamkeit dar. Mit der Unterstützung Hochaltriger könne sie überdies an ihr Interesse an Psychologie und sozialer Arbeit aus der Jugend anknüpfen. Für diese Seniorin ist die Zeit nach der Verrentung somit trotz materieller Engpässe eine Zeit des Neubeginns, in der sie Ressourcen und brachliegende Wünsche umsetzen kann.

Auch Mária Jakubová, die in ihrem Heimatdorf in der Slowakei die Schwiegereltern pflegte und nach der Scheidung das Haus an den Ehemann verlor, schätzt dieses Gebrauchtwerden und die Selbstständigkeit, die ihr die jetzt berufliche Nutzung ihrer Fertigkeiten als 24-Stunden-Pflegekraft in Deutschland vermittelt.

Deutschland profitiert, wie andere mitteleuropäische Länder, von den unterschiedlichen Lohnniveaus, die es erlauben, häusliche Pflegekräfte aus osteuropäischen Ländern zu – aus hiesiger Sicht – ausbeuterischen Verhältnissen zu beschäftigen. Andererseits sind die 900 Euro, die die 24-Stunden-Pflegerin zur ihrer slowakischen Rente von 300 Euro monatlich dazuverdient, in einer ländlichen Region der Slowakei ein Spitzen-Alterseinkommen. Der Lohn für das Pendeln wird dort die Autarkie im hohen Alter sein.

Arbeiten zwischen Autarkie und Familiensinn – dies ist sicher ein Lebensmotiv vieler unserer Interviewpartnerinnen. Denn auch im Alter bleibt Arbeit für sie weiterhin vielfach Arbeit für die und an der Familie. Der Betreuung der Kinder früher und der Enkelkinder heute wird vieles nachgeordnet. Diese Tätigkeit verleiht das Gefühl des Gebrauchtwerdens. Und sie entspringt einem selbstverständlichen weiblichen Pflichtgefühl. Dies zeigt wieder das Beispiel Maria Zöllners besonders deutlich. Als sie sich später nach der Scheidung mit einem kleinen Geschäft selbstständig gemacht hatte, siegte am Ende doch wieder ihr Familiensinn, als ihre Tochter noch während der Ausbildung schwanger wurde. Maria Zöllner übernahm kurzerhand die Betreuung ihres ersten Enkelkindes, gab dafür bereitwillig ihren Beruf ein weiteres Mal auf, stellte ihre eigenen Bedürfnisse zurück. Fremdbetreuung hätte sie damals nicht akzeptabel gefunden – eine nicht seltene Haltung.

In den folgenden beiden Abschnitten werden die Formen des Wirtschaftens außerhalb der Erwerbsarbeit beleuchtet. Die Möglichkeiten, etwa durch Spartechniken fehlendes ökonomisches Kapital zu kompensieren, hängen allerdings stark von den sehr unterschiedlichen sozialen und biografischen Voraussetzungen ab. Frauen mit hohem sozialen und kulturellen Kapital (etwa vorhandenen Netzwerken, Bildung und Zugang zu Informationen) sind, auch wenn sie sich sehr einschränken müssen, hier in mancherlei Hinsicht privilegiert. Dies ist etwa der Fall, wenn Familie oder Freunde Einladungen aussprechen oder sogar eine Wohnung günstiger zur Verfügung stellen.

Frauen mit sozialem und kulturellem Kapital

Eine noch bezahlbare, zentral gelegene Wohnung zu haben, stellt in einer Stadt wie München ein entscheidendes Kapital dar. Wie Maria Zöllner ist auch Walburga Kratzer mit ihrer Eigentumswohnung, die ursprünglich mithilfe familiärer Unterstützung angespart werden konnte, unter den porträtierten Frauen eine Ausnahme. Für die meisten ist die Wohnsituation weitaus belastender und fragiler. Dabei ist gerade im Alter die Wohnung, mit der man über die Jahre hinweg »verwächst«,[66] der zentrale Bezugspunkt eines eingespielten alltäglichen Wirtschaftens. So bezeichnet Walburga Kratzer ihre 45 Quadratmeter kleine Wohnung als ihre »*Schaltzentrale*«, die ihr eine Möglichkeit bietet, Kleidertauschpartys zu veranstalten. Dass sie dieses »*Nest*« liebevoll und kostengünstig einrichten konnte, hat im Übrigen mit ihrem früheren Arbeitgeber, einem Verlag, zu tun, von dem sie ihre vielen Bücher und ausrangierte Möbel mitnehmen konnte. Die Verlagsleute und Autoren bilden bis heute für sie ein wichtiges Netzwerk, das sie in mancherlei Hinsicht unterstützt.

Gerade beim Wohnen sind Netzwerke, insbesondere die Familie, einerseits eine große Hilfe. Einzelne der Frauen erhielten so eine günstige Wohnung, was jedoch andererseits gewisse Abhängigkeiten, Unsicherheiten und gegebenenfalls innerfamiliäre Spannungen mit sich bringt. Dorina Rubenbauer muss mit der Nichte, der ihre Wohnung gehört, kooperieren und gelegentlich deren Untermieter in ihrem freien Zimmer und der Küche akzeptieren. Auch traut sich

59

die stark Gehbehinderte nicht, Forderungen zu stellen, wie etwa, dass der Aufzug repariert wird. Sie hatte überdies phasenweise große Angst, dass die Nichte die Wohnung verkaufe. Im Falle eines Umzugs würde die ehemalige Krankenschwester ihr unterstützendes Umfeld verlieren: die Läden und Ärzte, die sie sich über Jahrzehnte rund um ihre zentral gelegene Wohnung aufgebaut hat und die sie noch selbständig erreichen kann. Dawina Bublica verzichtet, in der Wohnung der Tochter beengt lebend, auf eigenen Raum und Rückzugsmöglichkeiten. Ulla Scheibler wiederum steckte ihren Bausparvertrag in die Eigentumswohnung der Tochter, die sie nun günstig bewohnen darf. Sie vertraut dieser, auch wenn sie selbst mit ihrer Einlage nicht im Grundbuch steht. Eine ähnliche Konstruktion führte in einem anderen Fall, als die Tochter, selbst prekär geworden, die Wohnung dann überraschend verkaufen musste, zu großen familiären Konflikten und verschärfte die Lage der hier (ungenannt bleibenden) Frau, die nun an den neuen Besitzer eine für ihr Budget viel zu hohe Miete zahlen muss, wofür sie derzeit noch ihre Ersparnisse aufbrauchen kann.

Wie in diesem Fall kommt der drohende Verlust der Wohnung – durch Miet- oder Nebenkostensteigerung oder den Umzug – einer ganz basalen Existenzbedrohung gleich, weil die Frauen damit ihren Schutzraum für ihre eingespielten Routinen des Hauswirtschaftens und ihr soziales Umfeld verlieren. Diesen sicheren und gewohnten Raum zu haben, ist insbesondere im Falle körperlicher Einschränkungen im Alter umso wichtiger. Ein Umzug in eine kleinere oder günstigere Wohnung in ähnlich »guter« städtischer Lage ist schwer realisierbar: Der Wohnungsmarkt gibt angesichts der in den letzten Jahren inflationär gestiegenen Neumieten für diese Gruppe der Rentnerinnen und Rentner mit schmalem Etat höchstens in sozialen Brennpunktvierteln noch eine winzige Einzimmerwohnung her; Abstieg und Ausschluss sind da vorprogrammiert. Ältere werden überdies auf dem freien Wohnungsmarkt der teuren Städte angesichts der großen Bewerberzahl aufgrund ihres Alters nur schwer zum Zuge kommen.

Walburga Kratzer kann ihre Wohnung für Tauschpartys nutzen – sie gehört zu den Frauen, die dieses existenziell gewordene Problem des Wohnens für sich bislang lösen konnten; doch bleibt auch bei ihr die Sorge, dass mögliche Reparaturkosten am Wohneigentum für sie nicht mehr leistbar wären. Dass sie zwei gut verdienende Kinder hat, die ihr bereits einmal einen Dispokredit begleichen konnten, den sie für Kosten am Gemeinschaftseigentum des Hauses aufnehmen musste, erleichtert ihre Situation.

Wer über ein hohes soziales Kapital und auch über kulturelles Kapital in Sinne Pierre Bourdieus verfügt, ist auch bezüglich der Formen des Wirtschaftens und Sparens im Vorteil. Frauen wie Walburga Kratzer, Dorina Rubenbauer oder Ulla Scheibler haben sich ein ausgeklügeltes Netzwerk an Menschen, Produkten und Techniken erarbeitet, und sie haben Spaß an dieser Art von Tätigkeit, die sie auch mit anderen in Kontakt bringt. Ehrenämter, etwa als Seniorenhelferinnen (im Falle von Ulla Scheibler) oder als »Leihomas«[67] sind nicht zuletzt Formen von Selbstwirksamkeit.

Mitgebrachte Qualifikationen und Wissen sind in den Milieus unterschiedlich verteilt. Frauen mit bürgerlichem Hintergrund sind im Vorteil, wenn es darum geht herauszufinden, wo man sich doch noch im Alter gesellschaftlich engagieren oder Hilfe holen kann, wie eine Tauschbörse funktioniert, wie Ermäßigungen für den öffentlichen Nahverkehr oder Freikarten für ein Konzert aufzutreiben sind (siehe unten Teil III). Andere wiederum sind so bedürftig, dass sie ganz andere Sorgen haben, etwa wie sie ihre tägliche Versorgung sichern können und wie sie sich, ohne die Schreiben der Ämter richtig zu verstehen, durch den bürokratischen »Wust« arbeiten sollen, um Grundsicherung zu beantragen.

Ein Beispiel für einen gelingenden Umgang mit großer Knappheit gab uns die ehemalige Musikalienhändlerin und jetzige Grundsicherungsempfängerin Regina Kirchhoff mit ihren maximal »*100 Euro im Monat zum Verprassen*«, das heißt, diese Summe hat sie nach Abzug aller Fixkosten noch übrig. Doch verfügt sie über großes kulturelles Kapital, mit dem sie den ökonomischen Mangel kompensieren kann. So versucht die ehemalige Geschäftsfrau, ihren unternehmerischen Aktivismus beizubehalten, sie ist nach wie vor ehrenamtlich viel beschäftigt. Sie verfügt überdies über ein Freundesnetzwerk, das der geselligen Frau hilft, ihre Lebensgewohnheiten weitgehend aufrechtzuerhalten, in Konzerte zu gehen, Geburtstagspartys zu geben und sich gesellschaftlich zu engagieren. Auch die gelernte Bankkauffrau Beate Flossmann kann auf viele, ganz unterschiedliche Ressourcen zurückgreifen: nicht nur auf die relativ hohe Rente von rund 1300 Euro plus 260 Euro aus einer privaten Lebensversicherung, sondern auch auf Reserven aus einem Erbe, das sie jedoch eigentlich für eine eventuelle Pflege aufsparen wollte, sowie auf eine Reihe von langjährigen Freundinnen und Freunden, die finanziell bessergestellt sind und sie zum Essen einladen oder in den Urlaub mitnehmen. Außerdem findet sie großen Rückhalt bei ihrer Tochter. Solche guten Kontakte zu den Kindern erwiesen sich in allen Gesprächen als eine ganz entscheidende Ressource gelingenden Alters.

Ja und halt den Rest der Familie, meine Tochter natürlich […], also mir gibt das ein total sicheres Gefühl, weil ich da einfach darauf vertraue, dass, wenn es mir mal schlecht geht, ich Hilfe bekomme. Also ich meine, meine Tochter wird mich mit Sicherheit nicht pflegen oder ich würde mich von ihr nicht pflegen lassen oder so. Man weiß ja nicht, was kommt. Aber sie wird sich kümmern, sage ich jetzt mal.

Kulturelles Kapital bildet im Falle Beate Flossmanns oder Ulla Scheiblers ihr Wissen um Sparmöglichkeiten, vor allem bei Freizeitaktivitäten, und ihr emotionales Kapital besteht darin, dass sie sich immer wieder innerlich stärken und neu motivieren können, so dass sie an schwierigen Situationen nicht scheitern und offen für Neues und neue Beziehungen bleiben. Mit dieser Grundhaltung gelang es Beate Flossmann, jede Herausforderung als Lernmöglichkeit zu verstehen: Weder der Alkoholismus ihres Ehemannes, die Scheidung, der Verlust der gemeinsam erworbenen Eigentumswohnung noch die Kündigung mit 57 haben sie stark getroffen oder paralysiert, auch wenn sie die Frühverrentung als materiellen Einbruch stark spürt.

Wie sie sind jedoch, dies muss betont werden, auch die übrigen Interviewpartnerinnen, die von ihren Familien und Biografien her einen gewissen finanziellen Hintergrund mitbringen, nun im Alter mit Zukunftsängsten konfrontiert, und auch sie schränken sich ein. Dies zeigt das Beispiel Walburga Kratzers, die nur noch nach Einkaufszettel einkauft. Sie führt akribisch Haushaltsbuch, schreibt sich Listen und überprüft, wo die Dinge günstiger zu bekommen sind, und fährt dafür auch weite Strecken. Sie kann dies, weil sie sich ihr Auto noch leistet; doch es beschäftigt sie nach ihrem Schlaganfall sehr, wie sie diese Einkäufe zukünftig bewältigen wird, wenn sie das Auto auch aus Kostengründen demnächst abgibt. Bei anderen Interviewten ist an ein Auto nicht einmal zu denken; sogar an der Nutzung der öffentlichen Verkehrsmittel wird gespart. Ein weiteres Beispiel für die Nöte von ehemals gut situierten Frauen ist Maria Zöllner. Jetzt kommt sie – mit ihrer Eigentumswohnung und einem monatlichen Einkommen von insgesamt 900 Euro – mit den laufenden Haushaltskosten nur gerade so hin. Sie spart Strom, sie spart Wasser, und ein Brief an ihre Familie vor Weihnachten war ein Schock, als die scheinbar gut situierte Dame die Weihnachtsgeschenke als für sie nicht mehr finanzierbar aufkündigte.

Sich auf prekäre Situationen einzustellen, aber auch ein würdevolles Leben mit wenig Geld führen zu können, setzt eine bestimmte Persönlichkeitsstruktur und idealerweise eine robuste Gesundheit, ein helfendes Netzwerk, Wissen und Fertigkeiten als Kapitalien voraus, aber auch eine gewisse materielle Basisversorgung in Form vor allem einer ausreichend großen Wohnung. Wie sieht aber das tägliche Wirtschaften bei denjenigen Rentnerinnen aus, die in materieller und dann oft auch in sozialer Hinsicht inzwischen dauerhaft existenziell bedroht sind?

Existenzielle Einschränkungen

Einige der besonders stark finanziell eingeschränkten Interviewten verbuchten das Sich-Einschränken-Müssen als Verlust und Dauerstress; hier hat das Kompensieren von finanziellem Mangel durch kreative Sparpraktiken nichts Spielerisches oder Freudvolles mehr. Es ging dabei vielmehr um das blanke Überleben. Stichworte sind in diesen Fällen etwa: Am Essen wird gespart, die Wohnung wird über Jahrzehnte abgewohnt, die Wände sind grau und ungestrichen, sie wird jetzt nicht mehr ausreichend beheizt, das Licht wird überall ausgedreht. Die Tageszeitung oder der Sportverein werden gekündigt, Hobbys aufgegeben oder durch Preiswerteres ersetzt: Spazierengehen an der frischen Luft anstatt Schwimmkurs. Kleidung wird geschont und aufgetragen. Medizinische Eingriffe werden nicht mehr gemacht.

Auch der Münchner Armutsbericht bestätigt diese Befunde, basierend auf einer repräsentativen Befragung von Münchner Bürgerinnen und Bürgern zwischen 55 bis 74 Jahren zum Thema »Älterwerden in München«. Zehn Prozent dieser Befragten hatten ein monatliches Einkommen unter 1000 Euro. Die Studie ergab, dass die Renovierung der Wohnung für mehr als die Hälfte aller Interviewten genauso wenig zu bezahlen wäre wie »mindestens einmal im Monat an einer Kultur- oder Sportveranstaltung teilzunehmen, die nicht kostenfrei ist«. Des Weiteren gaben mehr als ein Zehntel an, elektrische Geräte wie einen Computer oder eine Gefriertruhe nicht finanzieren zu können. Auch auf den Internetanschluss wird von 13 Prozent demnach verzichtet.[68] Diese Einschränkungen sind gerade für diejenigen, die hier Informationen zur Verbesserung ihrer Lage recherchieren könnten, ein besonders eklatanter Verlust. Diese Studie bestätigt einmal mehr, dass Altersarmut gravierende Folgen für das Wohlbefinden und die Existenz von sozialen Netzwerken hat. Der finanzielle Mangel geht bei den am schlechtesten Gestellten oft mit einer weniger optimistischen

Grundhaltung und schlechterer Gesundheit einher. Dagmar Berger unter unseren Interviewten mit ihrer tiefsitzenden Angst vor dem hohen Alter ist hier ein eindrucksvolles Beispiel.

Einzelne nehmen die Hilfsangebote der Kommunen oder Wohlfahrtsverbände in Anspruch (siehe dazu Teil III) und lassen sich von Stiftungen, zum Beispiel bei der Finanzierung einer neuen Brille, helfen wie Heidi Grujau, gehen zur kirchlichen Beratungsstelle wie Sofija Djukic, kaufen gebrauchte Schuhe auf Flohmärkten, sie gehen zu den Tafeln, um sich zu versorgen, oder zur Kleiderkammer wie Elisabeth Koch, die aus Kohlrabiblättern, die im Supermarkt weggeworfen werden, Krautwickel kocht. Auch das Einkochen stellt eine generationentypische Praxis des Wirtschaftens aus Notzeiten dar, die wir ebenfalls dort vorfanden, wo entsprechendes Wissen, finanzielle Mittel und Raum für das Lagern der Vorräte vorhanden sind. Eine Interviewte züchtete sogar Tomaten in einer Abstellkammer. Manche haben das Knowhow und die Möglichkeiten, günstige oder selbst hergestellte Nahrungsmittel und Essvorräte zu lagern und zu horten. Dorina Rubenbauer – sie ist hier eine Ausnahme – verfügt in ihrer großen Küche über eine Gefriertruhe voller Sonderangebote und von ihren Freundinnen mitgebrachten Lebensmitteln aus der Slowakei. Die weniger Privilegierten jedoch müssen von Tag zu Tag neu improvisieren und essen am Monatsende schon mal nur Spiegeleier. Elisabeth Koch kocht selbst für mehrere Tage einen Eintopf vor, um auf die warme Mahlzeit nicht verzichten zu müssen. Einzelne wie Heidi Grujau nehmen hingegen die günstigen Mahlzeiten und die Gesellschaft im Alten- und Service-Zentrum in ihrer Nachbarschaft gerne in Anspruch und haben damit auch eine Abwechslung in ihrem Alltag, der sie oft auch aufgrund von körperlichen Einschränkungen ansonsten an die Wohnung bindet.

Nicht nur eine gesunde, vitaminreiche Ernährung, sondern auch die Körperpflege gehört unter Umständen in den Bereich Luxus. Ein regelmäßiger Friseurbesuch ist für Heidi Grujau trotz großen Mangels an allem jedoch ein Muss, denn sie schafft, körperlich eingeschränkt, das Haarewaschen nicht mehr selbst. Andere haben den Friseurbesuch längst gestrichen. Die laufenden Kosten sind einfach zu hoch. Außer der Miete, so Traudel Heller,

hast du Versicherungen, Zähne, Sterbe, Hausrat. Wissen Sie, was da noch bleibt? Ja, jetzt suchst du überall, wo du Schnäppchen machst. Ich gehe auch zu Secondhand und was weiß ich, wie die alle heißen. Ich habe da auch kein Problem damit, wissen Sie. Und eigentlich bin ich noch eine von den alten Hausfrauen, ich kann aus allem was machen.

Jolanda Fischer kann sich einen Besuch bei ihrem Sohn in München überhaupt nicht leisten, seit sie in die günstigere Kleinstadt umziehen musste. Traudel Heller leistet sich überdies nur gelegentlich noch eine Fahrt zu ihrer Tochter ins Münchner Umland, es sei zu teuer. Und diese scheint über die Situation ihrer Mutter nichts Näheres zu wissen. Auch Monika Tegt, die uns beim Interview dezent geschminkt und gut gekleidet gegenübersaß, schenkt ihren Kindern keinen reinen Wein ein, wie es um sie materiell steht. Altersarmut bleibt ein großes Tabu, Scham und Schuldgefühle verhindern vielfach, dass sich die Älteren erklären oder Hilfe bei den Ämtern oder Wohlfahrtsinstitutionen suchen.

Diejenigen, die doch Grundsicherung beantragen, unterliegen, wie es etwa Monika Tegt beklagte, einer persönliche Grenzen überschreitenden Dauerüberwachung der Ämter. So müssen sie genau darüber Rechenschaft geben, weshalb eine Anschaffung nötig ist; ein Lottogewinn von 20 Euro wird genauso angerechnet wie die Sterbeversicherung von 26 Euro abgezogen würde, weshalb Dagmar Berger sie von ihrem Lebensgefährten überweisen lässt.

Minijobs oder Ehrenämter, die auch wegen der Aufwandsentschädigung begehrt sind, stehen nicht allen offen. Zudem wird bislang ein regelrechter Zuverdienst auf die Grundsicherung angerechnet (siehe dazu S. 267), so dass einzelne Interviewte angaben, schon deshalb auf ein solches Zubrot zu verzichten. Lieber wird, wo es geht, gespart.

All diese Strategien und Praktiken des Sparens und Kalkulierens sind Aktivposten, wie sie politisch vom aktiven Musterrentner oder der Musterrentnerin im Sinne der Selbst(vor)sorge gefordert werden. Aus dieser Perspektive, der des »aktivierenden Sozialstaates«,[69] der seine sozialen Leistungen zurückfährt, zeigen alle, auch die bedürftigsten Interviewten ein gelingendes »Knappheitsmanagement« – was aber bliebe ihnen denn auch anderes übrig, als sich mehr oder weniger mit Findigkeit durchzukämpfen? Nicht alle betrachteten ihr Leben mit diesen Einschränkungen allerdings als lebenswert, auch wenn uns die insgesamt große Zufriedenheit und Bescheidenheit berührte und Respekt abnötigte. Ängste vor der Zukunft, die ohnehin zum Prozess des Alterns dazugehören, erhalten jedoch unter der gegebenen prekären Lage ein spezifisches Gewicht.

3. Die Angst vor Kontrollverlust und Abhängigkeit

Man ist nicht mehr unabhängig. Wenn du dann in einem Altenheim bist, musst du dich nach den verdammten Essenszeiten richten. Oder, diese alte Dame, die ich besuche, da gibt es um zehn vor sechs das Abendessen. Das Abendessen ist ein grausliches Mischbrot mit irgend so einem grauslichen Käse. [...] Das wird einem aufgezwungen, nicht, und dann ist man nicht mehr selbstständig. [...] Oder wie gesagt, dieser Speiseplan. Und dann so unangenehme Dinge wie Uringeruch oder so, was man halt nicht immer in Griff kriegt.

Hohes Alter als das andere Alter

Ulla Scheibler hat bei ihrer ehrenamtlichen Arbeit in einem Pflegeheim keine guten Vorstellungen vom hohen Alter entwickeln können. Das »Heim« wird bei unseren Gesprächspartnerinnen zum Inbegriff von Kontrollverlust und Rückkehr in eine kreatürliche, lediglich notdürftig versorgte und verwaltete Existenz. Das »Heim« ist die Endstation, das Abstellgleis – ähnlich formulierte es Heidi Grujau, die sich allmählich mit dem Gedanken anfreunden muss, ihre Wohnung aufzugeben. Besonders angesichts der drohenden Lücke zwischen staatlich abgesicherter Pflege und den realen Heimkosten erscheint den Interviewten ein Lebensende in einer solchen Einrichtung als Katastrophe. »Da kannst du noch so ein dickes Polster haben, das ist schnell weg«, so Maria Zöllner. Sie fürchtete überdies, dass die Kinder hier zur Kasse gebeten werden könnten.

Diese angstbesetzten Vorstellungen basieren sicher überdies auch auf dem kritischen Pflegediskurs im Speziellen[70] sowie dem medialen Appell an die aktiven, fitten und unabhängigen Alten im Allgemeinen. Es ist eine schwer aushaltbare Vorstellung, in einem ganz basalen, existenziellen Sinn abhängig zu werden, zumal in einer Gesellschaft, in der Aktivität, Leistung und Fitness Richtgrößen sind und die »jungen Alten« das Vorbild.[71] In den angstvollen Bildern vom Verfall, der Pflege und dem Heim verkörpern sich Vorstellungen von dem anderen, dem wirklich »alten« Alter als einem »verworfenen Leben«[72]. Es steht in Kontrast zu diesem »jungen Alter«, dem sich die Interviewten, solange es geht, mit aller Anstrengung zugehörig fühlen wollen. Nur diesseits dieser abgespaltenen letzten Lebensphase scheint Würde, Selbstverantwortung und Lebensqualität möglich.

Auch wenn die durchrationalisierten, betriebswirtschaftlich organisierten Heime, die Patienten oft nur notdürftig versorgen, ganz offensichtlich vielfach keine guten Orte sind, gibt es doch auch andere, in denen erfolgreicher versucht wird, Lebensqualität zu erhalten. Und dies müssen nicht immer die teuren Luxusresidenzen sein. So lobte eine andere Interviewte das Münchenstift, in dem sie einen schwulen Freund regelmäßig auf einer Demenzstation besucht. Er sei dort in einer »Gay Community«, die sich in einer Station ausgebildet hat, gut aufgehoben. Solche Gemeinschaften könnten durch gezielte und rechtzeitige Vorbereitung in unterschiedlicher Form, auch etwa durch Alten-WGs, aufgebaut werden, wie sie betonte. Diese Interviewte aus dem lesbischen und frauenbewegten Milieu ist schon immer ausgesprochen gut vernetzt und kennt überdies ihre rechtlichen Möglichkeiten, sich über soziale Leistungen Unterstützung zu holen, was für sie völlig legitim und nicht schambesetzt ist. Als einzige Gesprächspartnerin gab sie an, sich somit nicht vor der Zukunft zu fürchten, obwohl sie Grundsicherung bezieht.

Auffällig in vielen Interviews war, dass Frauen sich über ihr hohes Alter sorgten und sich hier bestimmter gängiger Vorstellungen und Metaphern bedienten. So sprechen auch die Frauen vom höheren Alter, wie es auch der Kulturwissenschaftler Heinrich Grebe[73] für die Makroebene des Diskurses herausarbeitete, als etwas Bedrohlichem, Defizitärem. Ganz eklatant ist die Frage des allmählichen Verfalls oder aber die Furcht vor einem plötzlichen, unvorbereiteten »Systemzusammenbruch«. Eine freiberuflich arbeitende Lektorin sah diesen gegeben, falls ihr ein weiterer gesundheitlicher Kollaps das Weiterarbeiten unmöglich mache. Dann wäre es mit ihrer Tätigkeit vorbei und damit müsste sie das meiste, das sie sich jetzt noch durch den guten Verdienst leistet, aufgeben. Körperlicher oder geistiger Abbau bekommt für diejenigen, die im Alter aufgrund der prekären finanziellen Lage einfach gesund und tätig bleiben müssen, vor allem die existenzielle Bedeutung von Leistungsverlust, »es noch beziehungsweise es nicht mehr zu schaffen«, wie Traudel Heller ihren täglichen recht einsamen Existenzkampf auf den Punkt brachte. Und hier herrscht eine Rhetorik vor: ganz oder gar nicht. Traudel Heller äußert ihre Befürchtung so:

Mein Gott, hoffentlich schaffe ich das noch. Also es wäre schlimm, wenn ich das nicht schaffen würde. [...] was ist dann?

Monika Tegt lässt die Sorge, was passiere, wenn sie den Minijob einmal nicht mehr ausüben kann, nachts nicht schlafen.

Der Inbegriff für den befürchteten allmählichen Verfall – wen wundert dies angesichts der medialen Diskurse – sind Demenz und Krebs. Sie sind das »Schreckgespenst« schlechthin. Ganz häufig signalisieren nötig werdende technische Hilfsmittel für die Interviewten diesen Abfall der Kräfte, denn Badewannenlifter, Gehstock und Rollator machen ihn auch nach außen sichtbar. Sie symbolisieren das Abhängig-Gewordensein und sind vor allem auch ein Einschnitt in den bewährten Alltagsroutinen. Es geht stets darum, wie man Hilfsmittel so lange wie möglich vermeiden und damit irgendwie auch das Gebrechlichwerden bannen kann.

Dagmar Berger schilderte, wie entrüstet sie auf die ärztliche Verordnung einer Gehhilfe oder gar des Badewannenhebers reagierte.

Sterben und die letzten Dinge

Eine Sorge betrifft die eigene Endlichkeit, die Frage, wie man wohl einmal sterben wird. Direkt darauf angesprochen, antworteten manche allerdings mit einem abrupten und irritierten Schweigen. Doch durchziehen alle Interviews indirekte Hinweise, inwieweit die jeweilige soziale Stellung in der Gesellschaft die Vorstellungen vom eigenen Sterben beeinflusst. Schließlich muss man sich einen »schönen Tod« – den selbstbestimmten Tod in einem angenehmen sozialen Ambiente – auch leisten können. Wenn man beispielsweise keine Mittel hat und keine Familie oder ein sich kümmerndes Freundesnetzwerk, wenn es – auch mangels einschlägigen Wissens – keine Alternativen zu geben scheint, als bis ins hohe Alter weiterzuarbeiten, mag der plötzliche und vergleichsweise frühe Tod erstrebenswert sein, wie ihn manche dann als eine Erlösung gegebenenfalls auch herbeiwünschen würden.

In diesem Zusammenhang spielten in den Gesprächen überlieferte Vorstellungen und Metaphern rund um das Thema Zeit und Zeitlichkeit eine Rolle. Besonders eindrucksvoll war dies bei Dagmar Berger, die ihren 75. Geburtstag als unmittelbare Schwelle in die letzte Lebensphase begriff. Dieser markante Geburtstag trennte in ihrer Wahrnehmung die eigene Zeit abrupt in ein Vorher und Nachher. Die Zeit davor wird als noch autarke, aktive Existenz wahrgenommen, und danach beginnt eine ungewisse Zukunft, in der nur das nahende Sterben noch gewiss scheint. Diese symbolische Schwelle markierte für sie den Übergang vom Subjektstatus, in der man noch Herr seines Lebens ist, in den Objektstatus, in dem einem »was passiert«: »*Acht Tage vorher schon gekämpft, mit mir selber. Habe ich gesagt: ›Gott, was kommt jetzt daher?‹ Was passiert mir alles?*«

Der plötzliche und unvorbereitete Tod ist ein verbreitetes

Erzählmotiv (»*es kann so schnell gehen*«). »Media vita in morte sumus« – diese seit dem Mittelalter immer wieder ausgestaltete Vorstellung ist angesichts der beschriebenen Furcht vor dem allmählichen Verfall allerdings eine nicht nur negativ bewertete Angelegenheit. Dagmar Berger: »*Nein also, wenn es heute so weit ist, dann möchte ich schon, dass es schnell geht.*« Der plötzliche Tod bewahrt auch vor dem gefürchteten allmählichen Kontrollverlust durch die Apparatemedizin – das qualvolle Ende an Schläuchen im Krankenhaus oder verlassen zu Hause, das Dagmar Berger nach Erfahrungen aus ihrem Umfeld so fürchtet.

Die Bilder vom einsamen Sterben in der anonymen Institution sind eine Folge der »Medikalisierung der Gesellschaft«. Die Soziologin Annelie Keil schreibt in ihrem Buch, das sie zusammen mit Henning Scherf zum Thema »Über das Sterben reden« verfasst hat: »Der Wahn der Machbarkeit haben Gesundheit und Krankheit zu einer medizinischen Ware [die man sich leisten können muss, Anm. d. Vfn.] und den Tod ›manipulierbar‹ gemacht«.[74] Die Abhängigkeit am Ende des Lebens wird, wie Dagmar Berger verdeutlicht, besonders schlimm erfahren, wenn Armut und damit einhergehende soziale Isolation hinzukommen. Auch hier begleitet eine Scham, Hilfe zu benötigen, diese Ängste. Die Geschichten, die sie anführt über den einsamen Tod – etwa des Nachbarn –, zeigen, wie das Nachdenken über und die Imagination des eigenen Todes und Sterbens innerhalb von Grenzen gelingt, die die eigene Stellung im sozialen Raum gesteckt haben. Die ehemalige Kellnerin befindet sich bereits seit ihrer frühen Jugend, auch ein Produkt ihres Arbeitens und Lebens, weit unten in der gesellschaftlichen Hierarchie. Nachdem sie jetzt nicht mehr arbeitsfähig ist, glaubt sie keinen schönen Tod vor Augen zu haben. Sterben mit der Unterstützung der Errungenschaften des Sozialstaates liegt zum einen nicht in ihrem Vorstellungshorizont und wird zum anderen als nicht finanzierbar gedacht, zumal sie nie finanzielle Rücklagen bilden konnte. Sie weiß nicht um Pflegedienste oder kostenlose Hospize und hat kein Vertrauen in Institutionen. Dass sich Dagmar Berger noch eine Sterbeversicherung von 26 Euro leistet, hat damit zu tun, dass sie die Beerdigung einmal nicht selbst bezahlen könnte und ihrer Schwester und Tochter nicht zur Last fallen will. Auch bei diesen letzten Dingen darf sie nichts schuldig bleiben.

»Nicht zur Last fallen«

»Nicht zur Last fallen« – dies war für unsere Interviewten die Sorge, die sie zumindest in den Gesprächen mit uns am meisten ausbreiteten. Auch hier wirken öffentliche Diskurse nach, die Bilder von der »Altenlast«. Entsprechend setzen auch die von uns befragten Frauen alles daran, insbesondere nicht von der Familie abhängig zu werden, und sie folgten hier einem bestimmten Lebensmotiv: mehr geben als nehmen. Die meisten Frauen betonten, wie wichtig es ihnen ist, der Familie weiterhin etwas geben zu wollen, zum Beispiel die Tochter bei der Betreuung der Enkel zu entlasten. Umgekehrt wollen die Frauen nur im Notfall von der Familie Unterstützung annehmen, und schon gar kein Geld.

Unmittelbar Geld geben dürfen offensichtlich nur die Großeltern beziehungsweise die Eltern; die Beschenkten der jüngeren Generation wiederum müssen sich anders erkenntlich zeigen, etwa durch Besuche oder kleinere Reparaturen an der Wohnung, durch Einkäufe und Geschenke. Auch wenn die Unterstützung durch die Kinder nur als Geschenk und damit »Liebesgabe«, nicht aber als dringend nötige Leistung erscheinen darf, helfen die Kinder als wichtiges soziales Kapital den Frauen – sofern sie Kinder und auch Kontakt zu diesen haben –, das relativ autonome Leben beizubehalten. Hier zeigen sich die Milieuunterschiede: Die Frauen mit bessergestellten Kindern sind deutlich im Vorteil, wenn es darum geht, den bürgerlichen Lebensstandard ein Stück weit beizubehalten.

Alle Frauen bleiben ihrem Selbstbild nach die Sorgenden, und dies trotz ihrer prekären Lage. In ihren Fantasien dürfen sie eigentlich nie zu den Umsorgten werden. Die eigene Unabhängigkeit ist unter allen Umständen zu bewahren – dies hat außer mit den gängigen Altersbildern ganz offensichtlich mit der eigenen tradierten Rolle als Mutter und Großmutter zu tun. Dabei wirkt – auch dies zeigen die Interviews – diese Vorstellung fast paradox und für die Zukunft unrealistisch. So kommt es, von außen betrachtet, zu »irrationalen« Arrangements, die jedoch aus der Perspektive des Familiensystems einer eigenen internen Logik folgen. Zum Beispiel Dawina Bublica: Vorgealtert durch berufsbedingte Erkrankungen als Altenpflegerin, arbeitete sie, solange es ging, weiter in der ambulanten Pflege, damit sie ihren Enkeltöchtern den schulischen Auslandsaufenthalt mitfinanzieren konnte, auch wenn ihr Geld dann für eine eigene Wohnung nicht mehr ausreichte. Die meisten Interviewten arbeiten lieber, obwohl es gesundheitlich kaum noch vertretbar ist, anstatt die Kinder um Hilfe zu bitten. Hier steht der moderne Imperativ der individualistischen Unabhängigkeit des Einzelnen einem eher traditionellen kollektivistischen Familienmodell entgegen. Haben die Frauen noch die eigenen Mütter gepflegt, so erwarten sie dies nicht mehr ohne Weiteres von ihren Töchtern oder Schwiegertöchtern. Die gesetzliche Rente, die als Institution geschaffen wurde, um die Versorgung aus dem Familienverband herauszulösen, versprach ihnen einmal Unabhängigkeit im Alter, auf die sie sich fälschlicherweise verlassen haben. Die Sorge, die Familie deshalb einmal belasten zu müssen, war groß. Einzelne Interviewte betonten, sich trotz ihrer Vorbehalte gegenüber dem »Heim« dann am Ende lieber ins Altenheim in ihre Heimat Kroatien oder Serbien bringen zu lassen, dort seien die Kosten geringer.

Dabei geht diese omnipräsente Haltung, lieber zu geben als zu nehmen, weit über das rein Materielle hinaus und hat mit Stolz, aber vor allem auch mit Gebrauchtwerden, mit gesellschaftlicher Teilhabe auch im höheren Lebensalter zu tun. Hier ist allerdings doch auch zu fragen: Inwieweit hat die Altersrolle des sinnerfüllten Weitergebens an die nächsten Generationen, wie sie der Altersforscher Andreas Kruse in einer Interviewstudie bei Frauen *und* Männern ausgemacht hat,[75] hier auch eine generationsspezifische und auf jeden Fall geschlechtsspezifische Ausprägung? Können Männer dieser Generation vielleicht familiäre Hilfe tendenziell besser annehmen? Schließlich sind sie stets gewohnt gewesen, von ihren Müttern und dann den Ehefrauen versorgt zu werden.

Die Frauen aus der Generation der Kriegs- und Nachkriegskinder erzählten jedenfalls, wie sie von Anfang an gelernt hatten, Unterstützung innerhalb der Familie zu geben und sich dabei selbst zurückzunehmen. Außerdem leben schließlich alle unsere Gesprächspartnerinnen seit geraumer Zeit allein und können meist nicht darauf bauen, dass ein Partner oder eine Partnerin einmal im Falle von Pflegebedürftigkeit Unterstützung gibt. Die Vorsorgestrategien (siehe unten) setzen infolgedessen stets beim Erhalt ihrer Unabhängigkeit an und sind daran orientiert, im fortschreitenden Alter auch weiter allein zurechtkommen zu müssen oder zu wollen.

Sich Arrangieren: Sorge und Zufriedenheit

Die meisten Interviewten machten uns auf der einen Seite glaubhaft deutlich, dass sie sich im Alltag mit ihrer prekären Situation bislang mehr oder weniger arrangiert haben und diese, sei es durch Spartechniken oder andere Arrangements, bewältigen. Dabei war die Gelassenheit und Selbstverständlichkeit, mit der sie sich bei allen Zukunftssorgen irgendwie arrangierten, ja, sogar die Zufriedenheit trotz prekärer Lage, für uns jüngere Außenstehende nicht ohne Weiteres erklärlich, nicht einmal, wenn man die Lebensgeschichten und generationalen Erfahrungen und daraus abgeleiteten Kapitalien und Ressourcen mitberücksichtigt. Und selbst wenn diese Zufriedenheit ein Stück weit vordergründiger Teil eines nach außen vermittelten Selbstbildes sein mag und angesichts von gelegentlicher Wut und Bitterkeit nicht eine durchgehend durchgehaltene Praxis, so bleibt sie doch beachtlich. Jedoch verwundert diese Haltung weniger, wenn man die gängigen Erkenntnisse der Gerontologie vom »Zufriedenheitsparadox«[76] mit einbezieht: Zum einen wird damit die relative Zufriedenheit – trotz aller Unbilden – mit einer nach und nach vollzogenen Anpassung an ein Leben, zum Beispiel mit zunehmend eingeschränktem Radius, verstanden. Eine gelingende Anpassung erscheint demnach eher die Regel als etwa die »Altersdepressionen«, die als eine Ausnahme, eine pathologische Form der Nicht-Anpassung, gelten.[77] Eine Strategie der Anpassung besteht etwa im Verzicht darauf, sich mit Jüngeren zu vergleichen oder, wie im Fall einzelner Interviewter, mit Menschen, denen es viel besser geht – der Vergleich mit noch Kränkeren oder Ärmeren dagegen fördert die eigene Zufriedenheit.

Zunächst passt man sich – so die einschlägige gerontologische Forschung – durch kompensatorische oder präventive Strategien an das Altern an[78] und versucht Verluste an – hier auch ökonomisch induzierter – Leistungsfähigkeit so weit zu bewältigen, dass der Alltag wie gewohnt gelingen und das Selbstbild des mittleren Erwachsenenalters so gut wie möglich aufrechterhalten werden kann. Dies zeigen auch unsere Interviewten, die trotz materieller Prekarität und vielfältiger Sorgen erst spät Hilfe holen. Dawina Bublica besteht weiterhin – obwohl sie körperlich und ökonomisch eigentlich nicht mehr in der Lage ist – auf ihrer bewährten Rolle des Familienoberhaupts, das sich um alle sorgt. Erst, wenn diese Rollen trotz größter Anstrengung nicht mehr aufrechterhalten werden können, setzt eine zweite Strategie ein: Man passt die Umwelt – den Wohnraum, den Bekanntenkreis, die Aktivitäten – den eingeschränkten Möglichkeiten an. Dies muss meist zwangsläufig allerdings auch einhergehen mit dem nicht einfachen Umbau des Selbstbildes – man erlebt sich etwa im sozialen Rückzug (wie Walburga Kratzer nach ihrer Erkrankung) oder als zunehmend abhängig. Und diese Nachjustierung der Lebensziele und Interessen – nicht mehr reisen zu können wie im Falle von Regina Kirchhoff oder der Wechsel ins Heim – ist schmerzhaft, führt die

Verletzlichkeit der eigenen Existenz und ihre Endlichkeit deutlich vor Augen. Nicht zuletzt deshalb fällt es so schwer, Aufgaben abzugeben, zumal man lange für sich alleine gelebt hat. Der schrittweise Abschied von der Autarkie und Selbstständigkeit ist hart, vielleicht der härteste aller Abschiede, die das Altern mit sich bringt.

Strategien der Anpassung und Vorsorge

Wie versuchen manche der Frauen, ihrem beginnenden körperlichen Verfall zu begegnen und so lange unabhängig ihren Alltag zu bewältigen wie irgend möglich? Welche Strategien und Praktiken der Anpassung an die mit dem Alter(n) einhergehenden Veränderungen zeigten sie, ohne dabei auf größere finanzielle Spielräume zurückgreifen zu können?

Walburga Kratzer war vorausschauend in eine kleinere Wohnung umgezogen, was in ihrem Fall aufgrund ihres Wohneigentums möglich war – andere können sich dies kaum leisten, weil sie als Neumieterinnen wesentlich höhere Mieten als für ihre bisherige Wohnung aufbringen müssten. Barrierefreie Sozialwohnungen oder Alten-WGs, Mehrgenerationenwohnhäuser, genossenschaftliche Wohnungen oder andere geförderte Wohnarrangements sind kaum zu bekommen. So bleibt den meisten Frauen nichts übrig, als ohne größere Kosten selbst Maßnahmen zu treffen, um sich die vertraute Wohnung altersgerecht zurechtzuwohnen. Hierzu gehört ein Aus- und Umrangieren oder Umfunktionieren der Möbel, die körperlichen Einschränkungen angepasst werden. Dorina Rubenbauer etwa hat ihren Fernsehsessel auch zum Bett umfunktioniert, da sie wegen ihrer starken Schmerzen in diesem nicht mehr liegen kann. Altern hat eben nicht, wie es überkommene, zu einseitige Thesen behaupten, nur den Rückzug zur Folge. Diese Strategien zeigen vielmehr, dass diese vermeintlichen Rückzugstendenzen eher aktive Anpassungsleistungen darstellen, die funktional und verantwortungsvoll sind, auch im Hinblick auf die Zukunft. Allerdings ist es fast müßig zu betonen, dass diejenigen, die diesen Umbau der Wohnarrangements mit mehr finanziellen Möglichkeiten durchführen können, hier Vorteile haben, etwa, wenn sie den viel beworbenen Treppenlift einbauen wollen, auf dem in den Firmenbroschüren ja immer fröhliche, ausgeruht wirkende Ältere in aufgeräumtem Wohnambiente sitzen. Viele der interviewten Frauen benannten Maßnahmen zum Erhalt der Gesundheit. Sie betonten vor allem, sich bewusst zu ernähren, soweit dies finanziell möglich ist. Hier zeigen sich besonders starke Unterschiede. Für diejenigen, die am Monatsende nur noch Reste verwerten können oder von Sonderangeboten leben, ist eine solche Prävention schwierig.

Auch wenn es Interviewte gibt, die schon lange zu keiner größeren körperlichen Aktivität mehr fähig sind oder die finanziellen Mittel und die psychische Kraft dazu nicht mehr haben, gibt es doch einige, die sportliche Aktivitäten gezielt als Vorsorge einsetzen, und sei es durch Spazierengehen, das nichts kostet. Einzelne unserer Interviewten machen zu Hause gymnastische Übungen, wie Dorina Rubenbauer, die mit einem Gymnastikband trainiert, um ihren Zustand langfristig nicht zu verschlechtern. Während manche Interviewte trotz bereits vorhandener körperlicher und vor allem hinzugekommener finanzieller Einschränkungen am Erhalt ihres gesundheitlichen Status arbeiten (können), fallen manchen der Interviewpartnerinnen aus den unterprivilegierten Milieus solche Strategien schwer, zumal sie ihr ganzes Leben mit Überleben beschäftigt waren, sich nicht gut ernähren konnten aufgrund der finanziellen Lage. Wie zum Beispiel Heidi Grujau, die Zeit ihres Lebens als Empfängerin von Sozialhilfe lebte und ihre vier Kinder allein erzog und buchstäblich von dünnen Suppen ernährte. Der schwer zuckerkranken Frau ist es finanziell und habituell nicht möglich gewesen, sich um gesundheitliche Dinge zu kümmern. Hier zeigt sich einmal mehr eine gewisse Kontinuität der Lebensführung im Alter mit den entsprechenden Folgen.

In den Interviews finden sich ebenfalls eine Reihe mentaler

Strategien, zum Beispiel Formen des inneren Rückzugs, des Ausblendens von negativen Erfahrungen oder des Loslassens. Eine Interviewte, Elisabeth Koch, ist sehr gläubig und betet täglich, was ihr Kraft gibt. Ein gewisser Pragmatismus, ein Denken in kurzen Zeiträumen und das Durchhalten sind dieser Generation zu eigen, die von klein auf gewohnt war, zumal als Frau, keine großen Ansprüche zu entwickeln. Einige Frauen sprachen davon, am Erhalt der kognitiven Fähigkeiten zu arbeiten, zum Beispiel durch Rätsel lösen oder durch Fortbildung. So wird zum Beispiel eine Sprache gelernt oder reaktiviert – dazu werden angesichts der knappen finanziellen Mittel die günstigen Kursangebote, zum Beispiel der Münchner Alten- und Service-Zentren, wahrgenommen. Allerdings ist es die Erfahrung der dortigen Mitarbeiterinnen, dass sich angesichts habitueller Schranken in diesen Kursen meist nur ihre bildungsbürgerlichen Stammgäste einfinden.

Viele der körperlichen oder mentalen Strategien der Vorsorge sind eher bildungs- und wissensorientiert, wie kognitives Training, Meditation und gezielte Fortbildung. Manche reaktivieren bestimmte kulturelle Fertigkeiten. Klara Träger, die sich nach schwerer Krankheit bereits von vielen Dingen getrennt hat, schätzt ihre »geliebte Lyrik-Sammlung« als Ressource:

Nachts, wenn ich nicht schlafen kann, lerne ich Gedichte auswendig. Auch ein bisschen, um mein Gehirn zu trainieren. Manchmal mache ich auch nachts mathematische Übungen.

Eine andere Interviewte hat wieder mit dem Klavierspielen begonnen, das sie im Elternhaus erlernt hatte, um Alzheimer vorzubeugen, wie sie hofft.

Diese letzten Beispiele mögen andeuten, dass die sozialen Unterschiede bezüglich des vorhandenen kulturellen Kapitals – Wissen, Bildung, erworbene Fertigkeiten im geistigen, musischen, weiteren künstlerischen oder sportlichen Bereich – auch zu unterschiedlichen Ausgangsbedingungen für die Vorsorge im Alter führen. Die inkorporierten Fertigkeiten der früheren Jahre lassen sich allerdings auch nur dort reaktivieren, wo eine gewisse materielle oder soziale Basis und entsprechende Frei- und Spielräume gegeben sind, sodass auch hier die diesbezüglich bessergestellten Frauen Vorteile haben.

Nimmt man die oben behandelten Sorgen und die Anpassungs- und Vorsorgestrategien der Frauen zusammen, fällt auf, dass die holzschnittartigen Zukunftsszenarien der Interviewten – entweder »noch fit« oder »abhängig im Siechtum« – gar nicht zu ihren bereits entwickelten Strategien des Sich-zu-helfen-Wissens mit und trotz schon vorhandener gesundheitlicher und finanzieller Einschränkungen zu passen scheinen. Diese Strategien sind zwar in gewisser Weise immer fragil, hängen von der Konstitution sowie der finanziellen und sozialen Situation ab, doch könnten die Frauen, sogar trotz teilweise sehr prekärer finanzieller Verhältnisse, mehr Vertrauen darauf haben, auch später solche Anpassungsleistungen vornehmen zu können, gerade weil sie durch ihre bisherigen Bewältigungsformen Handlungsmacht und Erfahrungen erworben haben. Doch die Zukunft ist und bleibt vielfach angstbesetzt, verheißt nichts Gutes – und vor allem entzieht sie sich dem Wunsch nach Kontrolle. Bei allem Mut und Optimismus, den die Frauen an den Tag legten, es blieb nach den vielen Gesprächen mit ihnen auch ihre diffuse, untergründige Angst spürbar: Es irgendwann »*nicht mehr zu schaffen*« und dabei trotzdem »*allein die Verantwortung zu haben*«.

4. Thesen zur Prävention weiblicher Altersarmut

I.

Ob die in diesem Buch porträtierten Frauen der Generation der Kriegs- und Nachkriegskinder in ihrem mittleren Alter immer in Vollzeit oder vorübergehend in Teilzeit oder gar nicht erwerbstätig waren, ob sie nur für sich verantwortlich waren oder Arbeitszeit und Familienzeit vereinbaren mussten, alle sind sie gehalten, sich mit ihren Erwerbsrenten mehr oder weniger einzuschränken, zumal sie in einem Haushalt in einer teuren Stadt allein wirtschaften. Dies gilt sowohl für die Lektoratsassistentin, die Buchhändlerin, die Versicherungsangestellte oder die leitende Altenpflegerin als auch weit mehr noch für die Frauen, die beispielsweise als Hausmeisterin, Lagerarbeiterin oder Reinigungskraft tätig waren. Der Spielraum von Letzteren, um ihre materielle Lage durch einen Zusatzverdienst aufzubessern, ist ausgesprochen gering und manchen auch gesundheitlich nicht mehr möglich.

Die fehlenden finanziellen Ressourcen werden von allen Frauen derzeit noch durch Wissen, Fertigkeiten und Improvisationsgeschick kompensiert. Der Gang zu den Ämtern bleibt manchen dennoch nicht erspart, was für viele eine Hürde und schambesetzt ist. Die Möglichkeiten der Frauen, unter den gegebenen Bedingungen zu wirtschaften, sind nicht zuletzt durch das Aufwachsen in der Nachkriegsgesellschaft sowohl angelegt als auch begrenzt und in jeweils spezifische biografische Kontexte eingebunden. Die Praktiken des Sparens und Zurechtkommens erweisen sich als nicht zuletzt auch von sozialen, milieuspezifischen Gegebenheiten stark mitbestimmt. Wie schon dargelegt, helfen soziales Kapital (Netzwerke) und kulturelles Kapital (Fertigkeiten, Qualifikationen), fehlendes ökonomisches Kapital zu kompensieren. Haushaltenmüssen betrifft bei unseren Interviewten meist das gesamte Alltagsleben und nicht nur das knappe Finanzbudget, sondern auch die eigenen Kräfte, die als oft auch knappes Gut sorgfältig investiert und gepflegt werden müssen. Bei körperlichen Einschränkungen dauert alles, auch die Haushaltsführung, länger. Im Alter, wo das »*Laufen und Rennen*« nach Sonderangeboten, wie es eine Interviewte beklagte, beschwerlicher wird oder der Minijob besonders Kraft kostet, sind diese Praktiken des Wirtschaftens unter Umständen besonders fragil. Die Schere zwischen Noch-Können und Weiterhin-Müssen wird hier – bereits jetzt oder für die Zukunft allemal erwartbar – größer, was Existenz- und Zukunftsängste verstärkt. Dennoch passen sich die Frauen sukzessive auch an sich verändernde Gegebenheiten an – etwas anderes bleibt ihnen jetzt im Alter auch nicht übrig.

II.

Bestimmte gesellschaftliche Schieflagen, die mit den geschlechtsspezifischen Rollenmustern einhergehen, zeigten sich auch als generationale, biografische und milieuspezifische Erfahrungen bei unseren Interviewpartnerinnen. Einerseits ist gerade die große Familienorientierung für viele jetzt im Alter ein besonderer Wert und Kraftquell und überdies stets Teil der eigenen Identität gewesen. Andererseits führte gerade auch dieser starke Familiensinn, die innerfamiliäre Arbeitsteilung, dann nach einer Scheidung zur persönlichen Misere eines prekären Alters. Die Ursachen der geringen Alterseinkommen wurden vereinzelt von den Frauen als persönliches Versagen individualisiert. Dabei haben auch die 45 Jahre in Vollzeit arbeitenden Beschäftigten mit mittleren Einkommen, wie der Münchner Armutsbericht von 2017 herausstellt, nach den Rentenabsenkungen keine Chance, mit einer gesetzlichen Rente von rund 1300 Euro über die Armutsgefährdungsschwelle dieser Stadt zu kommen. Hier zeigt sich, dass die Ursachen für die Altersmisere generellerer, struktureller Natur sind und insbesondere auch das Rentensystem in Deutschland grundsätzlich reformiert werden muss. Eine Bürgerversicherung, in die alle einzahlen, auch Selbstständige und Beamte, wäre zum Beispiel ein solcher grundlegender Reformschritt; eine Grundrente für alle, die deutlich über der Grundsicherung und auch über der Armutsgefährdungsschwelle liegt, ein mögliches Ziel.[79] Die Einfrierung der Rentenabsenkungen, wie sie derzeit angestrebt wird, ist nicht ausreichend. Die vom Gesetzgeber vorgesehene ergänzende private Vorsorge ist nicht allen möglich, und überdies wäre zu überlegen, ob es nicht nachhaltiger wäre, die staatliche Förderung solcher privaten Renten wie auch der Betriebsrenten wieder in die allgemeine staatliche Altersversorgung zu stecken, anstatt diese weiter abzusenken, damit abzuwerten und die Renten zu einer konjunktur- und damit zinsabhängigen privatwirtschaftlichen Finanzware zu machen, die man sich leisten können muss.

Insgesamt sind im Abbau des Sozialsystems wie auch des sozialen Wohnungsbaus in den Städten sowie in der Deregulierung des Arbeitsmarktes mit seinen vielen gering versicherten Jobs die zentralen Problemfelder zu sehen, die Altersarmut strukturell zu einem Massenphänomen, und zwar für Frauen und Männer, werden lassen, wenn nicht politisch gegengesteuert wird.

III.

Präventive Maßnahmen sollten auf mehreren Ebenen angesetzt werden. Für Mütter und Väter – Letztere werden noch immer für die Familienarbeit viel zu selten in die Pflicht genommen – gilt es, bessere Anreize für die Vereinbarkeit von Elternschaft und Berufstätigkeit politisch zu gestalten, sodass nicht vor allem die Frauen aufgrund von Erwerbslücken im Alter von Armut bedroht sind.

83

Stichworte sind hier nicht nur die Abschaffung des Ehegattensplittings, welches das Eineinhalb-Ernährer-Modell steuerlich belohnt, und eine besser ausgebaute Kinderbetreuung, sondern auch andere Arbeitszeitmodelle, etwa die 35 Stundenwoche als Regelfall für beide Geschlechter, des Weiteren eine familienorientierte Betriebskultur, die Männer ermutigt, Erziehungszeit gleichgewichtig zu den Frauen zu nehmen. Auch die Altersdiskriminierung – ältere Arbeitnehmerinnen und Arbeitnehmer, die vor oder nach dem Ruhestand keine Beschäftigungen mehr finden – ist Teil des Problems wie auch Arbeitsplätze, etwa im Pflegesektor, in dem besonders Frauen sich über Gebühr aufbrauchen. Arbeitsbedingungen, die es Frauen und Männern nicht erlauben, gesundheitsschonend bis zum Rentenalter überhaupt durchzuarbeiten, sind ein auch von der Altersforschung und den Gewerkschaften viel beklagtes Problem wie auch die vielen Midi- und Minijobs.[80]

Solche Folgen der Prekarisierung der Arbeitswelt und der verdichteten Arbeit, die heute in vielen Branchen ein vorzeitiges Ausscheiden erzwingt, spielen jedoch vielfach in den Modellrechnungen der Experten keine große Rolle. In einem 2013 erschienen Forschungsbericht der Robert Bosch Stiftung – »Die Zukunft der Arbeitswelt. Auf dem Weg ins Jahr 2030«[81] – erarbeitete eine interdisziplinäre Expertenkommission konkrete Handlungsanweisungen für Politik, Betriebe, Gesetzgeber und die Sozialpartner, um der »demographischen Zeitenwende«, das heißt, der alternden und angeblich weiter rapide schrumpfenden Bevölkerung zu begegnen. Die Modellrechnungen liefen darauf hinaus, dass Arbeit im Alter als volkswirtschaftlich unerlässlich erachtet wird und von den Sozialpartnern und Betrieben durch spezifische Angebote ermöglicht werden solle. Und auch gerade die Frauen, die Teilzeitarbeit favorisieren, müssten aktiviert werden. Teilzeitarbeit um ein Drittel zu senken sei, so die Experten, einer der wirkungsvollsten Hebel, um die Produktivität der Volkswirtschaft bei einem veränderten Bevölkerungsaufbau zu erhalten. Damit treiben sie jedoch die bereits durch den Umbau staatlicher Arbeitsmarkt- und

Sozialpolitiken im Sinne des »aktivierenden« Sozialstaates vorbereiteten und von Ursula von der Leyen als ehemaliger Familienministerin, siebenfacher Mutter und Karrierefrau politisch unterstützte Doppel- oder Dreifachbelastung der Frau (Arbeit, Kinder, Pflege) weiter voran. Diese Belastungen können wenige, finanziell privilegierte Frauen durch eingekaufte Dienstleistungen abfedern, der Großteil der Frauen jedoch zerbricht unter diesen Mehrfachbelastungen, zumal eine flächendeckende Kleinkinderbetreuung noch immer nicht umgesetzt und eine gleichmäßigere häusliche Arbeitsteilung zwischen den Ehepartnern noch immer avantgardistisch ist. Teilzeitarbeit wird in erster Linie von berufstätigen Müttern praktiziert. Sicherlich liegt in der Teilzeitarbeit für die Frauen auch ein gravierendes rententechnisches Problem, doch scheint die hier vorgeschlagene Lösung der maximalen Ausweitung der Lebensarbeitszeit fragwürdig. Die weibliche Mehrfachbelastung wird demnach in Zukunft noch mehr als bisher ins höhere Lebensalter verlängert werden, anstatt dass hier Modelle vorgelegt werden, die die Arbeit zwischen Männern und Frauen angemessener verteilen. Die größte gesellschaftspolitische Gefahr dieses rein volkswirtschaftlichen Kalküls, das überdies auf spekulativen Prognosen zu Geburtenzahlen und Bevölkerungsbewegungen setzt, liegt in der Diskreditierung von Hilfsbedürftigkeit und (finanzieller) Abhängigkeit älterer Menschen, die insbesondere Frauen mit gebrochenen Erwerbsbiografien sowie die nicht mehr »produktiven« Hochaltrigen betreffen. Darüber hinaus blendet eine am männlichen Erwerbsverlauf orientierte Engführung des Produktivitätsbegriffs Beziehungs- sowie Reproduktionsarbeit als vor allem von Frauen übernommenen Domänen weiterhin aus. Auch wenn eine gewisse Flexibilisierung der Renteneintrittsgrenze aus Perspektive vieler Beschäftigter, die weiterarbeiten wollen oder müssen, zu begrüßen ist: Gerade prekarisiert lebende Frauen lassen sich nicht ohne Weiteres als disponible Arbeitskräfte bis ins höhere Alter aktivieren. Sie sind, wie unsere Interviews gezeigt haben, oft mit dem eigenen (Über-)Leben beschäftigt und in anderer Weise, als es der Diskurs um fitte, zufriedene und »freiwillig« engagierte, oft männliche und meist mittelschichtliche Ehrenämtler suggeriert, aus anderen Nöten heraus (re-)produktiv.

IV.

Dieses Buch strebte zunächst an, mit Fallporträts für das Phänomen weiblicher Prekarisierungsprozesse im Alter zu sensibilisieren, das heißt, vertiefte, plastische Einblicke in einzelne Lebensgeschichten in ihrer Vielfalt zu geben. Dabei sollten die oft polarisierenden Altersbilder – Drohszenarien von Altersarmut einerseits und »Active Ageing« als neuer Altersprogrammatik und ökonomischer Ressource andererseits – ersetzt werden durch einen differenzierten Blick auf die im Alltag entwickelten Taktiken, Praktiken und Kompetenzen von Frauen im Rentenalter, um so ein vielschichtiges und Akteurinnen-nahes Bild weiblichen Alter(n)s zu zeichnen. Wichtig erschien es, dadurch Teilhabebarrieren auszuleuchten und individuelle Lebensstrategien in den öffentlichen Diskurs einzubringen. Der Blick auf die Unterschiedlichkeit der Lebensbedingungen im Alltag ist ein entscheidender Schritt, um politische Reaktionen auf den demografischen Wandel zu diskutieren. Dabei kann und muss sich die Politik an den Bedürfnissen und bereits heute praktizierten Lösungsstrategien der Akteurinnen selbst orientieren.

Beispielsweise können existente Selbsthilfe- und Unterstützungsstrukturen älterer Frauen wie etwa Mehrgenerationenwohnhäuser durch sozialstaatliche Instrumente subventioniert werden. Um Mitspracherecht, gerade auch von unterprivilegierten Gruppen, zu ermöglichen, müssen neue und andere Beteiligungsstrukturen geschaffen werden. Hier könnten Nachbarschaftsvereinigungen und Mieterzusammenschlüsse ein erster Schritt sein. Auch städtische Einrichtungen, wie die Alten- und Service-Zentren in München, leisten solche Unterstützung beziehungsweise bieten einen Raum, entsprechende zivilgesellschaftliche Aktivitäten zur Bekämpfung von Altersarmut, Einsamkeit und Sinnverlusten zu entwickeln. Um eine wirkliche Beteiligung zu erreichen, muss gleichzeitig gezielt auf die Nöte und Lebenslagen älterer Menschen eingegangen werden. Dies schließt zuallererst ausreichende Sozial- und Pflegeleistungen ein. Angesichts der großen Schwellenangst vieler Bedürftiger vor »dem Amt« und des fehlenden Wissens über die kommunalen und zivilgesellschaftlichen Unterstützungsmöglichkeiten sind, wie es von der Stadt München gemacht wird, Hausbesuche bei Älteren durch Sozialarbeiterinnen ein Schritt, die Folgen von Altersarmut abzumildern oder ihr bereits niedrigschwellig vorzubeugen.

Kommunale Beteiligungsformen und zivilgesellschaftliche Charity dürfen nicht dazu führen, dass der Staat noch weiter entpflichtet wird. Im Gegenteil, es müssen auch auf Ebene der Bundespolitik spezifische Förderinstrumente und Angebote für ältere Frauen, insbesondere für solche mit Mehrfachdiskriminierungen, entwickelt werden. Ein angemessener ökonomischer Ausgleich für Erziehungs- und Pflegezeiten scheint hier ebenfalls unerlässlich. Die »Mütterrente« erbringt zwei beziehungsweise drei Rentenpunkte, was zu wenig angesichts der niederen weiblichen Erwerbsrenten ist. Die Frage stellt sich allerdings, ob man die »Mütterrente« und andere versicherungsfremde Leistungen weiterhin aus der Rentenkasse herausnehmen darf oder hier nicht besser tragfähige steuerbasierte Modelle der Konsolidierung und Ergänzung des staatlichen Rentensystems entwickelt und eben auch den Kreis der Einzahler, wie oben dargelegt, erweitert. Mütterrente auf die Grundsicherung anzurechnen, benachteiligt überdies die Frauen, die Erziehungszeit für die Gesellschaft geleistet haben, im Alter weiter.

Wichtig erscheint vor allem auch ein politisches Umdenken auf dem Wohnungsmarkt. Wenn Wohnraum in den Städten zum Luxusgut junger kaufstarker Eliten geworden ist, dann reicht auch die größtmögliche Erhöhung der Altersrenten nicht mehr aus, um im Alter in den Städten überleben zu können. Ältere dürfen nicht Teil eines neuen Prekariats werden, das man in den ländlichen Leerstand abschiebt. Auch deshalb sind neue städtische Wohnkonzepte kommunal und staatlich zu fördern und die Zugangsschwellen zu entbürokratisieren.

Aufklärung und Prävention bereits in jungen Jahren, auch breite zielgruppenorientierte Informationen über das Rentensystem, die Alterssicherung und die Notwendigkeit, nach dem derzeitigen Stand hier möglichst selbst vorzusorgen, sind ebenfalls notwendig. Es gilt überdies, bereits in den Schulen oder spätestens während der Berufsausbildung durch Beratung die Möglichkeiten und Konsequenzen von Lebensplanungen erkennbar zu machen, etwa über die Risiken traditioneller Zuverdiener-Rollen zu informieren und auf die Notwendigkeit etwa von Eheverträgen hinzuweisen, die im Falle der Scheidung einseitigen Prekarsierungsprozessen entgegenwirken. Auch sollte in der Schule und bei der Berufsberatung über Entwicklungen von Berufen und Branchen und die entsprechenden Einkommensmöglichkeiten ausreichend informiert werden, auch wenn hier Vorhersagen schwierig sind. Manche der Lehrberufe, die unsere Interviewten einmal in ihrer Jugend ergriffen haben, existieren längst nicht mehr. Dequalifizierung als eine mögliche Folge dieser Transformation der Arbeitswelt muss durch zielgenauere Weiterqualifizierungsangebote auch für Ältere aufgefangen werden wie auch die Dauerarbeitslosigkeit, die im höheren Alter ein sicherer Weg in die Altersarmut ist, zumal ALG-II-Bezüge keine Rentenbeiträge mehr erbringen, was dringend wieder rückgängig gemacht werden muss.

Wichtig erscheint es nicht zuletzt auch, in gesellschaftlichen wie innerfamiliären Debatten frühzeitig für die Frage zu sensibilisieren: Wie und wo will ich im Alter leben? Hierzu gehört auch ein stärkerer Dialog zwischen Alt und Jung – Begegnungen, Austausch, mehr Wissen voneinander, die Vermittlung von Erfahrungen, die zum Beispiel auch durch altersgemischte Arbeitsgruppen oder ehrenamtliches intergenerationales Miteinander befördert werden kann. Eine Möglichkeit der individuellen Vorsorge ist es, vorausschauend soziale Netzwerke zu pflegen, soziales Kapital aufzubauen, sich etwa beizeiten um altersgemäße Wohn- und Lebensformen zu bemühen, um der Vereinzelung und Prekarisierung des Alters vorzubeugen. Allerdings sind hier Frauen mit Mehrfachbelastung beim Aufbau und der Pflege solcher sozialen Netzwerke oft im Nachteil, weil sie die Ressourcen dafür nicht haben. Einzelne der hier Interviewten machten jedoch genau diesen nachhaltigen Umgang mit den eigenen Kräften und Beziehungen modellhaft vor, ohne eine finanziell komfortable Basis zu haben. Von ihnen, ihren Nöten und Bedürfnissen, ihren Strategien und Praktiken im Umgang mit Knappheit kann und sollte auch die Politik viel lernen.

TEIL II

PORTRÄTS –
WEIBLICHE LEBENSLAGEN IM ALTER

Dagmar Berger

Was kostet der Tod? Ein Leben mit Schulden

ALEX RAU

DB: Es muss schnell gehen. Ich habe auch sehr viele Schlafstörungen. Also wo ich Angst habe, wenn ich ins Bett gehe. Ja, da habe ich schon manchmal Schwierigkeiten.
AR: Angst wovor?
DB: Das weiß ich nicht. Das kann ich nicht sagen. Dass ich vielleicht nicht mehr aufstehe. Ich weiß es nicht. Aber wenn ich dann einschlafe, bin ich dann [am] anderen Tag wach und sage: »Hoppla, bist doch wieder aufgewacht.«

Dagmar Bergers Schlafzimmer ist der kleinste Raum ihrer Dreizimmerwohnung in einer Münchner Siedlung für Soziales Wohnen. Das Bett, 90 Zentimeter breit auf der einen Seite der Wand, auf der anderen ein Einbauschrank entlang des gesamten Zimmers. Dieser ist voller Kleider, die sie mir stolz präsentiert, hauptsächlich von ihrer verstorbenen Mutter oder Selbstgenähtes ihrer Schwester. Über dem Bett ist ein Holzbrett angebracht, auf dem unzählige Puppen sitzen und ihren Schlaf bewachen, alles Geschenke ihrer Tante. Dagmar Berger zeigt mir auch das kleine Bad direkt gegenüber dem Schlafzimmer und am Ende des Ganges ein weiteres Zimmer, das früher ihre mittlerweile erwachsene Tochter bewohnt hat. Dieses dient ihr heute als Abstell- und Bügelkammer. Am meisten hält sie sich jedoch im Wohnbereich auf, das größte Zimmer mit integrierter Küchenzeile, von dem aus man außerdem noch auf einen kleinen Balkon gelangt, den sie hauptsächlich zum Rauchen nutzt. Die meisten Gegenstände in der Wohnung sind Geschenke oder Erbstücke der Mutter. So auch das Sofa, auf dem wir uns im März 2016 unterhalten. Dort erzählt sie mir, dass sie seit einer Zwangsräumung vor etlichen Jahren überschuldet ist, weil sie die Miete von ihrem Gehalt nicht bezahlen konnte, und dass sie heute Grundsicherung bezieht. Durch diese werden auch ihre Miet- und Heizkosten abgedeckt. Eigentlich sei die Wohnung zu groß für sie allein, aber bis jetzt sei ihre Sachbearbeiterin kulant, da sie hier schon über 20 Jahre wohne. Der Fernseher, der im Hintergrund läuft, ist ein Geschenk ihres Lebensgefährten, wie sie betont. Hierfür habe er ihr extra den Kaufvertrag gegeben, denn im Falle einer Wohnungsbesichtigung des Gerichtsvollziehers könne er sonst gepfändet werden, so ihre Angst:

Ich habe ja einen Offenbarungseid gemacht. Erst vor Kurzem war ich wieder dort. [...] Ja, dass ich zahlungsunfähig bin. Aber nicht, weil ich nicht mag, sondern weil ich einfach nicht kann.

Ihre finanziellen Mittel sind beschränkt und somit auch ihre Möglichkeiten, das Leben bis zu dessen Ende würdevoll zu gestalten. Gerade die Frage, wie sie einmal sterben wird, ist für die 75-Jährige in letzter Zeit drängender geworden.

Ich treffe Frau Berger bereits zum zweiten Mal. Unsere erste Begegnung fand ein Dreivierteljahr zuvor in einer nahe gelegenen sozialen Einrichtung, einer offenen Altenhilfe statt, in der sie diverse Angebote nutzt, sich Unterstützung holt und mindestens einmal die Woche zum Mittagessen geht. Beim ersten Treffen stellte sie sich folgendermaßen vor:

Ich bin die Frau Berger, geborene Kaiser. Bin 1941 hier in München geboren. Habe 1959 geheiratet, 1961 eine Tochter geboren, 1963 einen Sohn. [...] Und dann sind die Schicksalsschläge los-

gegangen. Meinen Sohn haben sie dann mitgenommen, zum Ke-
gel[n]: ›Kugel auf den Kopf‹. [...] Der wird jetzt 51 Jahre, ist
schwerstbehindert. Dann habe ich einen Bekannten gehabt, von
dem habe ich mehr Schläge gekriegt als was zu essen. Etliche Nar-
ben und so. Ach, und dann sind auch die Krankheiten losgegan-
gen. [...] Ach Gott. [...]. Ja, dann habe ich das Trinken angefan-
gen. Ich war dann ganz schwere Alkoholikerin. Das habe ich
jetzt aber alles im Griff. Und ja, meine Tochter ist überwiegend
bei meiner Schwester groß geworden. Ich war ja in der Arbeit.
Weil, ich war ja in der Gastronomie. In der Früh um zehn bis auf
die Nacht zwei, drei. Ja, dann habe ich, wie gesagt, mit Krank-
heiten angefangen. Habe ich Brustkrebs gekriegt. Ich habe dann
auch abgenommen. Habe dann innerhalb von vier Wochen zwei
Herzinfarkte gehabt. Aber jetzt erst in den letzten vier, fünf Jah-
ren. Da war ich siebzig. Ja, und wie gesagt, das Trinken habe ich
aufgegeben, bloß das Rauchen habe ich nicht geschafft.

Wenn Dagmar Berger über ihr Leben spricht, dann dominieren
die tragischen Momente. In ihrer schweren Kindheit kümmerte
sie sich vor allem um die Schwester, da die Mutter arbeitete, um
die kleine Familie durchzubringen, nachdem der autoritäre Vater
sie verlassen hatte. Später heiratete sie einen nicht minder autoritären Ehemann. Aus der Ehe gingen zwei Kinder hervor. Der Ke-
gelunfall des Sohnes war der Beginn einer Reihe von Schicksals-
schlägen, die ihr weiteres Leben folgenreich durchziehen. Ihr
Sohn lebt in einem Wohnheim für Menschen mit geistiger Behinderung im Norden Deutschlands. Gesehen hat sie ihn das letzte
Mal, als er acht Jahre alt war. Immer wenn wir auf ihren Sohn zu
sprechen kommen, steigen ihr Tränen in die Augen. Das tragische
Ereignis macht ihr noch heute sehr zu schaffen und ist fester Bestandteil ihrer Lebenserzählung geworden. Sie hat lange überlegt,
ihn zu besuchen, aber nach mehrmaligem Abraten ihres Arztes
hat sie sich doch dagegen entschieden. Ihr Herz sei zu schwach für
ein Wiedersehen. Stattdessen hat die Leiterin des Heims ihr einige

Fotos geschickt. Man sieht den Sohn einmal in seinem Zimmer, einmal mit anderen Bewohnern zusammensitzen und lachen. Er scheint zufrieden zu sein. Zumindest ein kleiner Trost für Dagmar Berger, die die Fotos während unseres Gesprächs fest umklammert. Nach dem Unfall des Sohnes kam es einige Jahre später zur Scheidung. Ihr Ex-Mann zog nach Norddeutschland und nahm den Jungen mit, ein weiteres einschneidendes Erlebnis für die bereits alkoholkranke Dagmar Berger:

Das war ganz böse. War auch bei einem Psychologen. [...] Und irgendwie muss mir alles einmal zu viel geworden sein. Weil, bei mir war das so schlimm. Ich habe dann in meinem Suff mit der Hand das Fenster rausgehauen. Also ich habe da durchgedreht. Das war in der Zeit, wo der Erich [Dagmar Bergers Ex-Mann] *den Thomas* [Dagmar Bergers Sohn] *mitgenommen hat, und dann habe ich eine Zwangsräumung gehabt. Ich konnte ja die Miete dann nicht mehr zahlen.*

Nach ihrem Zusammenbruch erhielt Dagmar Berger Wohngeld und die Sozialwohnung, in der sie heute noch lebt. Sie blieb alleine mit der Tochter zurück. Immer wieder versuchte sie, ihren Sohn zu sehen, doch sein Vater ließ das nicht zu. Die Gründe dafür ließen sich im Interview nicht klären.

Dagmar Berger kam wieder auf die Beine und arbeitete weiter als Kellnerin, um den Lebensunterhalt für sich und ihre Tochter zu verdienen. Als junge Frau hatte sie eine Ausbildung als Servicekraft im Bayerischen Hof absolviert. Sich im gehobenen Restaurant-Segment zu etablieren, war ihr jedoch nicht möglich. Vielmehr hielt sie sich nach der Ausbildung mit dem wenigen Trinkgeld und den schlecht bezahlten Jobs in kleinen Eckkneipen über Wasser. Mit 60 erhielt Dagmar Berger eine teilweise Erwerbsminderungsrente, da sich ihr Gesundheitszustand verschlechtert hatte, und sie arbeitete nur noch stundenweise. Diese

Erwerbsminderung hat sie jedoch Rentenpunkte gekostet. Im Jahr 2016 erhielt sie lediglich 279 Euro eigene Altersrente aus versicherungspflichtiger Erwerbstätigkeit. Die Mütterrente für ihre beiden Kinder, die sie seit 2014 zusätzlich bekommt, ist hier bereits inkludiert. Dass sie ihr gesamtes Leben in der Gastronomie tätig war und, wie in dieser Branche früher nicht ungewöhnlich, nicht immer korrekt angemeldet wurde, erklärt überdies ihre kleine Rente. Diese stockt sie mit Grundsicherung auf.

Seit ihrem Zusammenbruch in jüngeren Jahren konnte Dagmar Berger ihren Lebensunterhalt irgendwie – aus einer Kombination aus Wohngeld, Kellnern und der teilweisen Erwerbsminderungsrente – bestreiten, ihre Schulden konnte sie jedoch nie vollständig begleichen. Sozialleistungen sind nicht pfändbar, und mit ihrem Kellnerinnengehalt blieb sie immer unter der Pfändungsfreigrenze. Da Rente und Aufstockung kaum zum Leben reichten, stand sie dann auch nach ihrem 65. Lebensjahr weiter hinter der Theke: »*Habe noch stundenweise ein bisschen schwarzgearbeitet. Ja. Ich wäre ja sonst nicht über die Runden gekommen.*« Eigentlich hätte sie diesen Zuverdienst beim Sozialamt angeben müssen. Doch inzwischen hat sich das ohnehin erledigt. Denn nach dem zweiten Herzinfarkt gab sie ihre Arbeit ganz auf. Da war sie 70 Jahre alt.

Kurz davor lernte Dagmar Berger ihren jetzigen Lebensgefährten kennen, er war Gast in jener Kneipe, in der sie damals arbeitete. Er ist im gleichen Alter, »*pensionierter*« Psychologe und nimmt einen wichtigen Platz in ihrem jetzigen Leben ein.

Und wie gesagt, wenn ich den Franz nicht hätte, dann täte es schon böse ausschauen. Weil [...] ich wüsste nicht, ob ich noch dasitzen täte oder schon irgendwo untergegangen wäre.

Mit ihm unternimmt sie gelegentlich Ausflüge ins Münchner Umland. Franz lädt sie ein; sie selbst könnte sich diese kurzen Tagesreisen, von denen sie schwärmt, nicht leisten. Auch wenn sie keine Wohnung teilen, verbringen sie die meiste Zeit ihres Alltags zusammen. Meistens sitzen sie auf der Couch; er sieht fern, und Dagmar Berger spielt Kartenspiele auf dem Computer, den er ihr besorgt und eingerichtet hat. Mit ihrem Partner habe sie das erste Mal in ihrem Leben erfahren, wie es ist, Zuwendung zu bekommen, er helfe ihr in den Mantel oder reiche ihr die Hand beim Aussteigen aus der Tram:

Das war eine Umstellung, das kann ich gar nicht sagen. Ja, Sie lachen, aber wenn du das nicht kennst. Das ist schlimm. [...] Heute noch.

Dagmar Berger holt eine Fotocollage, die prominent an der Wand neben dem Fernseher hängt. Bilder ihres 75. Geburtstages, den sie gemeinsam mit ihrem Lebensgefährten gefeiert hat. Zu sehen ist eine kleine Runde. Auch wenn Franz an diesem Tag an ihrer Seite stand, war der 75. für Dagmar Berger ein sehr schwieriger Geburtstag, denn er symbolisiert für sie das Altwerden und in letzter Konsequenz auch das Sterben. Diesem blickt sie ungewiss und der Zukunft überhaupt angstvoll entgegen:

Wer weiß, was noch alles zukommt auf einen. Wie ich jetzt 75 geworden bin, war es sehr schwer. Habe ich gesagt: ›Gott, was kommt jetzt daher? Was passiert mir alles? Das kann doch bloß noch schlimmer werden.‹ Ich habe richtig zu kämpfen gehabt, dass sie [Sozialarbeiterinnen des Bereichs der offenen Altenhilfe] zu mir gesagt haben: ›Frau Berger, bitte seien Sie so gut und gehen Sie zum Psychiater.‹ [...] So hat das gearbeitet in mir. Ich wollte das gar nicht, aber ich habe da Schwierigkeiten gehabt. [...] Ja, die 75 hat mich so gestört. [lacht] Da habe ich gesagt: ›[...] Was kommt denn hier, wie lange lebst du noch? [...] Wie stirbst du?‹

Dagmar Berger hat genaue Vorstellungen davon, wie sie nicht sterben möchte. Auf gar keinen Fall möchte sie abhängig sein und alleine »*dahinvegetieren*«. Von anderen, ihr fremden Menschen gepflegt zu werden, ist ihr ein Horror. Diese Negativbilder eines langsamen, einsamen und schmerzvollen Sterbens speist sie aus Erfahrungen ihres Umfelds. Erst kürzlich wurde ihre Nachbarin, die nur einige Jahre älter war, von einem dreiwöchigen Krankenhausaufenthalt zurückgebracht:

> *Die haben sie rauftragen müssen. Die kann nicht mehr laufen. Jetzt liegt sie im Bett drin. Tochter kümmert sich nicht mehr. [...] Jetzt kümmert sich der Sohn. [...] Jetzt fährt er alle Tag her, ganz kurz, wenn er Zeit hat. [...] Und jetzt ist sie den ganzen Tag alleine da drüben. [...] Früher hat sie mal aufgemacht, wenn ich geklingelt habe. Jetzt kann sie nicht mehr aufstehen und kann nicht einmal die Tür aufmachen. [...] Nein, nein. Das möchte ich nicht.*

Dagmar Berger berichtet außerdem von dem langen Leidensweg eines Bekannten aus der offenen Altenhilfe, der vor Kurzem gestorben sei. Sie erinnert sich daran, dass er so nicht mehr leben wollte, daran, wie er zusammenbrach und nicht mehr laufen konnte, wie er vom Krankenhaus zur Reha und erst wieder nach Hause gebracht, dann jedoch wieder ins Krankenhaus eingeliefert wurde und dort schließlich verstarb. »*Ich sag Ihnen, nein, das möchte ich nicht.*« Deswegen hat sie auch eine Patientenverfügung abgeschlossen:

> *[...] ich möchte keine Pflege haben. Das habe ich auch schriftlich in meiner Tasche drin. Keine Pflege. Waschen und Füttern und nein. Der Typ Mensch bin ich nicht. [...] Das finde ich furchtbar.*

Zu viel Zeit ihres Lebens habe sie schon in Krankenhäusern verbracht. Wenn das Ende kommt, solle es schnell kommen. Diese Orte, »*wo die Kranken drin sind oder die noch Lebenden*«, möchte sie möglichst vermeiden. Dieser Zustand des Gerade-noch-Lebens, des abhängigen Überlebens, ist für sie schlimmer als der Tod. Selbst die Nutzung von technischen Hilfsmitteln kommt für Dagmar Berger nicht infrage, auch wenn der Arzt ihr dies mehrmals empfohlen hat.

Ich wohne im ersten Stock. Der Doktor hat auch gesagt: ›Frau Berger, schaffen Sie es noch, oder soll ich einen Wagen‹ – ›Ich, einen Wagen?‹ Dann hat er gesagt: ›Sie kriegen einen Badewannenheber.‹ Weil rein komme ich, aber raus komme ich nicht mehr, weil ich Angst habe, dass ich ausrutsche. Sagte er ohne Weiteres: ›Ich verschreibe Ihnen das.‹ [...]. Und ich meine: ›Ich und einen Badewannenheber? Oh nein!‹ [lacht].

Dagmar Berger nimmt ihre Eigensinnigkeit, wie sie es nennt, mit Humor. Sie will keinerlei Hilfsmittel benutzen, die nach außen hin ihre körperliche Gebrechlichkeit symbolisieren, den Prozess des Alterns sichtbar machen und damit auch den Tod ins Bewusstsein rücken. Auch einen Gehstock, den der Arzt ihr verschreiben will, lehnt sie ab. In dieser Sache sei sie wie ihre Mutter, stellt sie schmunzelnd fest. Überhaupt scheint die Mutter für sie in vielerlei Hinsicht ein Vorbild zu sein. Wie schon bei unserem ersten Gespräch in der sozialen Einrichtung erzählt sie mir von deren Sterben. Wie diese wolle sie auch einfach »*die Augen zumachen*«. Fast wie auswendig gelernt, gibt sie den Verlauf Wort für Wort wieder, als ob die bloße Wiederholung der Geschichte ihren Wunsch erfüllen könnte, einen ähnlich schönen Tod zu finden:

Und dann denke ich immer an meine Mutti. [...] Und dann ist sie ins Krankenhaus gekommen, mit ihrem Alzheimer. [...] Und sie liegt im Bett drin, dann sagt sie zu meinem Schwager: ›Sag mal, hast du eine Maß Bier für mich?‹ ›Freilich‹, hat er gesagt, und dann haben sie ihr so ein kleines Glas gegeben mit so viel Bier drin. Hat sie das getrunken, und dann hat sie gesagt: ›Man-

fred, hast du auch einen Schnaps für mich.‹ Sagt er: ›Freilich habe ich für dich einen Schnaps.‹ Dann hat er ihr die Lippen vollgeschmiert, die hat sie dann abgeschleckt, und dann hat sie gesagt: ›So, und jetzt schleicht's euch, jetzt geht in euer Bett‹, hat sie gesagt, ›jetzt bin ich besoffen, jetzt mag ich schlafen.‹ Und dann sind meine Schwester und Manfred gegangen, und wie sie dann draußen waren und haben die Wohnungstür aufgesperrt, ist das Telefon gegangen. War die Ärztin dran, hat gesagt: ›Die Frau Oberreiter hat die Augen zugemacht.‹ Es war ihr letzter Wunsch, und den haben wir ihr erfüllt. Und so schnell möchte ich das auch. Dass ich einfach auf einen anderen Menschen nicht mehr angewiesen bin. Und das macht mir Sorgen. Das macht mir ganz, ganz große Sorgen.

Dagmar Berger will selbstbestimmt sterben. Zu vieles in ihrem Leben musste sie ohnmächtig hinnehmen, seien es die vielen Schicksalsschläge oder ihre beruflich begrenzten Möglichkeiten als Frau, »das war damals so, so war die Erziehung«, reflektiert sie heute. Zum Nachdenken blieb damals neben den vielen Jobs keine Zeit, das könne sie jetzt erst, seit sie im Ruhestand ist. Wenn schon nicht das Leben will sie zumindest das Sterben im Rahmen des (finanziell) Machbaren beeinflussen. So will sie die Kosten der Beerdigung übernehmen. Sie möchte nicht, dass ihre Tochter, die selbst ein bescheidenes Leben führt, am Ende dafür aufkommen muss. Hinterlassen wird sie ihr nichts. Und auch hier ist es der Lebensgefährte, der sie in diesem Fall unterstützt. Aus Angst vor einer Pfändung gibt sie ihm jeden Monat 26 Euro bar, die er ihr in eine Sterbegeldversicherung einzahlt.

Dennoch ist bei den letzten Dingen nichts wirklich kontrollierbar, und an der Schwelle zum 75. Geburtstag wurde ihr die Endlichkeit des Lebens noch mal bewusster, ruckte symbolisch naher. Der plötzliche Tod wäre aus Dagmar Bergers Perspektive jedoch ein Geschenk angesichts der Vorstellung, durch die Apparatemedizin einen Tod in Etappen zu erleiden. Diese Ängste haben nicht zuletzt auch mit ihrer Position im Leben zu tun: Sie fürchtet, so wie sie gelebt hat – in mancher Hinsicht einsam, arm und schicksalhaft –, auch sterben zu müssen. Dagmar Bergers Vorstellungen vom Sterben, trotz eines spät gefundenen Partners als Stütze, sind somit auch geprägt durch die Denkmöglichkeiten und Erfahrungen, die keine rein subjektiven oder zufälligen sind, sondern durch das Hineingestelltsein in den sozialen Raum geprägt wurden. Das Wissen um Linderungen der Palliativmedizin und kostenlose Hospize scheinen vielmehr für diese marginalisierte gesellschaftliche Positionierung unzugänglich. Dies spiegeln ihre eindrücklichen Beispielgeschichten vom hässlichen Tod, dem sie den schönen Tod ihrer eigenen Mutter entgegenstellt. Es bleibt die Ambivalenz des Älterwerdens, einerseits zu wissen, dass mit dem Älterwerden das Ende des Lebens sicher näher rückt, und andererseits nicht zu wissen, was das Alter bringt oder wie alt man wird. Eine Unsicherheit, der sich Dagmar Berger bewusst ist und die sie nachts nicht schlafen lässt. Eine Unsicherheit, der sie sich dennoch in gewisser Weise selbstbestimmt entgegenstellt. Indem sie, solange es geht, auf technische Hilfsmittel, den Badewannenheber oder Gehstock – den Insignien des Verfalls – verzichtet; indem sie generell versucht, sich einzurichten mit dem Wenigen, was sich mit Grundsicherung machen lässt.

Dagmar Berger begleitet mich zur Tür. Wir verabschieden uns. Beim Gehen streift mein Blick die Tür der Nachbarin, und kurz denke ich daran, wie sie dort in ihrer Wohnung im Bett liegt. Ich denke auch daran, wie Dagmar Berger später womöglich mit ihrem Lebensgefährten gemeinsam im Wohnzimmer auf der Couch sitzt und von unserem Gespräch erzählt, wie er sich wieder verabschiedet, wie Dagmar Berger sich zu den Puppen ins Schlafzimmer legt und mit dem Wunsch einschläft:

Wenn es heute so weit ist, dann möchte ich schon, dass es schnell geht. […] Da möchte ich dann lieber die Augen zumachen.

Dawina Bublica

»Ein Leben lang gearbeitet« – und jetzt keine Wohnung

IRENE GÖTZ, PETRA SCHWEIGER

Dawina Bublica, 65 Jahre, ehemalige Altenpflegerin und Stationsleiterin, sieht gut aus dieses Mal, bei unserem zweiten Treffen im
Januar 2015, flotter, gut gefärbter kinnlanger Bob, verschmitzte
wache Augen, glatte Haut, schickes weiß-blau gestreiftes Twinset,
schöne Handtasche. Resolut fragt sie einen Mitarbeiter des Kul-
turzentrums, in dem wir uns treffen, wo wir uns hinsetzen können; sie ist sichtlich gewohnt, in Führung zu gehen. Der klebrige
Tisch, an dem wir Platz nehmen, stört sie; berufsbedingt hat sie immer akribisch auf Sauberkeit geachtet.

Zu Hause treffen – dies war bei ihr bereits bei unserem früheren, ersten Gespräch nicht möglich gewesen, weil sie damals in einer winzigen Einliegerwohnung bei einer Familie lebte, deren de-
mente Mutter sie bis zu deren Tod pflegte. Die Familie wünschte
nicht, dass sie Besuch bekäme. Nachdem sie dann die kleine Einliegerwohnung bei ihrer vorletzten Arbeitsstelle aufgab, lebt sie
nun schon im zweiten Jahr beengt und provisorisch in einer
95 Quadratmeter großen Dreizimmerwohnung, die sich ihre äl-
teste Tochter mit deren drei erwachsenen Töchtern, die noch im
Studium sind, teilt. Jede der drei Enkeltöchter hat ein Zimmer. Dawina Bublicas Tochter schläft im Wohnzimmer und sie selbst mal
im Flur auf dem Klappbett oder mal bei der Tochter oder einer Enkelin im Zimmer, wenn diese nicht da sind. Auch hier kann sie kei-

nen Besuch empfangen: »*Das tut mir auch weh. Viele Freundschaften gehen kaputt dadurch.*« Bis zu ihrer durch Erkrankungen bedingten Frühverrentung mit 63 hatte sie ihre eigene Zweizimmerwohnung im selben Haus der Wohnung ihrer Tochter, doch sie hatte diese aufgeben müssen, weil die Rente für die Miete nicht mehr reichte.

Das zweite Treffen ist geprägt von den Belastungen, die ihre verzweifelte und vergebliche Wohnungssuche nunmehr seit über einem Jahr mit sich bringen. Sie spricht immer wieder bei den einschlägigen Ämtern vor, sie hat die höchste Dringlichkeitsstufe beim kommunalen Wohnungsamt, aber sie bekommt derzeit trotzdem mangels freier Wohnungen keine. Eine Wohnung, die nur 450 Euro kosten darf, aber einen Aufzug besitzt, gibt es nicht für sie, schon gar nicht auf dem freien Münchner Mietmarkt.

Der Stress der Wohnungssuche und die fehlenden Rückzugsmöglichkeiten im beengten Haushalt ihrer Tochter verstärken ihre Schmerzen. Dawina Bublica ist chronisch krank: »*Stoffwechsel – alles stimmt nicht mehr*«, und ihr abgenutzter Rücken sowie ihre Kniegelenke sind so kaputt, dass sie kaum die Treppen steigen kann, was nur schwer mit ihrer äußeren Erscheinung einer – geschätzt – Endfünfzigerin zusammengeht. Die Treppen zur Wohnung der Tochter stellen eine große Hürde dar, wegen Schmerzen war sie auch schon mal eineinhalb Wochen nicht mehr draußen. Ihr schlechtes Sehen, das auch mit einer Augen-OP nicht ausreichend verbessert werden konnte, war zusammen mit ihrem Bluthochdruck, den Arthrosen, ihrem Stress-Asthma und der psychischen Überlastung ein Grund für ihr vorzeitiges Ausscheiden aus dem Arbeitsleben vor über zwei Jahren. An sich hätte sie noch gerne weitergearbeitet. Von den Schmerzmitteln, die sie regelmäßig einnimmt, und den entzündungshemmenden Cortisonspritzen, die die Arthrosen lindern sollen, hat sie stark zugenommen. Es gelingt ihr kaum, das Übergewicht wieder runterzubringen. So kann sie nicht mehr mit der Familie kochen, weshalb ein kleiner Kühlschrank, ein Geschenk der Tochter, ihr wichtigster eigener Besitz in der Wohnung ist. Alles andere – Möbel aus einer früheren Wohnung, die sie aus Kostengründen aufgab, Hausrat, saisonale Kleidung – ist im Keller der Tochter eingelagert oder verschenkt. Dawina Bublica würde »*jede Wohnung*« (mit Aufzug) nehmen, wenigstens die »*eigenen vier Wände*«. Trotz ihrer körperlichen Einschränkungen nach Jahrzehnten als Pflegekraft, trotz höchster Prioritätsstufe auf der Warteliste des kommunalen Amts bekommt sie keine. Dawina Bublica ist enttäuscht und wütend, sie hat 44 Jahre gearbeitet, Vollzeit, in einem verantwortungsvollen Beruf, sich eine respektable Position erarbeitet, hat ein Team geleitet, alte Menschen für diese Gesellschaft versorgt, und jetzt, wo sie selbst alt ist, braucht sie Hilfe und bekommt sie vom Staat nicht. Sie gibt uns gewissermaßen als politischen Auftrag mit: »*bin so enttäuscht*«, »*ein Leben lang gearbeitet*«, »*was haben wir geopfert*«, »*drei Schichten durchgearbeitet*«, »*für nichts und wieder nichts*«, »*ist alles vergessen worden*«, »*Körper kaputt*«. Diese Äußerungen der Enttäuschung durchziehen das Interview dieser resoluten Frau. Auch all den anderen – hier solidarisiert sie sich mit den Arbeitskräften aus dem ehemaligen Jugoslawien, der Türkei, Spanien, Italien – müssten, jetzt wo sie nach Jahrzehnten Arbeit in Deutschland ins Alter gekommen sind, eigentlich weiterarbeiten, könnten es sich nicht leisten, in Rente zu gehen. Sie selbst hätte ebenfalls Angebote »*noch und nöcher*« für solche Pflegestellen aus der Nachbarschaft ihres vorletzten Arbeitgebers oder aus der ambulanten Pflege, ihrer letzten Stelle auf 450-Euro-Basis, mit der sie ihre Rente aufstockte; doch die alten Menschen hochheben, das schafft sie nicht mehr. Die 150 Euro monatlichen Abzug durch die frühe Verrentung mit 63 sind bitter für sie. Am Anfang, als sie 2014 in Rente musste, hatte sie Panik: »*Ich komme nicht zurecht. Wenn ich jetzt lockerer lebe, dann habe ich ab 15. [des Monats] kein Geld mehr.*« Sie gebe nicht mehr aus als fünf Euro am Tag.

Dawina Bublicas Geschichte verkörpert das, was die Soziologie eine »doppelte Vergesellschaftung« der Frau nennt. Sie ist gehalten, sowohl im häuslichen, reproduktiven Bereich als auch im öffentlichen Feld der Erwerbsarbeit Verantwortung für sich selbst und andere zu übernehmen, und trägt damit eine doppelte Belastung, die sich jetzt hier im Alter als physische und materielle Erschöpfung auswirkt. In dieser Perspektive der doppelten Vergesellschaftung zeigt sich in diesem Fall eine gut ausgebildete Altenpflegerin und ehemalige Stationsleiterin, die zuletzt rund 2000 Euro netto verdiente und jetzt trotz der Abschläge mit 1250 Euro Rente besser zurechtkommen könnte, wenn sie etwas durch private Vorsorge ansparen hätte können und nicht ihr Leben lang die Töchter und Enkeltöchter finanziell und mit all ihrer Energie unterstützt hätte.

Man könnte hier also eine »typisch weibliche Opfergeschichte« erzählen: Beginnend damit, dass die Ehefrau vom Ehemann in den 1990ern verlassen wurde, die Wohnung wurde von diesem über Nacht leer geräumt, weil sie in Vollzeit arbeiten ging und zu wenig zu Hause war für ihn als Frührentner. Man könnte sie weiter in diesem Sinne porträtieren als Mutter und Großmutter, die mit Stärke und finanziellem Input die nach dem tödlichen Unfall des jungen Schwiegersohnes psychisch und materiell sehr belastete Tochter und ihre Enkel unterstützte, ohne an sich zu denken, die auch neben der kraftraubenden Schichtarbeit in Vollzeit mit vielen Überstunden am Wochenende »zum Helfen« in ihr Altenpflegeheim kam, wenn die Chefin sie anrief, weil jemand ausgefallen war. Daneben unterstützte sie auch bis zu deren Tod vor vier Jahren noch von ihrem Gehalt mit zuletzt 600 Euro monatlich die in Kroatien im Altenheim lebende Mutter (deren eigene Rente nur 70 Euro betrug, die für die Unterhaltskosten des Heims von 500 Euro nie gereicht hätten). Eine Frau also, die – typisch – für sich nicht, aber für alle anderen, vor allem für die Familie, (vor-)sorgte: finanziell, emotional, als Organisatorin des Alltags des familiären Kollektivs. Dabei und dafür hat sie sich eine respektable gesellschaftliche Position erarbeitet: Noch heute wird sie von ihren ehemaligen Kolleginnen respektvoll »Schwester Dawina« genannt, und viele kennen sie, wenn sie in der Gegend ihres alten Arbeitsortes spazieren geht.

Dawina Bublica ist 1969 aus einer Kleinstadt in Kroatien zum Arbeiten nach München gekommen, weil ihr Vater (mit deutschen Wurzeln) meinte, im Kommunismus in Jugoslawien *»werde es nichts«*, sie solle nach Deutschland gehen. Dieses Land, dieser Staat hatte etwas von der Verheißung eines besseren, sichereren Lebens. Dies vermittelte ihr Vater, ein Lehrer, der im Kommunismus entlassen wurde und sich als Landarbeiter verdingte, er schickte sie in das Arbeitskräfte suchende Deutschland, obwohl ihm immer viel daran lag, *»die Familie zusammenzuhalten«*. Von diesem ihrem Deutschland – stolz betont sie, neben dem kroatischen inzwischen auch den deutschen Pass zu besitzen –, fühlt sie sich jetzt im Stich gelassen: Wohnungen werden abgerissen, sie, die jahrzehntlang hier gearbeitet und eingezahlt hat, kann sich keine leisten, für sie wird nichts getan, sie fühlt sich abgehängt und weint fast im Interview. *»Ich habe 44 Jahre, seit 1969 gearbeitet, nie einen Cent geschenkt bekommen.«*

Man könnte die Geschichte der 65-jährigen Dawina Bublica auch anders erzählen: Gerade unter dem Fokus, dass ihre Arbeit Dienst an der Familie und deren erfolgreichem sozialen Aufstieg gewesen ist, ist sie nicht einfach nur Opfer der doppelten Belastung, sondern eine Macherin, eine Gestalterin, das Familienoberhaupt. Wie es ihr von ihrem Vater vorgelebt worden ist, hat sie immer alle und alles zusammenzuhalten versucht. Es war bisweilen auch ein Kampf ums Überleben – als die ältere Tochter jung ihren Mann durch einen Unfall verlor und zur Zeit des Jugoslawienkrieges in den 1990ern seine Lebensversicherung erst einmal auf Eis lag – auch darum musste sie sich kümmern und dort zu den Ämtern gehen, bis das Geld kam. Oft sei das Geld so knapp gewesen in dieser Zeit, dass sie zu einer kirchlichen Einrichtung musste, die ihr Lebensmittel gab.

Aus beiden Töchtern und den drei Enkelinnen ist gleichwohl *»etwas geworden«*. Alle drei Enkeltöchter waren auf dem Gymnasium, hatten Auslandsaufenthalte, die die Großmutter durch Bezuschussung möglich machte. Sie hat lange, bis zu ihrer Verrentung, ihr kleines Auto gehalten, damit die Enkeltöchter es nutzen konnten. Derzeit unterstützt Dawina Bublica die jüngere Tochter unentgeltlich beim Aufbau ihrer Zahnarztpraxis, die sie im Münchner Umland übernehmen konnte. Da ihre Tochter so viele Kredite abbezahlen muss, möchte Dawina Bublica – wir haben mehrfach ungläubig nachgefragt – von ihr kein Geld nehmen. Sie arbeitet mindestens zweimal die Woche in den Stoßzeiten in der Praxis an der Rezeption, ist überdies als »Hygienebeauftragte« verantwortlich für die penible Einhaltung von Sauberkeit. Und sie konnte, wie sie freudestrahlend erzählte, der Tochter bei der Einrichtung der Praxis wirklich Geld einsparen. So handelte sie resolut einen Rabatt für die 60.000 Euro teuren Behandlungsstühle aus. Die Tochter ist ihrer Mutter unendlich dankbar, lädt sie immer zum Essen ein, schenkt ihr teure Kleidung oder, um sie zu verwöhnen, eine Kaffeemaschine. Dafür hat die ganze Familie zusammengelegt. Viel Wärme und Freude spricht aus der Stimme Dawina Bublicas, wenn sie fast schwärmerisch vom gemeinsamen Shoppen mit ihrer Tochter erzählt:

>Mama, morgen starten wir wieder zusammen, dann gehen wir zusammen zum Essen und hinterher zum Einkaufen.< [...] Die hat mir jetzt schöne Stiefel gekauft [...]. Dann hat sie mir so Pullover, schön warme, gekauft. [...] Schuhe, so teuer, hat sie mir gekauft, [...] und dann hat sie mir eine Tasche gekauft, lauter schöne Sachen. Und dann hat sie mir Schmuck gekauft, und hat gesagt: >Mama, zieh was Schönes an.<

Dawina Bublica begreift diese Geschenke jedoch keinesfalls als eine materielle Gegenleistung für ihre Unterstützung und aktuelle Mitarbeit in der Praxis, sondern sie bewertet sie als das Zeichen wechselseitiger Anerkennung von Tochter und Mutter, von Nähe und Aufmerksamkeit. Es geht ihr nicht um den Wert der Luxusgeschenke, sondern sie sieht hier die symbolische Geste des Dankes für ihren Einsatz. Der Zusammenhalt der Familie ist ihr größter Lohn: »*Wir verstehen uns alle wirklich gut. Ich glaube, diese Energie, die ich jetzt habe*«, meint Dawina Bublica, »*die habe ich von meinen Kindern.*«

Auch wenn Spannungen im Interview mit uns Außenstehenden nicht näher thematisiert würden und manches im Stolz auf die Töchter und Enkel vielleicht etwas geschönt sein dürfte, wird unter dem Strich doch klar: Arbeit in diesem Familiensystem ist hier nichts, was rational und materiell verrechenbar ist, sondern ein wechselseitiger, aufmerksamer Liebesdienst, von dem jede Einzelne und vor allem aber auch das Kollektiv profitieren. Doch es ist für alle Familienmitglieder eine Arbeit unter besonderer Nähe. Alle stehen sie in einem komplexen, nicht formalisierten Abhängigkeitsverhältnis, wie es in ländlichen Gesellschaften oft üblich war und ist. Es geht hier primär um das Funktionieren des Familienkomplexes als Ganzes. Dieses System läuft durch den Einsatz aller, durch ein ausgefeiltes Tauschsystem von Gaben und Gegengaben, von wechselseitigen Verpflichtungen.

Dieses System der Tauschwege und des Denkens im und für das Kollektiv dient zweifelsohne dazu, die Bindungen zu verstärken. Doch es hat den Preis des Ausgeliefertseins, der fehlenden individuellen Selbstbestimmung, die sich bei Dawina Bublica jetzt fast dramatisch im fehlenden eigenen Wohnraum manifestiert. Und es schafft komplexe Abhängigkeiten, die dort zu Reibungen führen, wo die Ressourcen nicht innerhalb der Familie bereitgestellt und getauscht werden können. So müsste die ehemalige Altenpflegerin, um eine Wohnung zu erhalten, entweder formell Geld verdienen, etwa einen Minijob von der Tochter, der Zahnärztin als formeller Chefin, erhalten. Dann könnte sie mit einem weiteren Einkommensnachweis auf dem offiziellen Mietmarkt mit besseren Chancen eine Wohnung suchen.

Die im Familiensystem vorgesehene Lösung, irgendwann zu der jüngeren Tochter, der Zahnärztin, zu ziehen, wenn diese es schafft, mit ihrem ebenfalls gut verdienenden Ehemann im Münchner Umland auch noch ein Haus zu bauen, passt Dawina

Bublica trotz der gegenwärtigen prekären Lage nicht recht: Hier wäre sie den ganzen Tag allein, isoliert von ihren Kontakten rund um ihren ehemaligen Arbeitsplatz, und sie hat Angst davor, »*dass ich eingesperrt wäre [...]. Ich bin ein Mensch, der gerne rausgeht.*« Sie verweist bei diesem wenig attraktiven Zukunftsszenario – eines Lebens in der Vorstadt unter dem Dach der berufstätigen Tochter – auf ihre eigene Mutter, die im Alter nicht zu ihr nach Deutschland ziehen wollte. Sie habe sich bei ihren Besuchen in München immer einsam gefühlt, denn sie, die Tochter, habe ja auch den ganzen Tag und oft auch am Wochenende gearbeitet.

Dawina Bublica selbst stellt sich für ihre Zukunft vor, auch mal wie ihre eigene Mutter in Kroatien in ein dort günstigeres Seniorenheim zu ziehen, nur nicht den Töchtern »*zur Last fallen*«. Sie würde sogar jetzt schon in einer Wohnanlage für Senioren eine kleine Wohnung nehmen – »*alt bin ich ja auch*« –, alles ist besser, als keinen Rückzugsraum zu haben, auch wenn sich niemand beklagt und sich alle Mühe geben. Sie war immer die Gebende, und jetzt abhängig zu sein, ist schwer. Sie kommt sich »*wie ein Bettler*« vor. »*Dabei will ich gar nicht so viel.*«

Diese Geschichte des unermüdlichen Einsatzes für die Familie, die Dawina Bublica neben aller Sorge auch Anerkennung und Stolz, Respekt und Dank durch teure Geschenke einbringt, ist wahrlich eine Aufstiegsgeschichte: Die Migrantin, die als junge Frau hier zunächst als Servicekraft und Hilfspflegerin anfing und sich nach der Scheidung noch mit Anfang 40 zur Altenpflegerin und dann zur Stationsleiterin ausbilden ließ, konnte ihren Töchtern und jetzt den Enkelinnen den Aufstieg in akademische Berufe ermöglichen. Sie selbst hat hier für den Erfolg einen hohen Preis bezahlt: Ihr Körper ist wie der vieler älterer Pflegekräfte durch die Pflegearbeit mit Mitte 60 »*kaputt*«, sie hat, weil alles Kapital in das Familienkollektiv floss, keine finanziellen Rücklagen bilden können. Doch immerhin kann sie jetzt als Großmutter den Staffelstab der Sorge für die Familie ein Stück weit an die gut verdienende jüngere Tochter weitergeben. Die Zahnärztin, selbst kinderlos, wird jetzt beispielsweise Dawina Bublicas Enkelin, ihrer Nichte, durch Kontakte an die Uni und durch finanzielle Unterstützung den Weg zum Studium ebnen helfen und damit auch den Aufstieg des Familienkollektivs sichern. Die Großmutter wird jetzt unterstützt und entlastet. Dies erscheint ihr nicht nur legitim, sondern sie ist sichtlich stolz, dass ihre Tochter es so weit gebracht hat, dass sie hier Verantwortung übernehmen kann.

Der positive Aspekt der Abhängigkeit von der Familie ist der Erfolg, den diese als Ganzes dank des Einsatzes aller Mitglieder aufzuweisen hat. Andererseits wiegt angesichts der Wohnungsproblematik die Abhängigkeit vom Familiensystem schwer. Hier nicht mehr mit dem gewohnten Spielraum agieren zu können, hat für die immer autarke, selbstständige Frau, die Chefin auf der Station und in der Familie, etwas Entwürdigendes. Dawina Bublica hat kein Problem, immer wieder bei den Ämtern, insbesondere dem Wohnungsamt, vorzusprechen oder hier Hilfe in Anspruch zu nehmen, wenn es sie denn gäbe – denn dafür hat sie ein Leben lang gearbeitet. Im Alter von der eigenen Rente eine Wohnung nicht finanzieren zu können, dies ist vielleicht das, was am meisten demütigt, der größte Stress.

Zugespitzt ergibt sich zum Schluss diese Perspektive: Dawina Bublica hat mit ihrer Familie genau das umgesetzt, was der Staat und die Gesellschaft erwarten: Die Einwanderer-Familie ist hier erfolgreich angekommen. Die zweite und dritte Generation erfüllen, nicht zuletzt dank Dawina Bublicas Einsatz und Vorbild, die gesellschaftlichen Erwartungen. Töchter und Enkeltöchter steigen sozial auf. Die ehemalige Altenpflegerin und alleinerziehende Mutter kann nicht verstehen, weshalb diese Gesellschaft, dieser Staat sie jetzt im Alter mit ihren Problemen hängen lässt, nachdem sie als Alleinerziehende ohne Unterstützung Kinder und Enkelkinder unter erheblichen Belastungen großgezogen hat und nachdem sie als Altenpflegerin »*für nichts*«, für wenig Geld, die Alten dieser Gesellschaft gepflegt hat. Nie habe sie diesem Staat auf der Tasche gelegen. Sie ist enttäuscht und wütend: Das Versprechen, im Alter mit einer auskömmlichen Rente sicher leben zu können, wurde nicht erfüllt, obwohl sie selbst alles getan hat, was der Staat von seinen Bürgerinnen und Bürgern erwartet. Sie hat die Ernährerrolle lange Jahre in Vollzeitarbeit übernommen, eine Führungsposition als Stationsleiterin inngehabt und zugleich ihre Rolle als Mutter und Großmutter erfüllt. Dieser Dienst an Familie und Gesellschaft wird ihr jetzt schlecht entlohnt.

Nachtrag: In einem Telefonat fast genau drei Jahre später, Ende 2017, erfuhren wir von Dawina Bublica, dass ihre Wohnungssuche endlich erfolgreich war. Über das kommunale Wohnungsamt hat sie am östlichen Rand von München eine für sie ausreichend große Wohnung gefunden, für 765 Euro. Die Garage, die mit dabei ist, muss sie allerdings mitbezahlen, obwohl sie kein Auto besitzt. Mit ihrer Rente kommt sie bei größter Sparsamkeit gerade so hin, und sie wird ja auch weiterhin von ihrer Familie immer mal beschenkt. Dawina Bublica kann jetzt endlich wieder Freundinnen zu sich einladen, das soziale Umfeld dafür muss sie sich aber nun am Stadtrand erst wieder aufbauen. Mit dieser lang ersehnten eigenen Wohnung kommt sie, wie sie zufrieden bemerkt, nun endlich, nach mehreren Jahren Wohnungslosigkeit, zur Ruhe.

Sofija Djukic

Auf der Beratungsstelle – Im Alter nirgends angekommen

ESTHER GAJEK

Sofija Djukic ist schon früher zu unserem Termin gekommen. Sie sitzt vor der Tür der Beratungsstelle, über die sie mir vermittelt wurde, auf einer Bank. Auf dem Schoß hat sie ihre schwarze Handtasche – fest umklammert. Neben ihr liegt ein Stoffbeutel mit einem Ordner. Er enthält ihre wichtigsten Unterlagen. Mit ihrer gebückten Haltung, ihren tiefen Falten, ihrem schwarzen Mantel, dem dunklen Kopftuch, der dicken Hornbrille und dem Blick, der sich nur selten auf das Gegenüber richtet, erinnert sie mich sofort an meine Urgroßmutter, wie sie mit Mitte 90 aussah: eine kleine, schwarz gewandete, in sich zurückgezogene Frau, die sich im Leben außerhalb ihrer Wohnung nicht mehr recht auskannte. Aber Sofija Djukic ist erst 72.

In den letzten Jahren saß sie oft auf dieser Bank – vor dem Zimmer der kirchlichen Sozialberatung, die von vielen Bedürftigen aufgesucht wird. 2016 hatte die Beraterin 587 Termine mit 176 Klientinnen und Klienten, vor allem Personen mit Migraionshintergrund, vor allem alleinstehende Frauen, viele davon im Ruhestand. Sofija Djukic ist ein typischer Fall. Die Folgen harter Arbeit im Niedriglohnsektor, in dem Sofija Djukic Jahrzehnte gearbeitet hat, haben zu körperlichem Verschleiß und mit rund 550 Euro Rente zu einer Bedürftigkeit auf vielen Ebenen geführt. Alleinstehend und mit geringen Deutschkenntnissen ist sie mit Armut und damit einhergehend vielen Problemen konfrontiert. Ständig fehlt es an Geld, obwohl ihre Rente mit Grundsicherung aufgestockt wird. Die circa 300 Euro, die nach Abzug von Miete, Strom, Telefon und Monatsticket noch übrig bleiben, reichen hinten und vorne nicht, und weil es ihr schwerfällt, sich Informationen zu beschaffen, sucht Sofija Djukic immer wieder Hilfe bei ihrer Beraterin. Zuerst ging es darum, die Zweizimmerwohnung mit Balkon, die nicht mehr zu halten war, gegen eine kleine Einzimmerwohnung ohne Balkon zu tauschen, dann war eine Zuzahlung zur Brille nötig, später eine aufwendige Zahnbehandlung, und das letzte Mal stand eine »Übersetzung« aus dem Amtsdeutsch an. Die Beraterin füllte mit ihr Anträge aus, sah ihre Post durch, legte einen Ordner mit allen wichtigen Unterlagen an, gab ihr – gegen Vorlage von Quittungen – manchmal sogar Bargeld oder – zu Weihnachten – Gutscheine; sie beantragte, als die alte Frau depressiv und unterernährt war, für sie eine Kur und hat sich um den Schwerbehinderten-Status gekümmert, der viele Ermäßigungen mit sich bringt. Mitunter versorgte sie Sofija Djukic auch mit Lebensmitteln und Kleidern: »*Wenn ich merke, es klemmt total, dann, wissen Sie, bekommen Sie etwas*«, sagt sie zu ihrer Klientin. Diese ist dankbar für jede Hilfe, weil sie sich selbst in vielem nicht zu helfen weiß. Auch bei unserem Gespräch ist die Beraterin fast die ganze Zeit mit dabei und versichert Sofija Djukic immer wieder, dass es in Ordnung gehe mit den Fragen und sie nichts zu befürchten habe. Alles, was mit Ämtern zu tun hat, macht der 72-Jährigen Angst.

Das größte Problem ist die Sprache. Sofija Djukic hat im Deutschen keinen großen Wortschatz, versteht schon die Beraterin nicht gut und erst recht nicht die Behördensprache in den Schreiben der Ämter. Selbst nach über 40 Jahren, die sie inzwischen in Deutschland lebt, kann sie kaum Deutsch schreiben. An ihrem früheren Arbeitsplatz, Vollzeit als Hilfskraft in der Wäscherei, und beim abendlichen Putzen in Schwarzarbeit hat sie sich nicht geschont: »*Ganze Tag Arbeit. Und Arbeit privat gehen auch arbeiten, privat.*« Die Folgen waren der Vorruhestand mit 59 Jahren und seit Längerem chronische Schmerzen. Ihre Sprachkenntnisse im Deutschen hatte Sofija Djukic mit ihren meist ausländischen Kolleginnen nicht vertiefen können. Für Deutschkurse, die ohnehin lange Zeit für »Gastarbeiter« nicht bereitstanden, hatte sie wahrscheinlich keine Zeit und nicht die Mittel. Kontakte mit den Kolleginnen entstanden auch nur spärlich. Im Alter fehlen jetzt Begegnungen und Austausch; schlechte Gesundheit und geringe Rente kommen hinzu, und mit den Depressionen verstärkt sich auch der Rückzug: »*Aber letzte Zeit ich keine Lust spazieren gehen, aber alleine, ganz alleine spazieren, das ist keine Lust, nicht?*« Der Verlust von Handlungsmöglichkeiten durch fehlende Autonomie, die nicht mehr gewohnte Eigenverantwortung, schlechte Gesundheit, mangelnde Kontakte und wenig Geld führen zur Isolation und lassen Sofija Djukic nicht nur wesentlich älter erscheinen; auch entsteht der Eindruck, dass sie fast am Ende ihres Lebens angekommen ist. Inzwischen, ein Jahr nach unserem Gespräch, kann sich Sofija Djukic nicht mehr alleine helfen und lebt in einem Pflegeheim.

Früher hat sich Sofija Djukic ausgekannt, hat sich weniger gefallen lassen und mehr gewagt als viele gleichaltrige Frauen aus ihrer Heimat, ließ sich nach zehn Jahren unglücklicher Ehe scheiden und ging Anfang der 1970er-Jahre ins Ausland, um dort zu arbeiten. Die Kinder musste sie bei den Großeltern ihres Mannes in Serbien zurücklassen. Sie schickte monatlich Geld nach Hause, denn der Vater der Kinder zahlte nichts. Es war so viel, dass die ganze Familie dort davon leben konnte:

Ich schicken 500 Mark für alle zwei Kinder. Alle zwei essen und zur Schule gehen, und ich kaufe für Schule alles, hier kaufen alles und nach Hause mitnehmen alles, alle. Opa nichts kaufen, nichts mehr.

Sooft sie konnte, fuhr sie nach Serbien und versorgte dort die Kinder:

Ich gehe vielmal. Wenn Wochenende frei, ich gehe nach Hause und dann eine Woche Arbeit [...] Ich nichts denken, das ist teuer. Muss gehen. Kinder schauen Mama, die besser waschen und besser bügeln und alles.

Als die Tochter 23 war und die Großeltern gestorben waren, kam sie zur Mutter nach München, wurde sofort schwanger und heiratete ihren Freund. Sofija Djukics Sohn blieb in Serbien, bekam mehrere Kinder und ernährt – wie damals seine Mutter – bis heute die in seinem Fall achtköpfige Familie:

Weißt du, dass diese meine Sohn arbeitet nachts, Firma arbeitet nachts und dann ganze Tag privat gehen Arbeit. Und da Personen essen von meine Sohn, alleine Arbeit. Andere nichts Arbeit. Schwiegertochter nichts Arbeit. Opa, Enkel, nichts Arbeit. Zwei Enkel, nichts Arbeit.

Weder in der kleinen Wohnung des Sohnes in Serbien noch bei der Tochter in München ist Platz für Sofija Djukic, und beide können sie nicht finanziell unterstützen. Das macht sie traurig, wo sie doch früher alle ernährt hatte. Noch mehr bekümmert sie aber, dass sie mit Tochter und Enkel in München so wenig Kontakt hat.

Das ist. Viele Leute sagen mir, hast du viel Glück, deine Tochter hier. Was machen meine Tochter? Meine Tochter hilft nicht mehr, interessiert dich nichts. Meine Tochter selber Interesse, selber, selber, aber mehr nicht Interesse.

Die Erwartung, dass sich die Tochter um sie im Alter kümmern würde, hat sich nicht erfüllt. Das Gegenteil ist der Fall, denn die Tochter habe die Mutter finanziell ausgenützt, statt ihr zu helfen. Das ist bitter für Sofija Djukic. Die Rentnerin ist inzwischen ganz alleine: Die einzige Kollegin, mit der sie noch Kontakt hatte und sich regelmäßig traf, ist gerade gestorben und fehlt ihr sehr:

Ja, aber mir ganz tut weh. Das ist diese angerufen von mir. Jeden Tag zweimal angerufen, fragen, wie geht es dir und was machen und so und so.

Mit den Nachbarn hat sie keinen Austausch, und die Kontakte zu den Mitgliedern ihrer Kirchengemeinde bestehen nicht mehr, weil sie die langen orthodoxen Messen buchstäblich körperlich nicht mehr durchstehen kann. Selbst familiäre Beziehungen funktionieren nicht: Ihre vor Ort lebende Tochter ist ganz auf sich bezogen, der Sohn in Serbien muss sich selbst um seine große Familie kümmern und kann mit ihr, wenn sie ihn besucht, keine Zeit verbringen. Die anderen familiären Kontakte in Serbien liegen brach, weil die dortigen Besuche mit hohen Reisekosten und großen, teuren Gastgeschenken verbunden sind.

Mit ihren Fragen und Problemen weiß sich Sofija Djukic nicht allein zu helfen. Sie ist auf die Beratungsstelle angewiesen. Zur Zeit unseres Interviews ging es zum Beispiel um die Frage, warum die Rentenzahlung aus Frankreich, wo sie zwei Jahre lang gearbeitet hatte, bevor sie nach Deutschland kam, nicht mehr erfolgt. Die bilateralen Verhandlungen zwischen den beiden Rentenversicherungen, die von der Beratungsstelle für Sofija Djukic angestrengt wurden, ziehen sich seit Monaten hin und sind kompliziert. Weil die Rentnerin versäumt hat, eine sogenannte Lebensbescheinigung zu schicken, die Jahr für Jahr ausgestellt und versandt werden muss, wenn man Rente aus dem Ausland beziehen will, gehen die französischen Behörden davon aus, dass sie nicht mehr lebt und haben die Zahlungen eingestellt. Jetzt wird alles getan, um Zahlung wiederaufleben zu lassen, denn man weiß, wie nötig Sofija Djukic diese 58 Euro pro Quartal hat. Allerdings würde diese Summe gleich wieder auf die Grundsicherung angerechnet, sodass der Rentnerin dieser Betrag kein höheres Einkommen bescheren würde. Vielleicht aber wäre es wenigstens positiv für ihr Selbstwertgefühl, diesen ihr zustehenden Lohn für ihre geleistete Arbeit am Ende auch tatsächlich zu bekommen, zumal sie für dessen Erhalt wieder kämpfen muss.

Auch eine weitere, sehr aufwendige ärztliche Behandlung steht an, denn Sofija Djukic hat seit Wochen so starke Schmerzen im Kiefer, dass sie diesen immer durch das Tragen eines Kopftuches warmhalten muss. Wieder wird die Beraterin ihr zur Seite stehen: beim Verfassen des Antrages, bei Verhandlungen mit der Krankenkasse, beim Suchen von Stiftungen zur Finanzierung dessen, was die Krankenkasse nicht übernimmt, beim Durchgehen des Heil- und Kostenplanes und beim Vereinbaren der Behandlungstermine. Aber es sind nicht nur behördliche Angelegenheiten, die die Beraterin für Sofija Djukic regelt. Über die vielen Jahre ist ein vertrautes Verhältnis entstanden. Die Beraterin weist Sofija Djukic auf kostenlose Ausflüge hin, fragt, ob sie Begleitung von Ehrenamtlichen beim Arztbesuch bräuchte, und hakt fürsorglich nach mit Fragen, die sich um das regelmäßige Essen, den täglichen Spaziergang und die Abendgestaltung drehen. Sofija Djukic holt sich hier, in der Beratungsstelle, Ratschläge und sogar Anteilnahme.

Im Augenblick unseres Gespräches äußerte Sofija Djukic ein weiteres Problem: Starke Schmerzen in den Beinen erschweren ihr das Gehen. Physiotherapie will sie sich nicht verordnen lassen, weil sie Angst hat, dass es ihr so geht wie beim letzten Mal, als sie die gesetzlich geregelte Zuzahlung, die jeder Krankenversicherte zu leisten hat, nicht verstand, verweigerte und dann mehrfach gemahnt wurde, aber nicht reagierte:

16,50 Euro. Was ist da los? Ich frage [die Physiotherapeutin] *meine Befreiung geben? Die sagen, fragen. […] Kann nichts zahlen. Selber schreiben Brief. Und ich gebe* [den Brief der Physiotherapeutin]*, ich sage: Schau mal, warum du schicken diese Brief? Warum? Schau mal, schmeißen Abfallkorb.*

Das Misstrauen gegen Ämter und ihre mangelnden Deutschkenntnisse haben sie erneut in eine für sie ausweglose Lage gebracht. Auch dieses Problem wird die Beraterin wieder für sie lösen, und nicht zuletzt sorgt sie schon jetzt vor, wie und wo Sofija Djukic beerdigt werden will, und sie kümmert sich darum, dass sie ein Testament verfassen wird.

Sie müssen schreiben, wo Sie gerne begraben werden wollen, sonst macht Ihre Tochter nicht, was Sie wollen, sondern, was am einfachsten ist.

Maiana Dovan

Vom großbürgerlichen Gut zur Sozialwohnung

ALEX RAU

Maiana Dovan hat einen kleinen Garten voller Blumen. Dieser gab ihr Kraft und war ein Ausgleich während der vier Jahre, in denen sie ihren krebskranken Mann pflegte. Sie lebt in einer kleinen Sozialwohnung, nicht weit entfernt von der offenen Altenhilfe, einer sozialen Einrichtung des Bayerischen Roten Kreuzes, die fester Bestandteil ihres täglichen Lebens geworden ist. Maiana Dovan genießt vor allem das Werkeln in ihrem Garten, dort hat sie es sich schön gemacht und verbringt gerade jetzt im Spätsommer die lauen Abende draußen. Mit ihren 85 Jahren scheint dies wohl der letzte Ort zu sein, an dem sie sich wie schon so oft in ihrem Leben neu eingerichtet hat, so hofft sie zumindest.

Aufgewachsen auf einem Gutshof im heutigen Moldawien führte ihr Lebensweg sie über verschiedene Etappen in diese kleine geförderte Wohnung nach München. Ein mit den Migrationserfahrungen verbundener kontinuierlicher sozialer Abstieg, dem sie sich trotz oft widrigster Umstände immer wieder innerlich wie äußerlich anzupassen wusste – es musste schließlich sein. Heute bezieht sie Grundsicherung, ist gezwungen, mit den ihr zur Verfügung stehenden knappen finanziellen Mitteln zu wirtschaften:

Weil ich brauche auch Medikamente für Augen, und das wird nicht bezahlt von Krankenkasse, […] fast 50 Euro monatlich, muss ich geben für Medikamente. […] Und zum Beispiel, ich habe fünf Paar Schuhe, schauen Sie, Entschuldigung. Schauen Sie. Die brauchen Reparaturen.

Hinzu kommt ihre Osteoporose, die sie zunehmend körperlich einschränkt. Dennoch scheint Maiana Dovan zufrieden, ist froh über die Unterstützung des Sohnes, der schon jetzt ihre Einkäufe erledigt oder bei schweren Gartenarbeiten hilft. Dieser wohnt heute nur einige Gehminuten entfernt. Die Diskrepanz ihres gegenwärtigen Lebens in relativer Armut zu ihrer Herkunft könnte größer nicht sein.

Vertreibung aus Bessarabien

Maiana Dovan ist 1930 in der Region Bessarabien geboren. Die Region ist heute ukrainisches und zum Großteil moldawisches Staatsgebiet, damals war sie die östlichste Provinz Rumäniens. Dort verbrachte sie eine wohlbehütete Kindheit und Jugend auf dem elterlichen Gut. Eine Schwarz-Weiß-Fotografie, die die gesamte Großfamilie, Maiana Dovan als sechsjähriges Kind, an reich gedecktem Tisch auf einer großen Terrasse vor dem Anwesen zeigt, dient ihr heute als letztes Zeugnis des damaligen sozialen Status. Es fehlte ihr und ihrer Familie an nichts, Maiana Dovan besuchte ein Mädchengymnasium, das sie erfolgreich abschloss, und heiratete mit 17 Jahren ihren Mann. Die Ehe hielt über alle Wechselfälle des Lebens hinweg bis zu seinem Tod. Infolge der politischen Verhältnisse in ihrer Heimatregion nach dem Zweiten Weltkrieg erlebte sie in den 1950er-Jahren mit Mitte 20 jedoch zum ersten Mal Armut. Die Konflikte zwischen Rumänien und der Sowjetunion spitzten sich zu. Das Jahrhunderte lang als Pufferregion zwischen den Großmächten geltende multiethnische Bessarabien war wieder einmal hart umkämpft und wurde nach dem Zweiten Weltkrieg der Sowjetunion zugeschlagen. Vom Onkel vor einer Deportation nach Sibirien gewarnt, flohen Maiana Dovan, die gerade zu dieser Zeit ein Kind erwartete, und ihre gesamte Familie in einer

Nacht- und Nebelaktion aus der nun sowjetisch besetzten Region und mussten ihr gesamtes Hab und Gut zurücklassen.

Wir waren Flüchtlinge aus Bessarabien, [...] als ich habe bekommen mein Sohn. Ich war mit 17 verheiratet, und arm, weil in Bessarabien wir haben verloren alles, das Gut von Großeltern und von Eltern. Ach, ist ein lange Geschichte.

Ihr Weg führte sie circa 800 Kilometer westlich in den rumänischen Teil des Banats, in eine Kleinstadt in der Nähe von Timişoara. Dort kam ihr Sohn zur Welt. Gemeinsam baute sich die junge Familie ein neues Leben auf. Mit nicht viel in der Tasche dort angekommen, schafften sie es dennoch, sich durch harte Arbeit aus den ärmlichen Verhältnissen zu befreien. Mehr noch, ihr relativer sozialer Aufstieg, in dem seit 1965 durch Nicolae Ceauşescu kommunistisch regierten Rumänien führte sogar dazu, dass Maiana Dovan nicht mehr arbeiten musste, da ihr Mann, mittlerweile Leiter einer Kooperative im Bereich der Fernsehtechnik mit elf Angestellten, genug verdiente, um alleine die gesamte Familie zu ernähren.

Weil ich war Hausfrau, trotz dem Gymnasium, aber mein Mann wollte nicht, dass ich arbeite. Weil er als Fernsehtechniker, er hat gut verdient.

So vergingen die Jahre, der Sohn wuchs heran und genoss eine gute Schulbildung. Die Familie hatte, wie Maiana Dovan rückblickend resümiert, keinen Mangel mehr. Sie besaßen sogar ein Auto, und obwohl ihr Bewegungsradius auf die kommunistisch regierten Länder begrenzt war, machten sie viele Reisen:

Wenige Menschen haben Auto gehabt. Aber wir hatten diese Möglichkeit, wir haben besucht ganze Land. [...] Und wir haben gut, sehr gut gelebt.

Doch ausgerechnet ihr Sohn, der nach dem erfolgreichen Abschluss des Gymnasiums und des Armeedienstes eigentlich vorhatte, ein Studium zum Autobauingenieur zu absolvieren, setzte die Familie erneut in Bewegung:

Er war sehr unzufrieden, kluger Junge, hat gelesen sehr viel. [...] Und er wollte in Freiheit leben und hat kritisiert diese kommunistische Regierung.

Aus seiner ablehnenden Haltung gegenüber dem Ceaușescu-Regime machte der Sohn von Maiana Dovan, zur großen Besorgnis seiner Mutter, kein Geheimnis: *»Er war ehrlich, und er hat nicht erkannt, wie gefährlich dies* [war], *was er hat geredet.«* So kam es, dass er eines Tages einen Anruf eines alten Kameraden aus der Armee bekam, der ihn vor dem Zugriff des Geheimdienstes warnte und vor dem Gefängnis bewahrte.

Flucht aus dem kommunistischen Regime

Noch in derselben Nacht beschloss Maiana Dovans Sohn, das Land zu verlassen. Er packte einige wenige Dinge zusammen und brach im Morgengrauen auf. Mit dem Fahrrad fuhr er zum nächsten Bahnhof, von dort mit dem Zug Richtung Süden in eine kleine Hafenstadt an der Donau und schmuggelte sich auf ein Passagierschiff. Seiner Mutter erzählte er nichts von seinem Plan: *»In dieser Zeit ich war wie verrückt: ›Wo ist mein Sohn.‹ Weinen und Stress und alles.«* Völlig außer sich vor Sorge erfuhr diese erst später von der – am Ende erfolgreichen – Flucht des Sohnes, der nach wochenlangen Strapazen in Deutschland ankam. Maiana Dovan setzte sofort alle Hebel in Bewegung und aktivierte eine alte Freundin aus Schulzeiten, die bereits in Deutschland lebte, um ihrem Sohn zu helfen. Als er vor ihrer Haustür stand, habe diese ihn zuerst nicht erkannt – so verwahrlost muss er ausgesehen haben – und wollte ihn zunächst wieder fortschicken. Doch sie gewährte ihm Unterschlupf und half ihm, eine kleine, günstige Einzimmerwohnung zu mieten. Seine Studienpläne legte der Sohn erst mal auf Eis und begann als Fernfahrer bei einem großen Autokonzern zu arbeiten, um zunächst ein geregeltes Einkommen zu erwirtschaften.

Für Maiana Dovan und ihren Mann wurden die Lebensverhältnisse in Rumänien zunehmend schwerer. Die Überwachung durch den rumänischen Geheimdienst Securitate nahm zu. Zwar waren sie finanziell immer noch relativ gut gestellt. Dennoch hatte ihr gesellschaftliches Ansehen aufgrund der Fluchtgeschichte des Sohnes gelitten:

Behörden haben uns toleriert. Aber nicht mehr mit so großem Respekt für uns. Immer wenn wir einen Antrag gestellt haben, es war schrecklich. Wenn ich habe gebraucht ein Sack Zement für Reparaturen für Haus, eine Frau, eine Kommunistin [...], hat geschrieben an mich: ›Bringt erst den Sohn nach Hause, und dann kommst du wieder mit dem Antrag. Wir machen für Sie nicht so leicht wie für die anderen, weil Sie sind schuld wegen schlechter Erziehung für Ihren Sohn.‹ Das waren viele Kleinigkeiten, aber sie haben uns schikaniert.

Außerdem wuchs die Sehnsucht nach ihrem Sohn von Tag zu Tag. Jahre hatten sie sich nun schon nicht gesehen. Der Sohn konnte unter keinen Umständen wieder zurück zu den Eltern, ohne dass ihm eine Gefängnisstrafe drohte. Sie wollte ihn unterstützen, und so wuchs der Wunsch, ebenfalls nach Deutschland zu gehen. Doch das politische Regime erlaubte keine Auswanderung in ein nicht-kommunistisches Land, höchstens ein Besuch von einem der Eheleute erschien vielleicht möglich. Maiana Dovan und ihr Mann beschlossen daher, dass sie nun ein Besuchervisum beantragen würde, weil die *»Securitate hat nicht erlaubt zusammen, weil die haben [...] vermutet. Weil wir beide sind hier und kommen nicht mehr zurück.«* Ihr Antrag wurde genehmigt, ihr Mann blieb zurück, und sie reiste alleine mit dem Zug nach Deutschland. Nach fünf Jahren Trennung holte der Sohn seine Mutter schließlich am Münchner Bahnhof ab. Und sie blieb – für immer. *»Es war so, ich habe geträumt so was, aber ich war nicht so sicher, [...] ob es klappt.«*

So groß die Freude über das lang ersehnte Wiedersehen war, so schwierig waren die Lebensumstände von Mutter und Sohn, gerade in der ersten Zeit. Die mittlerweile 56-jährige Maiana Dovan zog zunächst in die Einzimmerwohnung des Sohnes. Dort lebten sie nun zu zweit überaus beengt, sie schlief in seinem Bett. Diesen Zustand konnte Maiana Dovan nicht lange mit ansehen: *»Ich will nicht, mein Sohn hat auf Boden geschlafen, und am nächsten Tag er sollte mit Auto fahren. Und es war sehr schlimm.«* So suchte sie erneut Hilfe bei ihrer Freundin, die sie kurzerhand bei sich aufnahm und ihr half, eine eigene Wohnung zu finden:

Und sie hat ständig gesucht für mich eine Wohnung. Und die Besitzerin, die Frau Maurer, sie war sehr reich. [...] Und sie hatte eine Wohnung frei. Und [die Freundin] hat gefragt Frau Maurer: ›Bitte gib diese Wohnung an meine Freundin. Sie wäre sehr zufrieden, weil sie ist eine fleißige Frau und kann Ihnen auch helfen.‹

Frau Maurer entschied sich für Maiana Dovan, die schließlich ihre eigene Wohnung bezog. Kurz darauf ging sie zum Arbeitsamt und fand eine Anstellung als Reinigungskraft bei einem Optiker. So konnte Maiana Dovan ihre Miete bezahlen und überleben. Dennoch fand sie sich, wie schon nach der Vertreibung aus Bessarabien, ein weiteres Mal in ärmlichen Verhältnissen wieder:

Am Anfang ich war sehr modest, und ich war anämisch, und ich habe auch fast nichts gegessen, weil ich wollte für meine Mama etwas schicken. Weil dort [in Rumänien] es war große Armut und unmöglich zu leben.

Wo es ging, sparte Maiana Dovan, um ihrer Mutter und auch ihrem Mann einen Teil ihres Lohnes zu schicken, da sich die Lebensverhältnisse in Rumänien durch den allmählichen Niedergang der Planwirtschaft und der folgenden Sparpolitik Ceaușescus seit den 1980er-Jahren drastisch verschlechtert hatten.

Nur ein Jahr arbeitete Maina Dovan als Reinigungskraft. Dann bot Frau Maurer ihr eine Stelle als Hausmeisterin an, nachdem die begeisterte Gärtnerin, die viel Zeit und Energie in die Bepflanzung des Innenhofes steckte, die Hausbesitzerin von ihren Fähigkeiten überzeugt hatte. Fast 20 Jahre sollte sie diese Stelle behalten, die zuvor von zwei Personen durchgeführt worden war. Nach zwei Jahren Arbeiten und Leben in Deutschland erhielt ihr Mann ein Ausreisevisum und konnte auf legalem Wege zu seiner Familie nach München kommen. Von da an erledigten sie die Hausmeistertätigkeiten gemeinsam und lebten zusammen in Maiana Dovans Wohnung. Der Mann erhielt von Frau Maurer ein zusätzliches kleines Zimmer im selben Gebäude und konnte sich dort mit kleineren Fernsehreparaturen noch etwas dazuverdienen. Er hatte es außerdem geschafft, durch den Verkauf des Autos sowie einigen Mahagonimöbeln und Perserteppichen, die das Ehepaar in Rumänien besessen hatte, etwas Geld nach Deutschland mitzubringen. Das Haus, das Maiana Dovan gehörte, wurde nach ihrer illegalen Ausreise jedoch vom rumänischen Staat beschlagnahmt: *»War sofort konfisziert, und jetzt nach 15 Jahre Prozess ich habe noch nichts zurückbekommen und keine Entschädigung.«*

Nach ein paar Jahren verschaffte Frau Maurer dem Ehepaar einen weiteren Kontakt zu einer Anwaltskanzlei im Haus. Auch dort kümmerte es sich nun zweimal wöchentlich um diverse Belange wie Saubermachen oder kleinere Reparaturen. Maiana Dovan übernahm zusätzlich Pflegetätigkeiten für die alternde Frau Maurer, putzte ihre Wohnung, erledigte Einkäufe und kochte für sie. Von Beginn an versteuerte sie ihr Einkommen, sie sei ein ehrlicher Mensch, wie sie betont: *»Ja. Ja, ab Anfang ich wollte immer ehrlich sein. Nicht den Konflikt mit Behörde. [...] Ich war sehr kor-*

rekt.« Gemeinsam erwirtschaftete das Ehepaar Dovan genug zum Leben, es war nicht mehr so viel Gestaltungsspielraum vorhanden wie zu ihren besten Zeiten in Rumänien, aber:

Wir waren zufrieden. [...] Es war alles möglich für uns. Richtig Essen und etwas Kleidung, Schuhe, was nötig war [...].

Bis sich der gesundheitliche Zustand von Frau Maurer drastisch verschlechterte.

Rauswurf aus der Wohnung mit 74

Nach 18 Jahren, die Maiana Dovan in Frau Maurers Haus gewohnt hatte, war sie im Alter von 74 Jahren wieder gezwungen, mit ihrem Mann die Zelte abzubrechen. Frau Maurer wurde schwer krank und war auf professionelle Pflege angewiesen – auf Pflege, die Maiana Dovan nicht mehr leisten konnte. So mussten sie und ihr Mann ihre langjährige Wohnung für eine Pflegekraft räumen, sich ein weiteres Mal ein neues Zuhause suchen. Zum Glück half ihnen Frau Maurer dabei, eine neue Wohnung zu finden: »*Ich habe diese Wohnung bekommen mit Hilfe von Frau Maurer. [...] Und seit elf oder zwölf Jahre ich wohne hier.*« Leider musste Maiana Dovan jedoch feststellen, dass Frau Maurer ihre Hausmeistertätigkeiten nicht korrekt angemeldet hatte und sie viel weniger Rente erhielt als angenommen:

Ich habe Rente nur 100, weil die Frau Maurer war sehr reich, aber sehr geizig. Wegen Geld sie war unmöglich zu verstehen, und sie hat nicht gemacht für mich, alles was sie sollte für mich Rente bezahlen.

Dann erkrankte einige Jahre nach dem Umzug auch ihr Mann.

Weil vier Jahre war er mit Krebs im Hals. Besonderes Essen, pas-

siert und Mixer. Und oft im Krankenhaus und noch mal zurück.
Und ich war immer dabei. Tag und Nacht. Immer, immer. Von
Krankenkasse in dieser Zeit habe ich bekommen 230 Euro mo-
natlich.

Nach dem Tod ihres Mannes ging es ihr psychisch einige Zeit sehr schlecht. Depressionen suchten sie heim, sie wollte niemanden außer ihrem Sohn sehen. Langsam erholte sie sich wieder davon. Überlegte sogar, wieder zu arbeiten: »*Bügeln oder ein Kleinkind betreuen*«, um sich noch etwas dazuzuverdienen, aber die inzwischen vorangeschrittene Osteoporose erlaubte dies nicht.

Maiana Dovan ist heute trotz dieser gesundheitlichen und persönlichen Belastungen und eingeschränkter finanzieller Möglichkeiten zufrieden. Sie hat es nach all den Strapazen, dem Rauswurf aus der Wohnung, der langjährigen Pflege des kranken Mannes geschafft, sich ein weiteres Mal in ihren neuen Lebensumständen einzurichten. Heute lebt sie in einer Sozialwohnung – lediglich ihr Einrichtungsgeschmack und Kleidungsstil lassen die großbürgerliche Herkunft noch erahnen –, und sie bezieht Grundsicherung:

Und seit mein Mann ist gestorben, weil er hat in Rumänien so
viel gearbeitet, aber die Behörde von dort war nicht korrekt zu
ihm, weil wir waren schon Feind für Kommunisten. Und von sei-
ner Rente ich bekomme nur halb, 122 pro Monat. […] Von Ru-
mänien auch nicht richtig, er sollte mehr Rente haben.

Maiana Dovan hat somit 222 Euro Rente, 100 Euro eigene und 122 Witwenrente ihres verstorbenen Mannes. Diese stockt sie mit Grundsicherung auf, in der auch Miet- und Heizkosten enthalten sind. Insgesamt habe sie knapp 300 Euro monatlich zum Leben. Davon braucht die an Osteoporose Erkrankte circa 50 Euro im Monat für solche Medikamente, die ihre Krankenkasse nicht übernimmt. Hinzu kommen oft Posten für die Instandhaltung oder Reparaturen von Dingen des täglichen Gebrauchs, die sie zusätzlich belasten. Für beides würde sie sich mehr Unterstützung wünschen. Auch über die Rentenpolitik des rumänischen Staates ärgert sie sich, dennoch kommt sie notgedrungenermaßen zurecht: »*Jetzt muss ich zufrieden sein, weil ich kann Miete bezahlen 500 und was dazu, und mein Telefon und Strom und alles, was nötig ist.*« Sie *muss* zufrieden sein – besser lässt sich ihre ganz persönliche Situation der Alternativlosigkeit, die auch eine Folge ihrer schwierigen und nicht freiwillig erfolgten Migrationsgeschichte ist, nicht auf den Punkt bringen.

Trotz eines wechselvollen Lebens hadert die über 80-Jährige heute nicht. Sie richtete sich stets in den neuen Umständen ein. Es scheint fast so, als seien es gerade diese mehrfachen biografischen Brüche bei Maiana Dovan, die sie stärker gemacht haben, eben weil sie diese jeweils bewältigen konnte und dann später in Rückerinnerung an das bereits gelungene Leben darauf vertrauen konnte, das es auch beim nächsten Neustart weitergeht. Sie übte gewissermaßen im Laufe dieser Neuanfänge Fertigkeiten ein, den Wechsel auszuhalten. Eine wichtige Stütze im Prozess des sich Arrangierens ist auch bei Maiana Dovan die Familie. Diese gibt ihr die notwendige innere Stärke und konkrete Unterstützung, immer wieder von vorne zu beginnen. So wurde die Vertreibungserfahrung eine gemeinsame, wie seinerzeit auch das Aufbauen eines komplett neuen Lebens mit ihrem Mann im Banat. Nicht zuletzt ist dieser familiäre Zusammenhalt auch der Hauptgrund dafür, dass Maiana Dovan und dann auch ihr Mann dem Sohn gefolgt sind, um in Deutschland wieder zusammen zu sein. Die Familie wird damit zur wichtigen Konstante und zugleich Ressource, um die räumliche und soziale Mobilität, um den sozialen Abstieg und Statusverlust, der mit jeder räumlichen Bewegung einherging, zu verarbeiten.

Auch der Sohn ist mittlerweile angekommen, hat geheiratet und drei Kinder. Wie damals bereits Maiana Dovan und auch ihr Sohn besuchen alle drei heute das Gymnasium und wollen später studieren. Der Sohn ist immer noch Fernfahrer und pflegt nach wie vor ein enges Verhältnis zu seiner Mutter. Er und seine Frau kümmern sich jetzt um Maiana Dovan, erledigen Einkäufe für sie, alles, was sie aufgrund der »Knochen« nicht mehr erledigen kann. Gesellschaft sucht Maiana Dovan außerdem in der nahe gelegenen offenen Altenhilfe, Rückzug und Ruhe in ihrem Garten.

Der Sommer neigt sich langsam dem Ende zu. Maiana Dovan kommt im Gespräch noch einmal auf die dringend benötigten Schuhreparaturen zurück:

> Sind noch zu tragen, aber eine Reparatur kostet 15 Euro für ein Paar Schuhe. Und ich habe fünf Paar, die brauchen unbedingt Reparatur. Und das ist 75 Euro. Und ich muss das vorbereiten, weil für Herbst ich habe nicht mehr gute Schuhe. Alle fünf sind kaputt.

Morgen will sie herausfinden, wo sie diese günstig reparieren lassen kann, um dann mit dem richtigen Schuhwerk passend zur beanspruchten, aber eleganten Kleidung im Herbst anzukommen.

Jolanda Fischer

»Ohne Hilfe vom Sozialamt« – Arbeiten, lebenslang

ALEX RAU

Wer ich bin? Ich bin nichts. Ich bin immer nichts. Ich bin also Jolanda Fischer, ja? […] Und wer bin ich? Ich bin schon 61, und ich versuche [zu] überleben, sage ich mal, ohne Hilfe vom Sozialamt.

Mein Handy vibriert. »Jolanda Fischer« erscheint auf dem Display. Sie sagt unseren Interviewtermin ab. Es gehe ihr nicht gut heute. Sie fragt, ob wir den Termin nicht verschieben könnten. Wir stehen seit einiger Zeit in SMS- und Telefonkontakt und versuchen, einen Termin für ein weiteres Interview in ihrer Wohnung zu vereinbaren. An ihrem Arbeitsplatz durfte ich sie bereits besuchen. Doch immer wieder müssen wir unser neues Treffen verschieben. Einmal sind es unerwartete Arzttermine, die dazwischenkommen, ein anderes Mal der zeitliche Druck, noch länger zu arbeiten, um annähernd ihren monatlichen finanziellen Bedarf zu decken. Nur der Ton ihrer Stimme ist immer gleich traurig und frustriert, man müsse ja irgendwie weiterleben. Dieses Mal, im Juli 2015, ist es ein Rohrbruch in der Wohnung, der sie dazu veranlasst, unseren Termin zu verschieben. Zunächst denke ich, es sei ihr unangenehm, mich in die beschädigte Wohnung einzuladen, sie wolle unser geplantes Treffen erst nach den Reparaturen abhalten, bis sie mir erklärt, ich solle zeitgleich mit den Handwerkern in die Wohnung kommen. So müsse sie nur einmal zu Hause bleiben und hätte damit nur einen Arbeitsausfall.

Wie die meisten hatte Jolanda Fischer sich das Älterwerden anders vorgestellt, auf jeden Fall ruhiger. Zum Zeitpunkt unserer ersten Gespräche 2015 ist sie von Montag bis Samstag, sechs Tage die Woche, damit beschäftigt, sich ihr finanzielles Überleben zu sichern. Staatliche Unterstützung in Anspruch zu nehmen, kommt für sie nicht infrage. An ein Leben im Ruhestand ist nicht zu denken: »*Das Ende vom Berufsleben ist nicht da, eigentlich.*« Sie schuftet täglich, um sich selbst über Wasser zu halten, bis jetzt erfolgreich, dennoch spiegelt ihr Selbstbild eine andere Realität des Scheiterns.

Jolanda Fischer ist 1954 in einer kleinen polnischen Stadt geboren und dort aufgewachsen. Nach ihrer Heirat zog sie nach München, in die Geburtsstadt ihres Mannes. Dort lebte sie mit den zwei gemeinsamen Kindern sowie dem Sohn des Mannes aus erster Ehe. Schon früh wollte sie sich trennen, doch des Stiefsohnes zuliebe blieb sie weitere vier Jahre, bis dieser volljährig war, um ihm einen Heimaufenthalt zu ersparen. Nach der Scheidung war sie es, die das Sorgerecht und auch die finanzielle Verantwortung für die zwei gemeinsamen Kinder, damals neun und sechs Jahre alt, übernahm. Die Alimente ihres geschiedenen Mannes trafen jedoch eher gelegentlich als regelmäßig auf ihrem Konto ein. Jolanda Fischer begann zunächst, in der Kosmetikabteilung eines großen Kaufhauses zu arbeiten. Diese Tätigkeit gefiel der Alleinerziehenden gut, war aber doch nicht mit der Betreuung der Kinder zu vereinbaren. Unter der Woche kamen diese zwar in einem Hort unter, das Kaufhaus war allerdings sechs Tage die Woche geöffnet, und von Jolanda Fischer wurde erwartet, auch samstags zu arbeiten.

Und dann war praktisch am Samstag für mich der schlimmste Tag, weil plötzlich waren die Kinder bei mir im Geschäft, die haben die Wohnung verlassen und sind praktisch herumgelaufen. Ich habe nicht gewusst, was die machen. […] Und dann passiert

was, und dann werde ich als Alleinstehende gleich vom Jugend-
amt gerufen.

Der Vater der Kinder war offensichtlich nicht zuständig. So musste Jolanda Fischer die Stelle wieder kündigen. Sie suchte weiter
und fand schließlich eine Anstellung im Lagerbereich eines großen Modehauses. Diese Tätigkeit entsprach ihr nicht ganz: Jolanda Fischer hatte den Kundenkontakt im Kaufhaus geliebt, das ge-
schäftige Treiben, den Duft von Parfüm und die bunten Farben
von Nagellack bis Rouge; nun war sie täglich acht Stunden in Gesellschaft weniger Kollegen und Kolleginnen damit beschäftigt, in
einer dunklen Lagerhalle zwischen Gabelstaplern und Verpa-
ckungsmaterial Kleidungsstücke in Kartons zu sortieren. Auch
wenn dies alles nicht vergleichbar mit dem alten Job war, so hatte
sie doch ein monatliches, wenn auch geringes Einkommen, konnte täglich übrig gebliebenes Essen aus der Kantine mit nach Hause
nehmen; das Wochenende war frei, und an Weihnachten gab es
sogar kleine Geschenkpakete für ihre Kinder, zumindest in den
ersten Jahren ihrer Anstellung. Irgendwann schrieb das traditions-
reiche Modehaus rote Zahlen, und es kam zu Rationalisierungsmaßnahmen. Nach 17 Jahren wurde Jolanda Fischer gekündigt,
neben einer Reihe weiterer älterer und langjähriger Mitarbeiterinnen und Mitarbeiter: *»Ja, und dann war ich praktisch auf der Stra-*
ße, ich sage einmal so, ohne Arbeit.«
Jolanda Fischer war nun Ende 40, ihre Kinder bereits erwach-
sen und aus dem Haus. Die Kündigung versetzte sie regelrecht in
einen Schockzustand. Die ersten Monate war sie wie gelähmt. Sie
konnte und wollte nicht glauben, nach einer so langen Zeit in die
Arbeitslosigkeit entlassen zu werden, und sah bereits damals ihren
Ruhestand bedroht. Aber Jolanda Fischer wollte nicht aufgeben,
wollte die Kontrolle über ihr Leben zurückgewinnen, meldete sich
arbeitssuchend und fing an, viele Bewerbungen zu verschicken.
Monate vergingen, doch ihre Situation blieb ohne Veränderung.
Sozialhilfe wollte sie am Ende auf keinen Fall beantragen:

Dann werden die Kinder beklagt, obwohl die eigentlich auch
nichts haben, irgendwie nur so viel, dass die [davon] leben [kön-
nen]. [...] Ja, die sollen nicht denen etwas wegnehmen. Wenn
ich ganz krank bin, dass ich nicht mehr aufstehen kann, dann
werden die angeschrieben, dann müssen die irgendwie. Aber
dann ist es wieder anders, als wenn man noch kann.

Dass die Kinder bei ALG-II-Bezug der Eltern in die Pflicht genommen werden, ist jedoch nur unter bestimmten Bedingungen der Fall und hängt unter anderem von deren eigenem Einkommen ab (siehe S. 265f.). Bei Jolanda Fischers Kindern scheint das sehr unwahrscheinlich. Trotzdem bleibt ihre Angst bestehen und auch der Anspruch, als Mutter – solange es irgendwie körperlich geht – nicht von den Kindern abhängig zu werden. Der Fall Jolanda Fischer steht hier für viele unserer Gesprächspartnerinnen und verweist nicht zuletzt auch auf ein undurchsichtiges und kompliziertes Sozialgesetz, das Ungewissheit und Ängste erzeugt, die sich auf das Handeln der Betroffenen auswirken. Jolanda Fischer ging also nicht zum Sozialamt, sondern versuchte weiter, alleine Arbeit zu finden.

Ich stehe mit Jolanda Fischer an ihrem heutigen Arbeitsplatz. Sie ist zu diesem Zeitpunkt, im Jahr 2015, 61. Ich treffe sie zu unserem ersten Interview. Um uns herum herrscht wieder reges Treiben wie damals im Kaufhaus, in dem sie vor so langer Zeit ihre Kundinnen kosmetisch beraten hatte. Tatsächlich befinden wir uns auch nur einige Gehminuten von diesem entfernt, jedoch draußen, in der Fußgängerzone. Jolanda Fischer, eine kleine Person, Kurzhaarfrisur, gepflegte, glatte Haut, weißes Poloshirt, helle, figurbetonte Dreiviertelhose und flache beige Halbschuhe, sie steht dort, inmitten vieler Menschen, die an ihr geraden Blickes vorbeihasten und sie meist ignorieren. Sie scheint nicht richtig ins Bild zu passen: In ihrem Auftreten verkörpert sie immer noch die Kosmetikverkäuferin; das Produkt, das sie anpreist, ist jedoch ein anderes geworden. Sie steht dort, auf der einen Seite ein kleiner Dreibeinhocker, für den Fall, dass ihre Beine sie vom vielen Stehen nicht mehr tragen, auf der anderen ein Einkaufstrolly, von Montag bis Samstag, meist von 11 bis 19 Uhr, eine Straßenzeitung in der Hand haltend, in der Hoffnung, möglichst viele Exemplare zu verkaufen. Der Lohn der Verkäuferin basiert nicht auf der Anzahl der gearbeiteten Stunden, sondern auf der verkauften Stückzahl. Zwei Zeitungen werden es sein während der einen Stunde, in der ich dort neben ihr stehe und sie mir von ihrem Leben erzählt.

Nachdem Jolanda Fischer damals gekündigt wurde und nach Monaten der aussichtslosen Jobsuche, kam ihr eines Tages die Idee, sich bei der lokalen Straßenzeitung zu melden. Zunächst fragte sie, ob sie im Büro aushelfen könnte, doch dort gab es keine Stelle. Gerne könne sie aber Zeitungen verkaufen, hieß es. Jolanda Fischer erinnert sich genau, wie schwer es ihr fiel, sich das erste Mal mit der Zeitung in der Hand auf die Straße zu stellen. Die ersten vier Tage seien die schlimmsten Tage ihres Lebens gewesen:

Ich habe mich eigentlich auch so ein bisschen geschämt, weil ich war immer angestellt, [...] aber mit dem zeigt man den Leuten, dass man praktisch irgendwo Probleme hat.

Nach ihren schlechten Erfahrungen bei der Arbeitssuche schien es jedoch die einzige Möglichkeit zu sein, weiterhin selbstständig ein Einkommen zu erzielen. Und trotz der stigmatisierenden Tätigkeit machte es Jolanda Fischer gleichzeitig auch zufrieden, es aus eigenen Stücken geschafft zu haben:

Dann haben auch viele Leute gesagt, ich soll stolz sein, weil ich es selber schaffe. Das war praktisch so halb und halb, sich freuen oder sich nicht freuen. Ja, aber freuen schon, dass ich das so geschafft habe.

Außerdem hatte Jolanda Fischer einen konkreten Plan: Während sie weiter nach einer anderen Stelle suchte, wollte sie sich mit dem

Zeitungsverkauf über Wasser halten, eine Übergangslösung sozusagen. Doch aus diesem Plan wurde nichts.

Ich habe mich beworben auf die unmöglichsten Stellen. Ich habe mich beim Friedhof beworben. Oder sogar auf der Baustelle. [...] Wenn ich mich beworben habe, dann habe ich geschrieben, dass ich arbeite [...], also Zeitungen verkaufe, dann habe ich gemerkt, dass das nicht gut ist für die Bewerbung.

Immer wieder musste sie vermuten, dass sie gerade wegen des Verkaufs der Straßenzeitung abgelehnt wurde. Drogen- und Alkoholmissbrauch oder eine in anderer Hinsicht problematische Vergangenheit wurden ihr aufgrund ihrer Tätigkeit nachgesagt, stigmatisierende Bilder und Stereotype, gegen die Jolanda Fischer bei potenziellen Arbeitgebern ankämpfen musste und die zunehmend auch ihr Selbstwertgefühl geschmälert haben. Sie überlegte, ihre Tätigkeit zu verschweigen, doch entschied sich letztlich dagegen, aus Angst, im Nachhinein »*aufzufliegen*« und erneut gekündigt zu werden.

Irgendwann hörte Jolanda Fischer auf, nach einer anderen Tätigkeit zu suchen, hatte sich mit dieser arrangiert. Zu ihren besten Zeiten verkaufte sie durchschnittlich 600 Exemplare im Monat. Circa einen Euro pro Zeitung erhält die Verkäuferin vom Verkaufspreis, wobei manche Käuferinnen und Käufer etwas mehr bezahlen. Doch zunehmende Rückenbeschwerden, das lange Stehen und eine wachsende Konkurrenz durch andere Verkäufer führten über die Jahre dazu, dass Jolanda Fischer immer weniger Zeitungen losbrachte. Einer ihrer Kunden gab ihr den Ratschlag, einen Antrag auf Erwerbsminderung zu stellen, was ihr gelang.

Im Jahr 2015 bezog sie circa 600 Euro volle Erwerbsminderungsrente. Diese stockte sie weiterhin mit dem Zeitungsverkauf auf, auch wenn es meist nur noch 200 Zeitungen pro Monat waren, die sie loswurde. Wer eine volle Erwerbsminderungsrente bezieht, darf bis zu 450 Euro monatlich hinzuverdienen. Von dieser

Hinzuverdienstgrenze war Jolanda Fischer weit entfernt. Nach Abzug der Miete von rund 500 Euro und weiterer Fixkosten blieb ihr auf der Basis ihrer Erwerbsminderungsrente nicht genug zum Überleben. Und auch trotz der Zuarbeit reichte das Gesamteinkommen kaum, das bei circa 200 verkauften Zeitungen im Monat noch deutlich unter 1000 Euro lag.

Strom, Fernsehgebühren, Krankenversicherung geht ab, für die Zähne. Und Haftpflichtversicherung [...]. Was habe ich noch? Hausrat auch, falls etwas passiert. Ja, Mieterverein bin ich auch [...]. Und das summiert sich alles zusammen, und was bleibt da dann? Und dann hatte ich da Minus sogar, ja, und deswegen verkaufe ich.

Erst in einem unserer letzten Gespräche im Jahr 2018 klärte sich, dass sie zur Aufstockung dieses Einkommens unterhalb der Armutsgrenze auch Grundsicherung bei Erwerbsminderung beantragen könnte und dass auch hier ihre Ängste, dass dann die Kinder vom Sozialamt belangt würden, unbegründet sind. Jolanda Fischer hatte dies bislang nie in Erwägung gezogen, sondern stets weiter versucht, die Gehaltseinbußen durch die weniger gewordenen Zeitungsverkäufe mit einer noch sparsameren Lebensweise aufzufangen:

Also ich schneide meine Haare selber. [...] Und dann rauche ich nicht, ich gehe nicht fort, ich meine, zum Essen oder so etwas. [...] Meine Möbel, die ich zu Hause habe, die habe ich noch von den Zeiten in der Lagerhalle. Kleidung, ich sage Ihnen, ich habe so viel Kleidung von Leuten. [...] Ich kann zu Hause überleben, [...] aber dann darf ich nicht rausgehen. Kann ich schon, aber dann muss ich lernen, ins Schaufenster zu gucken oder im Regal zu gucken und zu sagen: ›Nein, das kannst du nicht haben. Du kannst dir nicht einen Kaffee kaufen, weil du hast zu Hause ein Paket Kaffee für vier Euro, davon kannst du 30 Kaffee machen,

und die machst du dir zu Hause aber du kaufst dir nicht einen
für zwei Euro da.‹

Außerdem machte sie sich daran, eine noch günstigere Wohnung
zu suchen; doch auch hierbei litt sie unter dem Stigma ihres Jobs
und wurde, zumal im teuren München, wo es kaum noch Woh-
nungsneuvermietungen unter 500 Euro Miete geben dürfte, nicht
fündig; wieder blieb das Gefühl, nichts wert zu sein. Jolanda Fischer hatte sich ihr Alter anders vorgestellt. Damals, als sie eine fes-
te Anstellung hatte, kannte sie noch Träume:

> *Da habe ich noch schöne Gedanken gehabt, wenn ich mal in die*
> *Rente komme, dann könnte ich noch einmal leben, könnte ich*
> *meinen Hobbys nachgehen und könnte ich das Altwerden, falls*
> *man gesund noch so weit ist, genießen.*

Jetzt ist sie enttäuscht und verärgert: darüber, dass ihre Erwartungen und Vorstellungen vom Ruhestand nicht wahr wurden. Darüber, dass die Mieten zu hoch sind und dass die Renten heutzutage
nicht ausreichen. Dass sie nun schon seit längerer Zeit eine volle
Erwerbsminderungsrente bezieht, schmälert ihre Altersrente von
Jahr zu Jahr. Irgendwie hofft sie, trotzdem noch ohne staatliche
Unterstützung selbstständig zu überleben, auch wenn sie einer
düsteren Zukunft entgegenblickt:

> *Und somit ist der Traum [geplatzt], schön gemütlich mit der*
> *Rente zu Hause hocken und vielleicht regelmäßig einen Spazier-*
> *gang machen oder irgendwo vielleicht einmal im Monat raus-*
> *fahren [...] Und, ja, zu Hause bleiben ist mit der kleinen Rente*
> *nicht so gut. Und das heißt, vielleicht [...] mindestens lebens-*
> *länglich verkaufen.*

NACHTRAG: Sommer 2018. Mein Handy vibriert. »Jolanda Fischer« erscheint auf dem Display. Seit unserem ersten Treffen sind drei Jahre vergangen. Ich hatte sie um einen Rückruf gebeten, weil ich wissen wollte, wie es ihr mittlerweile ergangen sei. Ihre Situation habe sich drastisch verschlechtert, wird sie mir berichten. Wieder versuche ich, zeitnah einen Interviewtermin mit ihr zu vereinbaren, doch vergeblich. Diesmal ist dies dem Umstand geschuldet, dass sie nicht mehr in München wohnt. Vor etwa einem Jahr habe der Vermieter Eigenbedarf angemeldet, und sie musste die Wohnung räumen. Sie habe alles versucht, um eine neue Bleibe zu finden, über den freien Wohnungsmarkt, über ihren Arbeitgeber, über das Münchner Amt für Wohnen und Migration, doch ihre Suche sei weiterhin erfolglos gewesen. Schon vor der Kündigung des Mietvertrages sei sie beim Wohnungsamt gewesen und hatte einen Wohnberechtigungsschein erhalten, um sich für Sozialwohnungen zu bewerben. Doch auch darüber fand sie nichts, es gebe einfach nicht genug Wohnungen. Die ihr vom Wohnungsamt angebotenen Notunterkünfte – ein Frauenhaus oder eine Unterkunft für Geflüchtete – schlug sie aus, aus Angst, durch die damit verbundene Stigmatisierung nie wieder eine eigene Wohnung mieten zu können. Eventuell hätte das jedoch ihre Chancen auf eine Sozialwohnung in München mittelfristig erhöht, resümiert sie heute. Damals sah Jolanda Fischer jedoch nur mehr zwei Möglichkeiten, entweder in die Obdachlosigkeit zu gehen oder die Stadt zu verlassen.

Jolanda Fischer lebt heute 150 Kilometer entfernt in einer Kleinstadt, in der sie schließlich ein Einzimmerapartment bekommen hat. Dort gibt es keinen Aufzug, den sie aufgrund zunehmender körperlicher Beschwerden eigentlich dringend benötigen würde. Und sie sei dort zudem beißenden Gerüchen ausgesetzt, die Allergien bei ihr auslösten. Auch die ärztliche Versorgung ist dort nicht so gut wie in München; aber sie habe zumindest ein Dach über dem Kopf. Sie stehe jedoch weiterhin mit dem Münchner Wohnungsamt in Korrespondenz, auch wenn dieses durch den Ortswechsel nicht mehr für sie zuständig ist. Immer noch fassungslos kämpfe sie weiterhin dafür, in die Stadt zurückzukehren, in der sie die meiste Zeit ihres Lebens verbracht hat: »*Nach 40 Jahren wurde ich einfach aus meiner Stadt geworfen.*« Dort kenne sie sich aus, dort sei sie sozial verwurzelt, habe ihre Ärzte und ihren Sohn, der ihr im Notfall schnell zu Hilfe kommen könnte. Jetzt sei sie ganz alleine. Momentan halte sie sich noch ausschließlich mit der Erwerbsminderungsrente über Wasser, was aufgrund der nun geringeren Mietkosten von 280 Euro gerade so möglich sei. Essen hole sie von der Tafel. Den Zug nach München könne sie sich nicht leisten. Jetzt, wo sie den Zeitungsverkauf durch ihren Umzug ohnehin aufgeben musste und sie sich halbwegs sicher ist, dass ihre Kinder nicht für sie in die Pflicht genommen werden, wolle sie doch einen Antrag auf Grundsicherung bei Erwerbsminderung stellen. Dass sie im Grundsicherungsbezug nichts hinzuverdienen darf (siehe S. 267), ist für die 64-Jährige inzwischen mangels Möglichkeiten und aufgrund ihres Gesundheitszustandes sekundär. Ob die finanzielle Aufstockung durch die Grundsicherung für einen Rückzug nach München reicht, bleibt fraglich, auch wenn sie weiterhin alles dafür tun werde. Jolanda Fischer ist verzweifelt, sie ist in eine Sackgasse geraten, eigentlich wollte sie alles richtig machen, niemanden belasten und blieb deshalb lange Alleinkämpferin. Jetzt weiß sie nicht mehr weiter, ich auch nicht. Wir legen auf.

Beate Flossmann

Verrentung als Einschnitt – Der allmähliche Verlust der Sorglosigkeit

ESTHER GAJEK, PETRA SCHWEIGER

Beate Flossmann wurde mir [E.G.] über eine andere Interview-partnerin vermittelt. Nach dem ersten Telefongespräch haben wir einen Termin vereinbart, und kurz darauf bin ich zu ihr unterwegs und suche die Hausnummer. Die Straße ist ruhig und ideal zum Wohnen, nicht nur, weil sich Straßenbahn und U-Bahn um die Ecke befinden, sondern auch, weil ein Naherholungsgebiet direkt vor der Haustür liegt. Das Viertel befindet sich jedoch im Um-bruch; immer mehr Ateliers, Büros und Kanzleien siedeln sich an und lassen die Mieten in die Höhe schnellen.

Die Rentnerin empfängt mich in ihrer Zweizimmerwohnung im Zentrum von München in einem Mehrparteienhaus aus den 1950er-Jahren. Alles ist gepflegt und einladend. Sie bittet mich herein und führt mich durch den Flur, am Schlafzimmer mit der apfelgrünen Wand vorbei, in die Wohnküche, von der aus das Wohnzimmer mit dem Südbalkon einsehbar ist. Den ganzen Tag komme die Sonne herein, schwärmt Beate Flossmann. Ich habe den Eindruck, ich bin bei einer 30-Jährigen zu Hause: wenige, aus-gesuchte Möbel- und Einrichtungsstücke stehen in der Wohnung, die Wände sind in hellen, fast gewagten Farben gestrichen, ge-schmackvolle Vasen und Schalen stehen auf Tisch und Regal, auch einige Designermöbel runden die Einrichtung ab. Es ist ein Stil, bei dem alles durchdacht ist und gleichzeitig wohnlich und freund-

141

lich wirkt. Auf eine Weise spiegelt die Wohnung das wider, wie
Beate Flossmann selbst auftritt: Sie wirkt viel jünger, als sie kalen-
darisch ist, hat eine sehr gepflegte Haut, eine markante, modische
Brille, wache, lustige Augen und einen Kurzhaarschnitt; sie trägt
Leggins und ein Langarmshirt mit Weste. Wir setzen uns auf die
mintfarbenen Bugholzstühle an ihrem großen Esstisch, trinken
Tee und sprechen die nächsten zwei Stunden über Vergangenheit,
Gegenwart und Zukunft.

Die Biografie dieser Interviewpartnerin ähnelt derjenigen vieler von uns befragter Frauen: In den Nachkriegsjahren geboren
(im Jahr 1950), Lehre in einem Ausbildungsberuf, in diesem Fall
als Bankkauffrau, frühe Ehe wegen Schwangerschaft, Scheidung
nach einigen Jahren, alleinerziehend, Erwerbstätigkeit in einem
anderen Beruf als dem erlernten, betriebsbedingte Kündigung, Arbeitslosigkeit, kurze Zeit der Weiterbeschäftigung, Vorruhestand
wegen drohender erneuter betriebsbedingter Kündigung, finanzielle Unterstützungsleistungen für die wenig verdienende Tochter und die Enkelin – und jetzt, durch hohe Fixkosten und den um
zwei Jahre vorgezogenen Renteneintritt machen sich finanzielle
Engpässe und Zukunftsängste bemerkbar.

Wer oder was ist eigentlich prekär?

Der ehemaligen Sachbearbeiterin ist es selbst zunächst gar nicht
deutlich, wie sie seit ihrem Renteneintritt spart. Aber im Laufe des
Gespräches fällt ihr ein:

*Ich habe zum Beispiel 30 Jahre lang die SZ abonniert. Das habe
ich natürlich gekündigt. […] das kostet ja hier mittlerweile ein
Schweinegeld. Leider, aber kann man nichts machen. Aber ab
und zu kaufe ich sie mir. Da stehen immer Sachen drin, Konzerte, wo dann da steht ›Eintritt frei‹ von der Uni, Musikhochschu-
le oder so. Also wenn man was Kulturelles machen will und nicht
so viel Geld ausgeben kann, finde ich, ist schon ein Angebot da.*

Der Blick auf solche Angebote sei schon Routine, ob bei Lebensmitteln, Kleidung oder dem Museumseintritt. Auch das Theaterabonnement wurde nicht verlängert, ebenso wenig der Sportkurs; abendliches Ausgehen habe sie generell stark reduziert, oft schaue sie inzwischen fern – das koste nicht noch extra. Sie färbe sich inzwischen selbst die Haare, auf Reisen müsse sie weitgehend verzichten, ebenso auf neue Möbel. Was sie jetzt hat, muss halten.

Blicke ich am Ende des Gesprächs auf die Einrichtung und Beate Flossmann selbst, so stellt sich der erste Eindruck eines gewissen Wohlstands nun differenzierter dar: Die Designermöbel sind Geschenke ihrer Freunde oder von Verwandten, die teure Hautcreme Probiergrößen einer Bekannten, viele Möbel stammen von Ikea und sind keinesfalls neu, andere Einrichtungsgegenstände hat sie von ihrem früheren Arbeitgeber geschenkt bekommen, und die Kleider werden bei billigen Modeketten erworben. Auch hier gleicht Beate Flossmann vielen Frauen, mit denen wir sprachen: Auf den ersten Blick ist nicht sichtbar, wie sehr sie haushalten und rechnen muss. Erst wenn man näher hinsieht oder nachhakt, tauchen die Themen und Probleme, denen sich Beate Flossmann nach Renteneintritt als einem großen Einschnitt gegenübersieht, unter der sorgsam gepflegten Oberfläche auf.

Lebt Beate Flossmann prekär? Versteht man unter Prekarität eine rein materielle Größe, die sich an der im Jahr 2015 errechneten Durchschnittsrente von rund 600 Euro für Frauen im Freistaat Bayern bemisst, so fiele unsere Interviewpartnerin nicht darunter. Mit 1300 Euro aus ihrer gesetzlichen Rente und 280 Euro aus ihrer privat angesparten Lebensversicherung gehört sie sogar zu den oberen neun Prozent der weiblichen Rentenbezieherinnen, die in Bayern 2015 eine monatliche Rente über 1200 Euro erhielten, wie aus dem Rentenreport des DGB Bayern des Jahres 2016 hervorgeht. Hinzu kommen bei Beate Flossmann Ersparnisse sowie ein mütterliches Erbe von 80.000 Euro, das als eiserne Reserve für die Zeit der Pflege eigentlich aufgehoben werden sollte. Alles in allem ist sie in finanzieller Hinsicht vergleichsweise gut gestellt. Doch Prekarität ist eine sehr relative Größe. So hat die Mitsechzigerin Momente der Verunsicherung, und sie sorgt sich um ihre Zukunft.

Bei einem genaueren Blick auf ihre Finanzen, den Beate Flossmann uns gewährt, kommt nämlich heraus, dass sie wegen einer relativ hohen Miete von 800 Euro für 52 Quadratmeter und weitere, steigende Fixkosten für Strom, Telefon, Versicherungen und Auto sehr genau rechnen und an ihre Ersparnisse gehen muss. Schließlich will sie noch für sich, vor allem aber für ihre Tochter, die wenig verdient, einen gewissen Spielraum haben und den bisherigen Standard mehr oder weniger erhalten. Dazu gehört etwa, den zehn Jahre alten Kleinwagen weiter zu fahren, um mobil bleiben zu können, ihre Enkelin ein bisschen zu verwöhnen und sich noch zweimal im Jahr ein Urlaubswochenende, natürlich zum Schnäppchenpreis, zu gönnen. Weiter sparen will sie inzwischen nicht mehr. Die Rente allein reicht nicht, um ihr bisher geführtes Leben zu finanzieren. Dass Beate Flossmann ihre Reserven angreifen muss, löst in ihr beinahe Schuldgefühle aus. Sie weiß nicht recht, ob sie das darf, denn diese Reserven waren ja einmal für das hohe Alter als Sicherheit gedacht.

Fasst man den Prekaritätsbegriff weiter und versteht darunter neben der rein objektiven, materiellen auch eine subjektive Ebene, die fehlende Planungssicherheit und Angst vor Statusverlust umfasst, so erweist sich Beate Flossmanns aktuelle Situation durchaus als fragil und verletzlich. Einerseits machen der Mitsechzigerin die finanziellen Einbußen durch den Renteneintritt und die Abzüge durch den vorzeitigen Ruhestand zu schaffen, vor allem aber steht die Frage einer Mieterhöhung im Raum. Sie ist ein Beispiel dafür, wie angesichts der gestiegenen Lebenshaltungskosten und Mietpreise Prekarität und Abstiegsängste längst in den mittleren Schichten angekommen sind. Im Falle von Beate Flossmann gestaltet sich diese Sorge trotz relativem Wohlstand so:

EG: Gibt es was, wo Sie sagen so, das will ich auf gar keinen Fall ab-
geben? Also das behalte ich bis zum Schluss?
BF: Die Wohnung wäre mir das Wichtigste. Also es wäre natürlich
toll, wenn ich hier alt werden könnte, solange ich noch fit bin.
Und ich habe keine Ahnung, wie das dann ... Also vielleicht ist
es ja nicht so schlimm, vielleicht erhöhen sie die Miete ja nicht
so weit oder so. Und eigentlich würde ich sogar, wenn es darauf
ankommt, da, glaube ich, auch noch mal von dem Erbgeld was
wegnehmen. Weil ich meine, dafür habe ich es ja gekriegt. Da-
für habe ich es ja geerbt. Also ich habe mit meiner Mutter so oft
darüber geredet auch.

Die Wohnung ist Beate Flossmann ein ganz zentraler Fixpunkt ihrer Alltagsroutinen, mehr noch, Spiegel und Ressource der eigenen Identität. Und genau hier ist die Rentnerin wie viele unserer
Interviewten durch die extrem hohen Mieten existenziell verwundbar. Kann sie in der gewohnten Umgebung bleiben und darin alt werden? Dies stellt für sie, wie für viele andere ältere Menschen, den größten Wunsch dar. Eine weitere Sorge von Beate
Flossmann betrifft ihre Gesundheit. Die »*Wahnsinnsenergie*«, die
sie früher hatte, ist dahin, jetzt stellen sich erste Erschöpfungs-
symptome ein.

Also ich merke schon, das Älterwerden merke ich schon, und
zwar weil ich einfach relativ schnell erschöpft bin, und manch-
mal denke ich mir, da ist 65 eigentlich noch zu jung. Also wenn
ich manchmal zu Fuß die Treppe hochgehe, dann schnaufe ich,
und dann pumpt mein Herz, und ich habe das Gefühl, ich krie-
ge keine Luft.

Sorgen um die Zukunft

»*Passieren darf halt nichts*«, ist eine weitere Formulierung, die
in diesem Zusammenhang fällt. Die früher vorhandene Sorglosig-

keit, sei es im Umgang mit Geld, sei es im Umgang mit dem Körper, ist nun nicht mehr vorhanden. Fragen beschäftigen Beate Flossmann, die alle darum kreisen, wie lange sie die Kontrolle über ihr gewohntes Leben noch behalten können wird: Wie lange wird sie noch alleine leben können? Wird sie eine mobile Pflegekraft in Anspruch nehmen können oder muss sie in ein Pflegeheim? Davor hat sie, geprägt durch den dortigen Aufenthalt ihrer Mutter, regelrecht Angst. Reichen die Ersparnisse für die Zuzahlungen zur Pflege? Muss eines Tages ihre Tochter, die weit weniger Geld hat als sie, sie unterstützen?

Auf der einen Seite hat Beate Flossmann bezüglich der empfohlenen Vorsorge für das Alter alles »richtig gemacht«, hat immer Vollzeit gearbeitet, hat seit dem 24. Lebensjahr in eine Rentenversicherung einbezahlt und auch zusätzlich eine private Altersvorsorge abgeschlossen. Bis heute agiert sie vorausschauend. Ihr finanzielles Kapital strukturiert sie mit Ausgabelisten; ihr körperliches und geistiges Kapital erhält sie mit Sport und anregenden Beschäftigungen. Doch es gibt auf der anderen Seite Faktoren, die sie verletzlich machen: die Mieterhöhung, sich ankündigender körperlicher Leistungsverlust, die Angst vor Abhängigkeit im Pflegefall und vor allem, einmal ihrer Tochter zur Last fallen zu müssen.

Im Gespräch stellt sich heraus, dass Beate Flossmann auch zwei Jahre nach Renteneintritt überdies ganz generell noch unsicher ist, was ihre Rolle als Rentnerin betrifft, ob sie sich zum Beispiel einen Minijob suchen sollte:

Jetzt bin ich immer so am Zweifeln. Soll ich, oder soll ich nicht? Ich bin natürlich jetzt auch schon sehr bequem geworden und möchte mich eigentlich auch nicht so festlegen terminlich und so.

Soll sie, wie es die öffentliche Rede über die »aktiven« Rentnerinnen und Rentner nahelegt, ein Ehrenamt ergreifen, oder darf sie sich die Unabhängigkeit bewahren, um flexibel bei der Betreuung der Enkelin sein zu können? Schafft sie es wie ihre Mutter, die als

Hausfrau mit drei Kindern und Ehemann sehr sparsam gewirtschaftet und viel gespart hat, ihrer Tochter und der Enkelin weiterhin Geschenke zu machen? Was kann sie sich selbst noch leisten? Den Friseur und die Wohnung? Sicher längst nicht so viel wie ihre Freundin Christine. Diese könne und müsse nicht sparen, arbeite als freiberufliche Lektorin weiter, habe dadurch doppelt so viel Geld wie sie selbst und finanziere damit den Lebensstandard, den sie schon immer gehabt habe: großzügige Wohnung, Putzfrau, mehrwöchige Auslandsreisen, viele Abende im Theater und Besuche bei der Kosmetikerin.

Wird Beate Flossmann sich, wenn das Geld noch knapper wird, zurückziehen wie ein gleichaltriger Freund, der aufgrund seiner geringen Rente kaum noch seine Wohnung verlässt? Vieles ist bei der Rentnerin im Schwange, aber das Konzept eines anderen Freundes kommt für sie sicher nicht infrage. Dieser ist, weil die Rente von 880 Euro in München nicht reichen würde, in den Bayerischen Wald gezogen und hat dort, im dörflichen Umfeld, Anschluss gesucht und gefunden. Beate Flossmann will unbedingt in München bleiben. Es ist die Stadt, in der sie aufgewachsen ist, ihre Tochter und Enkelin zu Hause sind und ihre Freundinnen und Freunde leben, die sie seit Jahrzehnten kennt und die sie unterstützen. Wenn ihr aber eine noch höhere Miete droht, zieht sie als letzte Möglichkeit in Betracht, mit einer Freundin zusammenzuziehen, auch wenn es ihr schwerfallen wird, wie sie mit großer Überzeugung formuliert: *»Ich hab' keinen Bock mehr, mich auf Neues einzustellen und wieder neu anzufangen.«*

Heidi Grujau

»Jetzt geht nichts mehr« –
Allmählich abhängig werden

PETRA SCHWEIGER

Obwohl Heidi Grujau eine lange Zeit ihres Lebens finanzielle Unterstützung in Form von Sozialhilfe beziehungsweise Grundsicherung in Anspruch genommen und diese als alleinerziehende Mutter immer als legitime Leistung des Staates akzeptiert hat, fällt ihr die sich einschleichende neue Form von direkter Abhängigkeit von anderen Menschen, vor allem der Tochter, schwer. Von dieser wird sie zunehmend gepflegt.

Heidi Grujau, 1943 geboren, ist erst im Jahr 2007, im Alter von 64 aus Norddeutschland nach München gekommen, nachdem ihre jüngste Tochter mit Familie aus beruflichen Gründen hierhergezogen war. Der Umzug nach München war auch für sie die Gelegenheit, ihrer Vergangenheit den Rücken zu kehren und an einem anderen Ort spät noch einmal neu zu beginnen. Vor allem wollte sie jedoch in der Nähe der Tochter bleiben: »*Sonst wär' ich nicht hier. Sonst wär' ich in meiner Heimat geblieben.*« Zu dieser Tochter hat sie eine enge Beziehung: »*Ich bin IMMER mit ihr zusammen gewesen, das ist auch die einzige* [der vier Kinder]*, die am längsten geblieben ist*«, erst mit 21 zog sie aus und kam dann später sogar noch einmal zu ihr zurück.

Während Tochter und Schwiegersohn arbeiten gingen, hütete Heidi Grujau die ersten Jahre in München den Enkel in der gemeinsamen Wohnung. Nach zwei Jahren zog sie dann in eine eigene kleine Einzimmerwohnung in den Münchner Norden. Hier besuchten wir sie zwischen September 2014 und Juli 2015 drei Mal. Ihr Gesundheitszustand hat sich seither verschlechtert, vor allem das Sehen und Gehen. Heidi Grujau rückt damit näher an die Grenze zur Abhängigkeit von permanenter Hilfe.

Die Familienverhältnisse im norddeutschen Heimatort waren für Heidi Grujau von frühester Jugend an sehr belastend. Sie stammt aus sehr einfachen Verhältnissen, beendete mit 14 die Schule und ging ungelernten Tätigkeiten nach. So arbeitete sie zum Beispiel in einer Elektrofabrik, in der Küche oder als Haushaltshilfe. Zwischen diesen Gelegenheitsjobs war sie immer wieder arbeitslos. Mit 18 heiratete sie dann und bekam das erste Kind. Ihr Mann verunglückte tödlich im dritten Ehejahr. Mit ihrem zweiten Mann, einem Bauarbeiter, bekam sie drei weitere Kinder, aber außer zur jüngsten Tochter, der sie nachgezogen ist, hat sie kaum noch Kontakt. Die Beziehung zur ältesten Tochter zerbrach schon, als diese ein Teenager war. Mit den zwei anderen hat sie sich aufgrund von deren Suchtverhalten überworfen. Als sie die finanziellen Probleme infolge der Alkoholerkrankung ihres Mannes trotz ihrer abendlichen Putzstelle, mit der sie dazuverdienen konnte, nicht mehr länger ertragen konnte, warf sie ihn nach über zwölf Ehejahren hinaus. Die jüngste Tochter war damals sieben Jahre alt. Bereits damals war Heidi Grujau auf Sozialhilfe angewiesen, auch, als sie ihren Mann nach acht Jahren wieder aufnahm. Zehn Jahre später reichte er die Scheidung ein.

Für die staatliche Versorgung, die sie bis heute bezieht, schämt sie sich nicht; sie ist sie einfach gewohnt, da sie bereits lange vor ihrer Rente auf das Sozialamt angewiesen war. So bezog sie in der zweiten Lebenshälfte wegen ihrer gravierenden Diabetes-Spätfolgen eine Erwerbsminderungsrente, die sie durch Grundsicherung aufgestockt hat. Sie kennt es, sich und früher auch ihre Kinder mit wenig Mitteln durchzubringen:

Ich bin mit dem Geld ausgekommen, was ich gekriegt habe [...].
Montags gab's Nudeln, dienstags Kartoffeln, mittwochs Eintopf.

Im Jonglieren mit diesem Wenigen ist sie auch heute in ihrem Einpersonenhaushalt geübt: »*Und das ist es, was ich auch jetzt mache.*«
Die Grundsicherung wurde dann mit dem Eintritt in die Ren-
tenphase vom Sozialamt neu berechnet und fiel aufgrund von einer München-Zulage und weiterer Pauschalen, die mit Renteneintritt geltend gemacht werden können, danach sogar höher aus
als vor der Verrentung. Zum Zeitpunkt des ersten Interviews 2014
betrug ihre Rente 300 Euro, sie hatte als alleinerziehende Mutter
mit vier Kindern auf der Basis von gelegentlichen Putzjobs nicht
mehr erwirtschaften können. So wurde die Rente jetzt durch rund
570 Euro aufgestockt. Vor allem seit dem letzten turnusmäßigen
Antrag auf Weiterbewilligung dieser Grundsicherung, bei dem die
Sozialpädagoginnen des nahe gelegenen Alten- und Service-Zentrums sich bemühten, die Pauschalen für Mittagessen, Wohnung
und jetzt auch Fahrtkosten für Heidi Grujau genehmigt zu bekommen, hat sie rund 100 Euro mehr zur Verfügung. Nach Abzug
von Miete und Fixkosten bleiben ihr heute 400 Euro. Im Vergleich
zu früher gehe es ihr deshalb gut:

Ich bin arm durchs Leben gekommen. Jetzt habe ich ein bisschen
mehr Geld, ich kriege jetzt ein bisschen mehr, dann kann ich mir
ein bisschen was weglegen [...].

Sie frage sich allerdings oft: »*Für WEN spare ich eigentlich?*« Es ist
ihr Enkel, für den sie etwas auf die Seite legt – für ein Geschenk an
Weihnachten oder auch für Lebensmittel, um etwas im Kühlschrank zu haben, wenn er sie besucht.
Für sich selbst kennt Heidi Grujau keine größeren Wünsche.
Sie habe alles. Nur eine Jacke im Sonderangebot habe sie sich neu-
lich einmal gekauft. Sich selbst etwas zu gönnen, und das bedeutet für sie in ihrer Vorstellung, sich einen Kaffee und ein Stück

Torte zu genehmigen, kann sie jedoch aufgrund ihres Diabetes nicht. Geld anzusparen für ein neues Brillenglas, fällt für sie, obwohl dringend benötigt, hingegen nicht in diese Kategorie der Wünsche, auf die sie sparen würde. Solche Anschaffungen liegen nicht in ihrem Vorstellungsbereich, vielleicht auch, weil sie weiß, dass sie sich diese – für sie – viel zu teuren Produkte auch mit größter Sparsamkeit nicht selbst leisten könnte. Sehr wichtig ist für die durch ihre körperliche Unbeweglichkeit stark beleibte Frau aber ihr Aussehen und deshalb der regelmäßige Besuch beim Friseur, bei dem sie sich jeden Freitag für 15 Euro die Haare waschen und frisieren lässt. Sich selbst den Kopf zu waschen, kopfüber im Waschbecken oder über der Badewanne, das schafft sie wegen ihres Bluthochdrucks und des Schwindels nicht mehr. Größere Ansprüche oder Ziele hatte sie für sich noch nie, wie sie selbst sagt. Nur ein Wunsch fällt ihr, die auf einen Rollator angewiesen ist, ein: Wieder so mobil zu sein, dass sie in die Stadt fahren könnte, um in einem Kaufhaus die Auslagen anzuschauen. Nichts kaufen, nur die schönen Dinge anschauen, das ist ihr einziger Wunsch.

Im Gegensatz zu einem Großteil der Frauen, die wir im Rahmen des Projekts interviewt haben, hat Heidi Grujau, auch wenn es von außen betrachtet paradox anmuten mag, nicht das Gefühl, sich einschränken zu müssen. Dies liegt auch daran, dass sie außer den ganz basalen Wünschen keine großen Bedürfnisse hat – hier zeigt sich eine Kontinuität ihres Lebens; sie konnte aufgrund ihrer sozialen Position nie solche Bedürfnisse entwickeln, musste sich um den materiellen Basiserhalt als Alleinerziehende kümmern. Heidi Grujau käme somit im Alter wie gewohnt zurecht, unterstützt vom Staat. Sie bewegt sich aber – und darin besteht ihre Vulnerabilität – in einer Situation zunehmender körperlicher Gebrechlichkeit und dadurch in sozialer Isolation, was zu Einsamkeit führt. So hadert sie vor allem damit, dass sie körperlich seit drei Jahren aufgrund ihrer Diabetes, ihrer Herzerkrankung und ihrer Osteoporose immer mehr abbaut. Sie spürt den Boden immer weniger unter den Füßen. Ihr ist oft schwindlig, und ihre Ausdauer beim Gehen mit ihrem Rollator ist geringer geworden. Sie kann inzwischen so schlecht sehen, dass sie ihren Blutzuckerwert nur noch mit einer beleuchteten Leselupe ablesen kann. Diese wurde ihr von ihrer Krankenkasse und einer Stiftung für Mittellose bezahlt. Eine der Sozialpädagoginnen im Alten- und Service-Zentrum hatte die Idee und war dabei behilflich, diesen Antrag zu stellen. Auch ist sie sehr unsicher geworden, wenn sie zum Beispiel an ihrer Küchenzeile steht. Deshalb kocht sie sich nur noch selten etwas. Im Alten- und Service-Zentrum hat man ihr deshalb angeboten, zum Mittagessen vorbeizukommen. Dies nimmt sie unter der Woche gerne an, auch deshalb, weil es ihr dadurch leichter fällt, die für sie vorgeschriebenen Broteinheiten wegen ihres Diabetes besser einzuhalten.

Trotz ihrer körperlichen Einschränkungen ist Heidi Grujau um Selbstständigkeit in ihrem Alltag bemüht. Sie möchte möglichst ohne fremde Hilfe auskommen. *»Ich habe früher noch alles gemacht und jetzt nichts mehr, und das ärgert mich.«* Sich selbst zu waschen, das gelingt ihr noch. Zum Duschen alle zwei Wochen bittet sie jedoch ihre Tochter vorbeizukommen. Diese ist dann in unmittelbarer Nähe und gibt Acht, dass sie sicher über den Badewannenrand und auf dem Duschhocker in der Wanne zum Sitzen kommt. Für diese Hilfe könnte sie eine Pflegestufe beantragen. Einen ambulanten Pflegedienst in Anspruch zu nehmen, das kann sie sich allerdings nicht vorstellen:

> *Ich will alles lieber selber machen. […] Bei Fremden mache ich das nicht so gerne. Bei meiner Tochter schäm' ich mich nicht so, bei Fremden schon.*

Dass ihre Tochter für diese Arbeit auch Pflegegeld bekommen könnte beziehungsweise dass sie bereits Chancen hätte, Pflegegeld überhaupt zu erhalten, ist den beiden nicht klar.

Auch wenn Heidi Grujau sieht, dass sie im Haushaltsbereich

viele Tätigkeiten nicht mehr alleine bewältigen kann, akzeptiert sie nur die Hilfe der Tochter. Mit der Reinigungskraft, die das Alten- und Service-Zentrum beim Sozialamt für sie beantragt hat, hatte sie es versucht, aber sie kam mit ihr nicht zurecht. Sie war ihr nicht ordentlich und schnell genug: »*In dieser Zeit hätte ich zwei Zimmer geputzt.*« Außerdem wollte sie nicht von den regelmäßigen, festen wöchentlichen Terminen abhängig sein:

Ich muss dann zu Hause sein, den ganzen Nachmittag muss ich dann ZU HAUSE bleiben. Da war ich gebunden. Und das möchte ich jetzt noch nicht haben – noch NICHT.

Jetzt hilft ihr wieder ihre Tochter. Diese saugt Staub, wozu die gehbehinderte Frau selbst körperlich nicht mehr in der Lage ist, währenddessen sie selbst Staub wischt, das kann sie noch mit einer Hand – die andere auf der Stütze.

Auch wenn es hin und wieder zu Meinungsverschiedenheiten kommt und obwohl sie manchmal Hemmungen hat, ihre Tochter oder den Schwiegersohn anzurufen, ist Heidi Grujau auf diese angewiesen, obwohl sie auch weiß, dass beide durch ihre anstrengende Berufstätigkeit in einem Hotel und in der Gastronomie bereits sehr belastet sind. Auch in finanzieller Hinsicht – und hier unterscheidet sie sich von anderen Interviewpartnerinnen – ist Heidi Grujau froh, dass sie ihre Tochter hat. Diese steuert Geld bei, wenn unerwartete größere Ausgaben für die Gesundheit anfallen, zum Beispiel bei den oben erwähnten Gläsern für die Gleitsichtbrille oder bei der teuren Zuzahlung für die orthopädischen Schuhe. Bis vor zwei Jahren hatte sich Heidi Grujau auch noch selbst etwas dazuverdienen können, indem sie ihrem Nachbarn ab und zu die Hemden bügelte. Stehen am Bügelbrett, das kann sie heute nicht mehr. Neben der Tochter und dem Schwiegersohn bietet das Alten- und Service-Zentrum einen sicheren Unterstützungsrahmen für Heidi Grujau. Nicht nur bei der Organisation der Grundsicherung, der Beantragung von Befreiungs-, Schwerbehinderten- oder

Berechtigungsausweis für die Benutzung von Behindertenpark-plätze helfen die Mitarbeiterinnen. Sie kennen sich auch aus, wenn es um eine spezielle finanzielle Unterstützung durch Spenden für die benötigten Hilfsmittel, wie zum Beispiel die Leselupe, geht. Heidi Grujau hat keine Scheu, sich den Sozialpädagoginnen im Alten- und Service-Zentrum anzuvertrauen. Sich an sie zu wenden, ist sie gewohnt – wie seit jeher der Gang zum Amt, früher als Alleinerziehende mit vier Kindern. Bezüglich der anderen Angebote des Alten- und Service-Zentrums hat es jedoch eine Weile gedauert, bis sie diese für sich in Betracht zog. Während sie seit fast zehn Jahren in München kaum einen eigenen Bekanntenkreis aufgebaut hat und auch keine Hobbys pflegt, ist sie im Alten- und Service-Zentrum jedoch mittlerweile relativ gut sozial angebunden. Durch die wöchentlichen Kaffeetreffs oder hin und wieder die Bingo-Nachmittage kommt die immobile Frau mehr unter Leute.

Obwohl Heidi Grujau sehr gerne Ausflüge mit ihrer Tochter und deren Familie unternehmen würde, bieten sich hierfür kaum Gelegenheiten. Wenn dann Tochter, Schwiegersohn und Enkel ohne sie in den Urlaub fahren, ist Heidi Grujau fast ein wenig enttäuscht, alleine zurückgelassen zu werden. Sie hat dann auch Angst, ganz alleine zu sein; was wäre, wenn sie plötzlich Hilfe bräuchte. Heidi Grujau erzählt von ihrer Empfindlichkeit, mittlerweile weine sie oft.

Bei mir kommen ganz schnell die Tränen – früher nicht, da war ich auch ein bisschen härter [...]. Aber heute braucht mir nur einer was sagen – bin ich am Heulen.

Im Sommer, wenn sie auf ihrem kleinen Balkon sitzt – oft schon frühmorgens, wenn sie nicht mehr schlafen kann –, macht ihr das Alleinsein nicht so viel aus. Dann genießt sie die frische Luft, hört den Vögeln zu und ist abgelenkt. Auf keinen Fall will Heidi Grujau später in ein Pflegeheim. *»Ich habe schon gesehen, wie meine Schwägerin im Pflegeheim ist: Die kommen nicht rein, die reden* *nicht mit ihr, sie war so einsam.*« So hat sie auch schon ihrer Tochter gesagt:

> *Hör mal, steckt mich nicht in so ein Zimmer rein. Da schickst du mich nicht rein. Lieber erschieß ich mich. [...] Dahin, wo meine Schwägerin war, NIEMALS. [...] Alle, die da sind, haben sich einsam gefühlt und sind gestorben. [...] Ich kenn' da jetzt auch eine vom ASZ* [Alten- und Service-Zentrum], *die geht jetzt auch ins Heim. Wie lange die das noch macht dann?*

Traudel Heller

Nicht (mehr) dazugehören.
Überschuldung nach Scheidung

ESTHER GAJEK

Traudel Heller, 1945 geboren, war Mitte 60, als sie nach ihrer Scheidung völlig neu anfangen musste. Für die Anmietung einer Wohnung und deren Möblierung nahm sie einen Kredit auf. Finanzielle Engpässe, zum Beispiel infolge einer Heizkostennachforderung, hatte die Geschiedene mit der Überziehung des Girokontos sowie der Belastung einer Kreditkarte versucht, kurzfristig auszugleichen. Wie oft in solchen Situationen wurden die hohen Überziehungszinsen nicht berücksichtigt, die je nach Bank bei 10 bis 16 Prozent liegen können. Die Bank forderte ihr Geld zurück und brachte Traudel Heller durch häufige Anrufe in Bedrängnis. Unter Druck vereinbarte sie unrealistische Ratenzahlungen, um drohende Kontenkündigungen abzuwenden. Dadurch geriet Traudel Heller, die ihrem ehemaligen Mann zuliebe mit 58 in Pension ging, noch mehr in eine Zwangslage und konnte sich aus ihrer Schuldenproblematik nicht mehr ohne fremde Hilfe befreien. Der Versuch, die durch die Trennung beziehungsweise Scheidung verursachten finanziellen Einbußen zu überwinden, führte zu einer finanziellen Zwangslage und auch zu einer psychischen Belastung sowie zu einem veränderten sozialen Status, der Traudel Heller neben der Ratenzahlung sehr zu schaffen macht. Aus Scham hatte sie sich lange niemandem anvertraut.

Aus Sicht der Schuldnerberaterin, die Traudel Heller letztlich doch aufsuchte, ist diese Schuldenproblematik typisch, sowohl was die auslösenden Faktoren angeht, als auch die Bewältigungsstrategien. Traudel Heller hatte erst mal selbst alles Mögliche versucht, um ihre Situation alleine zu lösen. Aus einer Verschuldung entstand über die Jahre eine Überschuldung, weil weder die Reduzierung des Lebensstandards noch die Erhöhung des Einkommens durch einen Nebenverdienst ausreichten, die steigenden Forderungen zu begleichen.

Die Schuldnerberaterin, bei der wir Traudel Heller kennenlernten, rechnet vor und erklärt damit genauer, wie es so weit kommen konnte: Scheidung als finanzieller Einbruch und hohe Fixkosten – Traudel Heller zahlt 770 Euro Miete, was in einer Stadt wie München nicht ungewöhnlich, aber für eine alleinstehende Person im Ruhestand hoch ist. Miete und Fixkosten belaufen sich insgesamt monatlich auf rund 990 Euro, hinzu kommt die mit der Bank vereinbarte monatliche Kreditrate von 300 Euro. Letztlich bleiben Traudel Heller, der ehemaligen Beamtin, trotz ihrer relativ guten Pension von 1460 Euro und einem Minijob mit 150 Euro monatlich nur noch rund 300 Euro zum Leben.

Das Gespräch mit uns war von einiger Bitterkeit und Verzweiflung geprägt. Denn schließlich vergleicht Traudel Heller ihre beengte und belastende Situation sowohl mit ihrem früheren Leben, in dem sie sich ein paar Jahre während der Ehe zu den besseren Kreisen rechnen durfte, als auch mit dem Leben ihrer jetzigen Nachbarn und Bekannten. Ihre Geschichte ist die eines letztlich – aus ihrer Sicht – gescheiterten Versuchs dazuzugehören. Dieser Versuch beginnt in ihrer Kindheit als Flüchtling.

Das Gefühl des Unterschieds

Dazugehören – das wollte Traudel Heller immer. Als lediges Kind einer jungen Mutter kurz nach der Flucht aus dem »Sudetenland« auf die Welt gekommen, wuchs sie bei der Großmutter, die auch nichts hatte, auf. In der neuen Heimat bemerkte das kleine Mädchen schon bald, dass zwischen den Flüchtlingen und den Einheimischen Unterschiede bestanden beziehungsweise gemacht wurden. Der Pfarrer musste ihre Kommunionsschuhe bezahlen, weil die Familie dafür kein Geld besaß, und auch beim Schulausflug »*mussten sie für mich sammeln gehen*«. In ihrer Kindheit gab es immer wieder entwürdigende Situationen, die ihr bis heute fest im Gedächtnis geblieben sind:

Wir haben das billigste Fallobst aufgesammelt. Dann haben sie [...] gesagt, wieder die Sch... Flüchtlinge [...]. Und dann haben wir Blumen geklaut zum Muttertag, [...] dann haben sie uns da auch wieder erwischt [...]. Und immer in der Schule sind sie auf die Flüchtlinge losgegangen. Das habe ich schon gemerkt.

Jetzt vergleicht sich Traudel Heller wieder und sieht sich als Benachteiligte. Das Trauma wiederholt sich – vor allem seit ihrer zweiten Scheidung, weil das Sparen wieder an der Tagesordnung ist.

Die Nachbarn in dem Haus, in dem sie lebt, haben offensichtlich geerbt und konnten Eigentum bilden, und so entsteht, wie schon auf dem Dorf, wo sie aufgewachsen ist, aus Traudel Hellers Perspektive wieder eine Zweiklassengesellschaft zwischen denjenigen mit Besitz (Land, Haus, Wohnung) und denen, die nichts besitzen oder jedenfalls zur Miete wohnen müssen. Dieses Gefühl des Unterschiedes und der Anspruch, mithalten zu wollen, schmerzen tief:

Es gibt einfach den Unterschied zwischen Mieter und Eigentümer. Und das ist gewaltig. Wo ich wohne, sind 45 Parteien, und die haben alle zwei Wohnungen da drin, und allesamt im hohen Alter fahren noch Auto, [...] haben einen PC, gehen ins Fitnessstudio sogar, haben einen Riesenbauernhof im Bayerischen Wald, aber ich sage Ihnen, die mobben und sind so eklig.

Traudel Heller fühlt sich gegenüber denjenigen, die Eigentum haben, unterlegen. Nicht nur, weil sie weniger Möglichkeiten hat als die Besitzenden, sondern weil sie abhängig von ihnen ist. Wird die Miete erhöht oder gar die Wohnung verkauft, verliert sie, so eine große Angst von ihr, einen Ort, der ihr viel Stabilität gibt und an dem sie sich wohlfühlt:

> *Weil, ich habe die U-Bahn vor der Haustür, ich wohne in einer sehr schönen Gegend. Ich habe alle Baumärkte, alle Discounter, alles in der Nähe. [...] Und einen wunderschönen Park mit Eichhörnchen.*

Damals wie heute blicken – so Traudel Hellers Eindruck – diejenigen, die etwas haben, auf sie herab. Die Nachbarn hätten sie fast vorwurfsvoll gefragt, warum sie trotz ihrer lebenslangen Vollzeitstelle keine Eigentumswohnung gekauft habe. Bei ihrem Vergleich »nach oben« sieht Traudel Heller gar nicht, was sie selbst geschafft hat: Zunächst hatte sie als Strickerin angefangen, später arbeitete sie als Sachbearbeiterin, und zum Schluss übte sie eine Beamtentätigkeit mit besseren Bezügen aus, und jetzt verfügt sie über eine vergleichsweise gute Pension. Sie hatte also den Aufstieg im Beruf erreicht und hat, aktuell, die Umschuldung geschafft und sich einen Minijob besorgen können. Sie könnte, aus einer Außenperspektive betrachtet, ihr Leben auch anders – erfolgreicher oder ausgesöhnter – bilanzieren. Dennoch, die unterschiedlichen Besitzverhältnisse sind ihr Dreh- und Angelpunkt, und sie beeinflussen die Beziehung zu ihren Nachbarn in jeder Hinsicht. Von ihrer jetzigen Position erscheint ihr Leben immer aus der Perspektive derjenigen, die weniger hat:

> *Mit einem da rede ich manchmal an der U-Bahn, weil der wohnt im Nebenhaus. Nett, nicht so schön, aber groß und schönes graues Haar, und was sagt er letztes Mal? Wie gut, dass ich mir mein Eigentum vor zehn Jahren gekauft habe. Da habe ich*

mir gedacht: ›Kannst schon wieder vergessen.‹ [...] Wissen Sie,
wenn einer Eigentum hat, der will so kein kleines Würstchen,
wie ich bin.

Traudel Heller reagiert sofort auf die Unterschiede bezüglich
Wohneigentum und Wohlstand, und in solchen Situationen zeigt
sich ihr schwaches Selbstwertgefühl und ihre Gekränktheit, sie reagiert mit Rückzug.

Traudel Hellers Verhältnis zu ihrer Wohnung ist ambivalent:
Einerseits stellt sie wie bei vielen unserer Interviewten eine ganz
zentrale Ressource dar:

Meine Wohnung, das, was ich habe, habe ich mir selber geschaf-
fen, und ich freue mich jeden Abend, wenn ich dann ruhig auf
der Couch sitze, dann denke ich mir: ›Siehst du, keiner sagt, hast
du schon wieder einen Übertopf gekauft, oder keiner regt sich
über das auf, was ich in der Wohnung habe‹ – und meine Woh-
nung ist sehr gemütlich. Jeder sagt, ›Traudel, du hast es sehr ge-
mütlich‹ [...]. Ja, das ist mein ruhiger Pol eigentlich.

Andererseits ist die Wohnung auch für Traudel Heller eine stete
Mahnung daran, dass sie von einem Vermieter abhängig ist, was
sie als Willkür wahrnimmt. Sie wird die Wohnung auch aufgrund
der für sie zu hohen Miete nicht halten können. Für ihre derzeitige enge finanzielle Situation ist sie viel zu teuer, doch eine günstigere Genossenschaftswohnung, um die sie sich beworben hat, ist
nicht in Sicht, und für Neuvermietungen hält der Münchner Wohnungsmarkt keine günstigere Wohnung vor. Ein weiterer Nachteil
dieser Wohnung besteht in dem belasteten Verhältnis zu den
Nachbarn. Sie fühlt sich beobachtet, die Nachbarin verfolge Traudel Heller durch den Spion in ihrer Haustür, diese bekomme mit,
wann sie wasche, und spreche sie darauf an, wenn sie die Wäsche
auf dem Balkon trocknet. Das Schlimmste wäre, wenn ihre Nachbarinnen mitbekämen, dass sie Schulden hat oder – für andere

auch noch sichtbar – der Gerichtsvollzieher vor der Tür stünde und sie vor ihren Schulden kapitulieren müsste. Jeden Tag wird sie damit konfrontiert, dass es den anderen, wie sie vermutet, besser geht und sie selbst, wie sie es beschreibt, am unteren Ende der sozialen Leiter steht. Sie müsse dabei immer so tun, als ginge es ihr gut und als habe sie alles im Griff. Die einen könnten oft in den Urlaub fahren, es sich sogar leisten, eine Eigentumswohnung unvermietet leer stehen zu lassen und unbekümmert zu sein, beklagt sie sich. Traudel Heller dagegen macht sich Sorgen. Diese will sie nicht teilen, weder mit ihren Nachbarn und selbst nicht mit ihrer Tochter. Der Schmerz ist in ihren Worten spürbar, auch wenn sie ihn mit der Bedeutungslosigkeit von Materiellem angesichts des Todes, der einmal alle treffen und gleichmachen wird, zu relativieren versucht:

Die Leute, die Geld haben, denen brauchst du das gar nicht sagen. Sehen Sie, die sondern sich einfach ab. Wenn du nicht mal ein großes Geschenk machst oder mit in Urlaub für 400 Euro fliegen kannst, dann bist du nichts. Aber ich brauche auch diese Leute nicht, verstehen Sie. Die können es auch nicht mitnehmen am Schluss.

Für Traudel Heller sind viele Fragen offen und lassen Unsicherheiten entstehen. Was passiert, wenn ihre derzeitige Vermieterin stirbt und die Erbengemeinschaft die Wohnung verkauft? Wo soll sie dann wohnen?

In ihrem Lebensgefühl ist Traudel Heller noch von den Erfahrungen des unterprivilegierten Flüchtlingsstatus geprägt. Aus diesen frühen Erfahrungen schloss sie, dass nur derjenige mit Geld und Besitz über Macht und Würde, ja eine Identität und Daseinsberechtigung verfügt und entsprechend sorgenfrei leben kann. Sie hatte über Jahre versucht, selbst an diese Wunschprojektion heranzukommen und entsprechend zu den Privilegierten zu gehören, aber es ist ihr zu ihrem großen Schmerz nicht auf Dauer gelungen.

Ihre Ängste und alten Erfahrungen lassen sie deshalb nicht souverän agieren. Traudel Heller bleibt – jedenfalls in ihrer Selbstpräsentation im Interview – in der Rolle einer Ohnmächtigen, und ihr Blick ist auf den Status und die Besitzverhältnisse der anderen fokussiert.

Was soll ich machen, ich weiß es nicht. Und die lieben netten Bekannten, ich sage Ihnen, Geld ist Macht, Geld regiert die Welt. Und nur, wenn du was im Hintergrund hast, die haben ja alle ein Häuschen, die Damen, Witwen. Oh mein Gott, da kann ich mein Haus beleihen, ich kann nichts beleihen, ich kriege nichts mehr. Im Gegenteil, ich habe Schulden gehabt. Weil das, was mir mein Mann gegeben hat, das war viel zu wenig.

Dabei hatte bei der zweiten Ehe von Traudel Heller alles so vielversprechend begonnen. Der Ingenieur in leitender Stellung mit mehreren Immobilien im In- und Ausland hatte sie während der Ehe sehr verwöhnt: Sie trug schöne Kleider, hatte Schmuck und verkehrte unter Golfspielern. Solange sie verheiratet war, gehörte sie endlich dazu. Stolz erzählt sie von einer Begebenheit auf dem Golfplatz:

Ja, wir haben gegolft. Wir waren auf der Driving-Ranch. […] Sagt mein Urologe zu mir: ›Frau Heller, was machen Sie denn da?‹ – ›Na, dasselbe wie Sie‹, habe ich gesagt.

Die Reisen, die sie mit ihrem Mann unternahm, dauerten oft Monate.

Ja, wir haben schöne Urlaube gehabt. Ich habe auf das Geld nicht schauen brauchen, verstehen Sie? Obwohl, er hat von mir monatlich Geld bekommen für Essen, und der hat sich da in der Sache eins gelacht, ich sage es Ihnen. Und am Schluss war es so, da hätte ich den Flug selber zahlen müssen, obwohl der den im-

mer bezahlt hat. Der hat nur Streit gesucht, damit wir auseinandergehen.

Nach der Trennung kam der Ehevertrag zum Tragen, den sie drei Tage vor der Hochzeit hatte unterschreiben müssen: Er war gut abgesichert, sie erhielt nur eine kleine Abfindung. Dabei hatte sich Traudel Heller auf einen gemeinsamen und auskömmlichen Ruhestand verlassen. Für die langen Reisen mit ihrem zweiten Mann hatte Traudel Heller unbezahlten Urlaub genommen und war mit 58 in Altersteilzeit gegangen – Arbeitszeiten, die ihr jetzt, bei der Berechnung ihrer Pensionsbezüge fehlen. Und über die finanziellen Einbußen hinaus ist da der Schmerz, dass es wieder nicht geklappt hat mit der Ehe, dass sie die Verliererin ist, ausgenützt wurde. So habe die Eheschließung dem Ex-Mann etwa dafür gedient, Steuerabschreibungen geltend machen zu können, womit sie vermutlich auf die Steuervorteile des Ehegattensplittings anspielt. Die Trennung war für Traudel Heller

ein ganz großer Einschnitt. Da fallen Sie gleich ins tiefe Loch. Wenn Sie vorher so viel Luxus haben, wissen Sie, und so ein schönes Leben mit Urlaub, Schmuck und Reisen.

Der Unterschied zwischen Golfplatz und Schuldnerberatung ist sehr spürbar und schmerzt.

Wirtschaften im Rückzug

Traudel Heller spart, wo sie kann: »*Alles weg, alles weg, und jetzt muss ich knausern und sparen.*« An Urlaub ist nicht mehr zu denken. Sie verkauft Wertgegenstände, spült das Geschirr von Hand, achtet auf Sonderangebote, wäscht, um Strom zu sparen, nur einmal die Woche mit der Waschmaschine, nimmt die Hautcreme vom Discounter, fährt mit dem Rad statt mit der U-Bahn, heizt im Winter nur einen Raum und kehrt nicht ein, wenn sie unterwegs ist. Haare und Nägel macht sie sich längst selbst, und von Freundinnen bekommt sie manchmal Kleidung geschenkt, die sie dann wieder »verscherbeln« kann. Wie andere Interviewpartnerinnen geht auch sie nicht mehr aus, sondern schaut abends fern. Aber das alles reicht nicht, um gerade in kostspieligen Bereichen, die noch dazu nach außen hin einen gewissen Lebensstandard signalisieren – wie intakte und gepflegte Zähne oder Reisen –, den eigenen Vorstellungen gerecht zu werden und mit ihrer Umgebung mithalten zu können. Traudel Heller hadert mit ihrer Situation.

Auf alle Fälle, das ist viel zu wenig. [...] Da muss ich mich von allen abschließen und kein Urlaub, kein gar nichts. Obwohl ich ehrlich gesagt ein bisschen mal Abwechslung bräuchte. Ich habe seit meiner Scheidung so viel Federn gelassen.

Immer wieder spricht sich Traudel Heller Mut zu, aber es macht sich trotzdem Hoffnungslosigkeit breit:

Ich muss jetzt [...] zahlen, weil ich habe ja jetzt diese Belastung, ich muss das schaffen. Aber dann bin ich trotzdem alt. Ob ich dann noch was mache, das weiß ich nicht. Das Leben ist eigentlich gelaufen. Das Leben ist gelaufen. Ich sehe kein Highlight mehr für mich.

Damals, als Flüchtlingskind, hatte sie die Perspektive des Aufstiegs: durch die Arbeit oder durch Heirat. Beides hat nicht geklappt, und so stellt sich für Traudel Heller eher Stillstand ein; Mutlosigkeit stellt sich ein:

Ich bin ja nur am Rennen und am Arbeiten und Schauen, wie ich gut oder billig lebe. Verstehen Sie? Also ich hoffe nur, dass ich lang gesund bleibe. Weil dann kann ich gleich vom siebten Stock runterspringen [...]. Nein, wirklich, es ist schon manchmal traurig.

Es sind wenige, mit denen die verbitterte und auch eingeschüchterte Frau noch verkehrt. Klassentreffen meidet sie. Resigniert sagt sie über sich: »*Du bist einfach ein armes Würstchen und hast keine Chance.*« Ihre Cousine ruft zwar jeden Abend an, weiß aber auch nicht über die genaueren Umstände ihres Lebens und die materiellen Engpässe Bescheid. Tochter und Enkel trifft sie nur einmal pro Monat, auch weil ihr die Fahrtkosten ins Münchner Umland zu hoch sind. Mit ihrer Tochter will sie aus Scham nicht über ihre angespannte Finanzlage sprechen:

Sie sieht das schon, die weiß ja, dass ich beißen muss. Die weiß es, aber sie weiß nicht, wie weit. Sie weiß nicht die große Belastung, was ich da habe, das weiß sie nicht.

Traudel Heller ist oft wie gelähmt. Staatliche Unterstützung, die ihr aufgrund von Schwerbehinderung durch einen Hörschaden zustünde, hat sie bisher noch nicht beantragt – einfach aus Angst, diese nicht gewährt zu bekommen, wieder nicht zu diesem Kreis der Privilegierten dazuzugehören. Sie will auf keinen Fall wieder Bittstellerin sein müssen, wie damals, als sie, das Kind von Flüchtlingen, kein Geld für Kommunionsschuhe hatte.

Mária Jakubová

Wenn ältere Frauen Hochaltrige pflegen – Eine Arbeitspendlerin zwischen Deutschland und der Slowakei

NOÉMI SEBÖK-POLYFKA

Mein Handy klingelt, und es meldet sich eine freundliche, etwas rauchige Stimme. Es ist Mária Jakubová, 59 Jahre alt, Altenpflegerin. Wir haben bereits vor wenigen Tagen telefoniert und ausgemacht, dass wir uns in einem Restaurant an ihrem Arbeitsort, in einem der Außenbezirke Münchens, treffen. Ort und Uhrzeit hat meine Gesprächspartnerin bestimmt, die als 24-Stunden-Pflegekraft nur wenige Zeitfenster zur freien Verfügung hat. Das Treffen fand in den fünf freien Stunden statt, die ihr wöchentlich zur Erholung zur Verfügung stehen. Mária Jakubová wartet auf der gegenüberliegenden Straßenseite auf mich. Ihre sportliche strahlend weiße Kleidung passt zu dem warmen Sonnentag.

Kaum haben wir die Terrasse des von Mária Jakubová gewählten Restaurants betreten, kommt uns freundliches Personal entgegen, das uns auf Slowakisch begrüßt. Die Kellnerin und meine Gesprächspartnerin scheinen sich schon seit Längerem zu kennen. Sie weiß, wo Mária Jakubová arbeitet, wie sie in Deutschland lebt und wie oft sie heimfährt. Meine Interviewpartnerin führt mich zielgerichtet zu einem der Tische in einer Ecke der Terrasse: »*Da hinten können wir uns in Ruhe unterhalten.*«

»*Sie werden also dieses Jahr 60?*«, frage ich sie als Erstes (das Interview wurde auf Slowakisch geführt und von mir ins Deutsche übersetzt). Auch ich bin in der Slowakei geboren und aufgewachsen, was eine gewisse Komplizenschaft herstellt. Sie bietet mir rasch das Du an. Mária zündet sich eine Zigarette an, zieht kurz an ihr und fängt an, mit nachdenklichem Blick zu erzählen:

Ich werde dieses Jahr 60. Endlich. Ich habe vier Kinder – und auf die Rente habe ich Anspruch seit meinem 59. Geburtstag und 3 Monaten. Aber, wenn wir noch Kommunismus hätten, hätte ich seit meinem 54. Geburtstag Rentenanspruch.

Das Renteneintrittsalter für Frauen in der Slowakei variiert bis heute. Wenn sie – wie die Interviewte – vor 1962 geboren wurden und vor dem 1.1.2017 in Rente gingen, erfolgte der reguläre Renteneintritt, je nach Anzahl ihrer Kinder, zwischen 59 und 62 Jahren.
Mária kam bereits vor ihrem Rentenbezug nach Deutschland:

Hier bin ich seit sechs Jahren, 54 war ich. Weil mein Mann, heute Ex-Ehemann, so ein junges Mädchen gefunden hatte. Ich habe die Hintern seiner Eltern sauber gemacht und er? Er hat sich amüsiert. Und am Ende hat er mich und die Kinder rausgeschmissen.

Sie begann, als Altenpflegerin zu arbeiten, nachdem sie von ihrem Ehemann aus dem gemeinsamen Haus vertrieben wurde. Mithilfe dieser Erwerbstätigkeit hoffte sie, in der Slowakei für sich endlich ein eigenes Zuhause zu erschaffen, um im höheren Alter unabhängig zu sein und ihre Schulden zurückzuzahlen. Die Rechtsstreitigkeiten mit ihrem Ehemann laufen heute noch. Nach Jahren der Misshandlung und der kräftezehrenden Scheidung stand sie am Ende finanziell und psychisch stark belastet da:

Ich war psychisch einfach ganz am Ende. Und wenn die Jungs nicht zu mir gehalten hätten, dann … Sie haben einfach alles für mich gezahlt.

Eigene finanzielle Ressourcen waren nicht vorhanden, da sie in den Jahren der Ehe alleine für die meisten Ausgaben der Familie aufgekommen war, während sich ihr Ehemann Rücklagen bilden konnte, die er später mit seiner neuen Freundin ausgegeben habe:

> *Ich durfte das Geld nicht anfassen. Und er hat alles verprasst. Wir waren nie im Urlaub mit ihm. Und er hat alles verprasst mit ihr. Er ist mit ihr in den Urlaub gefahren, zum Einkaufen, Pelz und alles. […] Er hat ihr Klamotten gekauft und auch ihrer Tochter, und den eigenen Kindern hat er nichts gegeben, aber ihr. Alles, und jetzt hat er kein Geld mehr.*

Mária hingegen musste ihre eigenen Bedürfnisse immer hintanstellen. Sich zurückzunehmen, war dabei nichts Neues für sie. Das hatte sie bereits in ihrer Kindheit gelernt. Sie ist in einem kleinen Ort im Osten der Slowakei, damals Teil der Tschechoslowakischen Föderation, geboren und aufgewachsen. Dieser Teil der heutigen Slowakischen Republik war schon immer wirtschaftlich benachteiligt. Viele Familien, so auch damals die Eltern von Mária, hatten Schwierigkeiten, die Ausbildung der Kinder zu finanzieren. Die junge Frau musste sich daher von dem Traum von einer Schneiderinnenlehre zunächst verabschieden. Erst Jahre später, als sie 21 war, eröffnete sich für sie die Chance, diese Berufsperspektive wieder zu verfolgen. Doch da bahnte sich schon das nächste Hindernis an. Als sie mir davon erzählt, ziehen sich ihre Augenbrauen zusammen:

> *Und damals habe ich schon meinen Ex gekannt. Und damals wurde diese Industrieschule in V. eröffnet. Man musste nicht nach R. fahren. […] Na, und ich wollte hingehen* [in die Schule], *aber mein Mann wollte heiraten, mein Ex. Und er hatte Angst, dass ich ihn verlasse. Er hatte also ein Jahr Wehrpflicht, und wir haben geheiratet. Und das war ein großes Unglück.*

Kurz nach der Eheschließung wurde sie schwanger. Es folgten Jahre zwischen unbezahlter Haus- und Fürsorgearbeit für die vier Kinder und prekären Beschäftigungen. Nachdem Mária zum ersten Mal Mutter geworden war, teilte sie mit zahlreichen anderen Frauen, auch in sozialistisch geprägten Ländern, das Schicksal der Doppelbelastung: Neben der Erwerbsarbeit war sie für die Erziehung der Kinder und für den Haushalt zuständig. Nur mit der Hilfe der eigenen Mutter konnte sie damals rechnen, nicht aber mit der ihres Ehemannes.

Mária streicht langsam über ihre Stirn, als wollte sie die Sorgen von damals wegwischen. Es waren schwere Zeiten für sie nach der Geburt des vierten Kindes, denn neben oder gerade wegen der finanziellen Sorgen begann ihre Ehe bereits zu bröckeln: *»Bei uns gab es schon immer Probleme, aber damals war es schrecklich.«* Mária hat viele Erniedrigungen für die Kinder hingenommen: *»Mir ging es einfach darum, dass ich den Kindern immer etwas zu essen geben konnte. Verstehst du? Es war für die Familie.«* Dafür machte sich die vierfache Mutter mit einem Textilladen selbstständig. Die Geschäfte liefen jahrelang sehr gut, bereits nach kurzer Zeit beherrschte sie all die Tricks, die nötig sind, um mit einem solchen Kleinunternehmen überleben zu können, und sie konnte ihre vorteilhafte Marktposition auf dem Land geschickt nutzen. Sie habe immer alles akribisch abgerechnet und sehr genau und ehrlich gearbeitet. Doch dann kam der Bruch, als ihr Ehemann Mária und die Kinder aus dem gemeinsamen Haus schmiss:

Er hat uns in den zwei Wochen ein Ultimatum gegeben, dass wir bis Ende Juli ausziehen müssen [...]. Damals hatte ich in den zwei Wochen zwölf Kilo abgenommen.

Mithilfe der Kinder konnte sie sich schließlich von dem Haus, in dem sie jahrelang ihrem Mann ausgesetzt war, lösen: *»Psychisch war ich einfach komplett am Ende. Na und die Jungs- [...], wenn sie nicht gewesen wären, dann wäre ich heute nicht hier.«*

Mária blickt nachdenklich in eine weite Ecke der Terrasse des

Cafés und macht eine kurze Pause. Sie nimmt einen Schluck von ihrem mittlerweile lauwarm gewordenen Kaffee und kommt langsam wieder in der Gegenwart an, beginnt, von ihrem Neuanfang zu erzählen. Zunächst zog sie in die Wohnung ein, die einer ihrer Söhne gerade mit seiner Freundin gekauft hatte. Und sie reichte die Scheidung ein. Dieser Umzug entzog ihr jedoch die Existenzgrundlage, da in ihrer neuen Bleibe kein Platz mehr für die Lagerung der Ware aus ihrem Geschäft vorhanden war, sodass sie ihren Laden aufgeben musste.

Gleichzeitig schafften diese Veränderungen aber auch Raum für neue Ziele. So kaufte sie sich ein kleines, stark renovierungsbedürftiges Häuschen auf Basis einer Hypothek in Höhe von ungefähr 3300 Euro. (Die Preise für Grundbesitz in der ländlichen Slowakei sind für westliche Verhältnisse niedrig, bei dem dortigen niedrigen Lohnniveau dennoch nicht einfach zurückzuzahlen.) Hausbesitz ist in der ländlichen Slowakei kein Luxus, sondern eher die Regel. Für die meisten Menschen, auch für Mária sogar eine Notwendigkeit, um für das Alter vorzusorgen, *»weil du in einer Mietwohnung mit einer slowakischen Rente nicht überleben kannst. Das ist unmöglich.«* Sie hat aktuell eine – für die Slowakei für Frauen durchschnittliche – Rente von 300 Euro zur Verfügung.

Um die Hypothek abzutragen und für die Renovierung des Hauses, benötigte Mária ein höheres Einkommen. Sie beschloss, in den Pflegeberuf zu wechseln und ihr im familiären Kontext erlangtes Wissen durch die Pflege der eigenen Eltern und Schwiegereltern wie so viele ihrer Landsleute im Westen zu professionalisieren. Als sie ein Arbeitsangebot von ihrer deutschen Agentur bekam, hatte sie zwar den Pflegekurs noch nicht abgeschlossen, aber als Besitzerin eines Führerscheins war sie als 24-Stunden-Pflegekraft sehr begehrt und durfte gleich Ende Januar in Stuttgart anfangen. So wurde es Mária möglich, im Ausland für einen besseren Lohn zu arbeiten. Für die geleistete Arbeit habe sie im neuen Pflegeberuf Wertschätzung erfahren und nach kurzer Zeit habe sie sich wie ein Familienmitglied gefühlt. Als ihre erste Klientin verstorben war, musste sie eine neue Familie finden.

Aktuell betreut Mária Frau Weber, die sie als Vertretung für eine andere Betreuerin kennengelernt hat. Nach kurzer Zeit habe ihr die Familie von Frau Weber einen Arbeitsvertrag angeboten (viele 24-Stunden-Pflegekräfte arbeiten noch immer schwarz). Auf vier Wochen Aufenthalt bei der zu Pflegenden folgen meist vier Wochen, die sie zu Hause in der Slowakei verbringt. Diese »Auszeit« wird auch bei Mária nicht bezahlt. Somit stehen ihr – ohne ihre Rente – etwa 900 Euro pro Monat zur Verfügung, wovon sie noch um die 200 Euro Steuern und Krankenversicherung zahlen muss.

Die vier Wochen, die als Erholungszeit vorgesehen sind, sind jedoch für Mária keineswegs arbeitsfreie Tage. Wie viele anderen Betreuerinnen in der 24-Stunden-Pflege hat sie auch in ihrer Heimat, insbesondere bei der Renovierung und Einrichtung ihres Häuschens, viel zu tun:

Und so habe ich das gemacht, dass ich vier Wochen in Deutschland war, währenddessen habe ich alles hier übers Internet besorgt, aufgeschrieben, eingerichtet. [...] wenn ich zu Hause war, wurde ein Monat am Stück gearbeitet.

Ende 2014 konnte sie die Mietwohnung aufgeben und in das Häuschen einziehen. Für diese Unabhängigkeit nimmt Mária sogar in Kauf, dass die neue Bleibe noch nicht vollständig renoviert ist und dass sie in der Nachbarschaft ihres Ex-Ehemannes, neben dem ehemals gemeinsamen Haus, wohnen muss. In dem Ort war zu einem für sie bezahlbaren Preis schlichtweg kein anderes Domizil zu finden.

Die Abhängigkeit von einer noch dazu prekären Erwerbsarbeit trotz des eigentlich erreichten Rentenalters empfindet Mária als ungerecht:

Und arbeiten muss ich. Ich muss arbeiten, weil, das ist umso schlimmer, dass ich eigentlich die Rente genießen sollte, weißt du? All die Jahre arbeitest du, und jetzt, wenn du dich erholen könntest, musst du dir ein Haus fürs Alter bauen. Und bis du 65 bist, musst du die Hypothek zahlen.

Die Tätigkeit in der 24-Stunden-Pflege dient ihr dazu, die Aussichten auf eine bessere Absicherung für ihr eigenes höheres Alter und zugleich mehr Unabhängigkeit zu erlangen. Dies ist die eine Perspektive: eine Frau, die ihr Leben selbst in die Hand genommen hat und aus der noch möglichen Mobilität Kapital zieht. Die andere zeigt sich in den hierzulande geführten Debatten um die Ausbeutung der Pflegekräfte, die meist aus osteuropäischen Ländern stammen und in Deutschland mit geringer Bezahlung und kaum freier Zeit rund um die Uhr eingesetzt werden. Der globalisierte Arbeitsmarkt ist auf Ungleichheit aufgebaut, denn ausländische Altenpflegerinnen arbeiten meist selbstständig und erhalten weniger Lohn für ungeregelte oder zu lange Arbeitszeiten ohne tarifvertragliche Gehälter, ganz im Unterschied zu fest angestellten Pflegekräften in Deutschland. Die Kosten für so eine Pflegekraft kann sich jedoch eine Familie kaum leisten.

Obwohl Mária mit ihrer aktuellen Arbeitsstelle, die sie mittlerweile seit sechs Jahren innehat, sehr zufrieden ist und hier »*gut behandelt*« wird, würde sie sich auch etwas mehr Freizeit wünschen. Die wenigen Stunden, die sie wöchentlich für sich zur Verfügung hat, verbringt sie zum Teil damit, dass sie für ihre slowakische Familie einkauft. Bestimmte Lebensmittel oder Kosmetik sind in ihrer Heimat als Mitbringsel begehrt, sie sind in Deutschland günstiger. Solche Importprodukte, deren Qualität sie schätzt, kann sie sich in der Slowakei nicht leisten:

Jetzt zum Beispiel, die Butter. [...] Für das Geld bekommst du die auch bei uns, aber du hast nicht die Qualität. [...] Fünf nehme ich immer mit. Und die Rasierer für die Jungs.

Als Mária wieder über die Arbeit spricht, gibt sie zwar zu, dass sie körperlich anstrengend ist, aber im nächsten Moment fügt sie hinzu:

Wenn du das in der Slowakei machst, bekommst du dafür nichts. Weil wirklich, mein Schwiegervater war ein sehr dummer Mensch, dass du ihm die Windeln wechselst, und er beschimpft dich und alles. Also, wer nichts Schwierigeres kennt, für den ist das hier schwere Arbeit. Aber ich vergleiche es immer damit, was ich bei meinen Schwiegereltern hatte.

Ihre Schwiegereltern pflegte Mária anfangs neben ihrer Erwerbstätigkeit. Finanziell wurde sie dafür erst spät entschädigt, da die Ämter mit der Genehmigung ihres Antrags auf Pflegegeld sehr lange brauchten. Und am Ende war das doch nur eine sehr kleine Summe, die sie keineswegs für die finanziellen Ausfälle in ihrem Laden entschädigen konnte. Jetzt ins Ausland pendeln zu müssen, um für die zu Hause einst unentgeltlich verrichtete Pflegearbeit bezahlt zu werden, scheint ihr fast als Luxus. Der Fall von Mária zeigt, dass diese Arbeit neben Einfühlungsvermögen, auch sehr viel Wissen und Lernbereitschaft erfordert. Viele Kenntnisse über häusliche Pflege brachte sie aus der eigenen familiären Pflegeerfahrung mit, anderes musste sie sich selbst beibringen, und noch heute bildet sie sich in Eigenregie fort. So schafft sie sich aus eigenen Mitteln sogar Fachliteratur über Pflege und medizinische Diagnosen an.

Während Mária von ihren alltäglichen Aufgaben und Frau Weber erzählt, schwingt in der Stimme der Pflegekraft so viel Empathie und Respekt mit, dass es sich für mich für einen Moment so anfühlt, als würde sie von der eigenen Mutter sprechen. Sie ist der Meinung, dass Menschen, die den Pflegeberuf wählen, gänzlich auf die zu Pflegenden eingehen sollten, insbesondere auf der emotionalen Ebene. Im Unterschied zu ihr selbst esse ihre Kollegin, mit der sie ihre Klientin abwechselnd betreut, nicht mit ihr. »*Nur, so sollte es nicht sein. Wenn der Patient will, dass du mit ihm isst, dann solltest du ihm das erfüllen.«* Sie will Frau Weber eine gewisse Normalität und Kontinuität im Alltag ermöglichen und versucht daher, Momente aus deren früheren Leben herbeizuzaubern, aus der Zeit, als sie ihren Alltag noch weniger abhängig von fremder Hilfe geführt hat: *»Ich frisiere sie immer schön, weil sie früher immer gepflegt herumgelaufen ist [...], ich ziehe sie immer schön an.«*

Mittlerweile ist ihre Klientin Mária so sehr *»ans Herz gewachsen«*, dass sie darauf verzichtet, mehr Lohn zu fordern, obwohl sie weiß, dass eine Lohnerhöhung für die geleistete Arbeit längst angebracht wäre. Bei Familien, in denen sie als Vertretung wochenweise die Arbeit übernimmt, scheut sie sich hingegen nicht, auf ihre Rechte – wie zum Beispiel Mindestlohn – hinzuweisen und für sich bessere Bedingungen auszuhandeln. In ihrem *»zweiten Zuhause«*, bei Frau Weber, nimmt sie sich jedoch diesbezüglich zurück, nachdem sie diese Frau bereits so *»liebgewonnen«* habe.

Liebe zu geben schafft für Mária als einer familienorientierten Frau gewisse Kontinuitäten. Es erfüllt sie, die Liebe, die sie früher ihren Kindern in Form von Versorgung geschenkt hat, nun auch wieder durch dieses Sich-Kümmern weiterzugeben:

Ich habe unheimlich viel Liebe in meinem Herzen. Und sie will Gutes tun, denn *es ist ein sehr gutes Gefühl, wenn du diese Arbeit machst, denn du hilfst. Ich sage, dass man sich so gegenüber diesen alten Menschen verhalten muss, wie du es dir wünschst, wenn du mal alt bist.*

Dieser Dienst am Menschen, den Mária in ihrer Arbeit verrichtet, spendet ihr auch Trost, wenn sie über die Familie zu Hause nachdenkt, die sie sehr vermisst.

Mária leistet täglich nicht nur körperliche Arbeit bezüglich der Dienstleistungen wie Kochen, Saubermachen und Pflegen, sondern auch Emotionsarbeit. Emotionsarbeit heißt, die eigenen Gefühle von Heimweh und Sehnsucht nach der Familie zu bewältigen und die für die Familie empfundene Liebe und Sorge in professionelle Pflegearbeit zu konvertieren. In Márias Zuneigung und Sorgsamkeit gegenüber ihrer Klientin werden diese Gefühle immer wieder neu aktiviert. Dabei hilft ihr auch das soziale Netzwerk, das sie in der Umgebung ihres Arbeitsortes mit anderen Slowakinnen aufgebaut hat, mit denen sie auch mal ein paar Stunden an den See fährt.

Auch wenn Mária sehr viel von ihrer Kraft und emotionale Zuwendung geben muss und zudem sicherlich auch oft genug mit Ausbeutungsverhältnissen konfrontiert wird, hat sie mit ihrem Lohn letztlich gute Aussichten, in wenigen Jahren die Hypothek für ihr eigenes kleines Häuschen in der Slowakei getilgt zu haben. Sie muss dann keine Angst mehr haben – weder vor einem tyrannischen Ex-Ehemann noch davor, die monatliche Miete für eine Wohnung nicht aufbringen zu können. Auch ihre Schulden bei ihren Kindern konnte sie mit dem verdienten Geld bereits begleichen. Bis dahin bleibt sie jedoch prekär, denn sie muss trotz Rente einer schweren körperlichen und emotional belastenden Arbeit nachgehen und täglich mit der Unsicherheit leben, ob sie aufgrund ihrer beginnenden gesundheitlichen Probleme lange genug in diesem Beruf durchhalten kann, um das Haus abzuzahlen.

Für Mária bedeutet diese Arbeit und das Haus, für das sie sich verschuldet hat, Unabhängigkeit. Das Haus ist nicht nur finanzielle Sicherheit, sondern ein Symbol für die wiedergewonnene Kontrolle und dafür, was sie trotz der vielen schmerzvollen Jahre der Erniedrigung in der Ehe geschaffen hat: *»Jetzt habe ich ein sehr schönes Gefühl, dass ich etwas Eigenes habe. Und was ich erreicht habe. Also, jetzt bin ich die Heldin.«* Das ist sie, eine Heldin, auch für mich.

Regina Kirchhoff

Prekär? – »Ich bin rundum zufrieden«

ALEX RAU

Regina Kirchhoff feiert ihren 70. Geburtstag. Mehr als 60 Gäste sind ins Münchner Künstlerhaus geladen. Eine Jazzband im Hintergrund sorgt für die richtige Atmosphäre. Sie hatte eigentlich nicht geplant, so groß zu feiern. Doch am Ende ist sie glücklich darüber, ihren runden Geburtstag an einem ihr vertrauten Ort im Kreis ihrer Familie und vieler enger Freunde und langjähriger Bekannter gebührend zu feiern. Ein weiteres rauschendes Fest, das sich einreiht in die schönen Erinnerungen ihres Lebens, sie ist *»rundum zufrieden«*.

Regina Kirchhoff bezieht Grundsicherung. Aufgrund ihrer geringen Rente von 634 Euro – 512 Euro eigener Altersrente und 122 Euro Witwenrente – ist sie auf diese Aufstockung durch staatliche Unterstützung angewiesen. Auch die Miet- und Heizkosten werden über den Grundsicherungsbedarf abgedeckt. Nach Abzügen weiterer Fixkosten bleiben ihr gerade einmal 200 Euro im Monat, *»100 für Essen und 100 zum Verprassen«*. Ihren Mann pflegte sie bis zum Tod. Der gemeinsam betriebene Musikalienhandel hatte ein paar Jahre zuvor Insolvenz anmelden müssen. Objektiv gesehen, eine nicht sehr positive Bilanz, ein fragiles – wahrlich prekäres – System der Existenzsicherung.

Dass es sich bei der einen, die im großen Stil ein Fest gibt, und der anderen, die kaum über die Runden kommt, um ein und dieselbe Person handelt, ist zunächst schwer zu glauben. Man versteht es aber, wenn man ihre Geschichte besser kennt.

Regina Kirchhoff ist in der Nachkriegsgesellschaft in München aufgewachsen. Obwohl sie mit den allgemein knappen Ressourcen dieser Jahre konfrontiert war, hat sie rückblickend ihre Kindheit in einem mittelständischen Elternhaus als »glücklich« empfunden. Sie besucht das Gymnasium und studiert anschließend Sozialpädagogik und Psychologie. Schon immer musikalisch interessiert, absolviert sie während des Studiums ein Praktikum in einer Musikschule. Dort begegnet sie ihrem zukünftigen Mann, einem leidenschaftlichen Musiker und Musikprofessor. Das Paar heiratet 1970. Musik bleibt ihre tiefe Verbindung. Beschwingt von der Aufbruchsstimmung der damaligen Zeit, zeigen sie sich risikobereit und beschließen, ein Musikaliengeschäft zu eröffnen:

Wenn es nicht klappt, wir haben ja Abschlüsse, wir haben ja unsere Berufe, dann hören wir auf, basta. Und da, 1970, sind wir in eine Zeit reingekommen, das war ein wirtschaftlicher Aufschwung, und vor allen Dingen im Musikbereich ein Riesenaufschwung. Und darum hat das einfach super geklappt.

Das Geschäft entwickelt sich zu einem der angesehensten der Stadt, sogar eine Musikschule können die beiden aufbauen. Das Familienunternehmen floriert, zu den besten Zeiten beschäftigt das Paar Kirchhoff mehrere Angestellte, unterrichtet fast 500 Schüler und ist in der Münchner Musiklandschaft wohlbekannt:

Und damit waren wir natürlich in der Szene total integriert. Da haben wir Musiklehrgänge und alles Mögliche gemacht. Also wir haben, [...] wirklich tolle Leute kennengelernt [...], wir haben auch immer Geld gehabt. [...] In München hatten wir immer Riesenwohnungen, also wunderbar.

Später beziehen sie zudem einen Zweitwohnsitz im Münchner Umland. Die gemeinsamen Kinder erziehen sie gemäß ihrer Lebenseinstellung ebenso zu Freigeistern. Sicherheitsdenken und Zukunftsorientierung stehen eher im Hintergrund:

> *Ich habe ein paar Freundinnen, die einfach so auf Sicherheit, feste Anstellung, so was, aus sind. Die haben immer gesagt: [strenger Ton] ›Du, kannst du deinen Kindern nicht sagen, dass die einfach mal was Festes machen.‹ Sag ich: ›Die sollen glücklich sein, was soll es, ja?‹*

Glücklich war und ist Regina Kirchhoff, insbesondere die gemeinsame Lebenszeit mit ihrem Mann beschreibt sie als überaus bereichernd. Noch heute, wenn sie von dem mittlerweile seit einigen Jahren Verstorbenen berichtet, schwärmt sie von der Beziehung. Eine lebensgroße Büste des Mannes steht neben dem Esstisch und erinnert sie jeden Tag an ihn. Stolz zeigt sie ein Musiklexikon aus ihrem großen Buchbestand, in dem ihrem Mann sogar ein eigener Beitrag gewidmet ist, und resümiert nachdenklich:

> *Doch, es war wirklich schön. […] Und wir haben auch ein interessantes Leben gehabt. Ach Gott, was heißt gehabt, ein interessantes Leben habe ich immer noch. Aber zu zweit vor allen Dingen, ja. […] Und mein Mann war ein sehr kreativer Mensch, fantasievoll, hat am Tag 100 Ideen entwickelt, wobei ich 99 gekappt habe [lacht]. Und eine Idee war dann eine Schnapsidee, und da haben wir uns finanziell übernommen.*

Regina Kirchhoffs Mann entwickelte einige technische Geräte im Musikbereich, die sich sogar international verkaufen ließen. Die beiden zögerten auch nicht, große Beträge zu investieren, um seine Innovationen auf den Musikmarkt zu bringen. So war es auch bei seiner letzten Idee. Über 200.000 Mark kostete deren Realisierung, doch am Ende blieb der Erfolg aus: Nicht zuletzt, weil Regina Kirchhoffs Mann zu dieser Zeit schwer erkrankte. Einige Jahre nach der Krebs-Diagnose ihres Mannes musste Regina Kirchhff schließlich Insolvenz anmelden und das Geschäft schließen: »*Wenn er noch voll arbeitsfähig gewesen wäre, dann wäre es vielleicht noch gegangen. Aber dann ging es halt nicht mehr.*«

Regina Kirchhoff hatte sich zuletzt gleichzeitig um ihren kranken Mann und um das Geschäft gekümmert, eine Doppelbelastung, die ihr schwer zusetzte:

Und ich muss ganz ehrlich sagen, schwierig war es psychisch für mich. Ich bin hier mit einem schlechten Gewissen weggegangen, und ich bin im Geschäft mit einem schlechten Gewissen weggegangen. Also an und für sich, ein Geschäft braucht 90 bis 100 Prozent Einsatz. Ein kranker Mann, ein pflegebedürftiger [...], braucht auch 90 bis 100 Prozent Einsatz. Und ich habe beides geteilt.

Die Insolvenz des Geschäfts 2011 konnte Regina Kirchhoff letztlich nicht abwenden. Nach dem Tod ihres Mannes 2012 blieb sie alleine zurück, ohne finanzielle Absicherung und Rücklagen. Zwar hatten die beiden eine Lebensversicherung abgeschlossen. Als diese dann jedoch ausbezahlt wurde, seien sie noch nicht alt genug gewesen, so Regina Kirchhoff, sie hätten das Geld noch nicht gebraucht. Und so wurde es damals in Instrumente investiert. Zusätzlich Gespartes hatte das Paar nicht, an Altersvorsorge haben die beiden kaum gedacht:

Sicherheit gibt es generell nicht. Und wir haben dann einfach gedacht, mit unseren beiden Renten und natürlich noch mit Musikunterricht und mit so was dazu können wir es ganz gut schaffen. Und dann konnte mein Mann eben keinen Musikunterricht mehr geben.

Zur Erkrankung ihres Mannes und der Insolvenz des gemeinsamen Musikladens kommt noch hinzu, dass Regina Kirchhoff, wie viele »mitarbeitende« Ehefrauen dieser Generation, im eigenen Geschäft nur auf Minijob-Basis angestellt war. Da sie auch vor der Gründung des Geschäfts kaum erwerbstätig war, hat sie im Grunde nie nennenswert in die Rentenkasse einbezahlt. Ebenso hat ihr Mann durch sein Unternehmertum eine ähnlich magere staatliche Rente, wodurch auch die Witwenrente gering ausfällt.

Dennoch, für die ehemalige Geschäftsfrau war ihr unternehmerischer Geist und ihr positives Denken Teil ihres Erfolgs, daran hält sie fest, denn »*das Gut-Gehen oder Nicht-Gut-Gehen, das ist eine Frage der Einstellung*«. Diese optimistische Haltung scheint ihr auch über die, von außen betrachtet, deutlich verschlechterten Lebensumstände im Alter hinwegzuhelfen. So ist sie nach wie vor viel beschäftigt, ihr Alltag auch heute noch straff durchgetaktet: »*Ich habe genug. Wirklich genug.*« Ihr voller Terminkalender liegt neben ihr auf dem Küchentisch.

Beispielsweise ist Regina Kirchhoff ehrenamtliches Mitglied einer Prüfungskommission im Musikbereich. Hierfür erhält sie auch eine Aufwandsentschädigung. Sie geht regelmäßig in einer nahe gelegenen Grundschule zum Vorlesen. Gelegentlich hilft sie dort auch mit Förderunterricht weiter. Zusätzlich hatte sie überlegt, sich bei einer sogenannten »Leih-Oma«-Plattform anzumelden, um sich mithilfe solcher Betreuungsaufgaben noch etwas hinzuzuverdienen, sie entschied sich jedoch letztlich dagegen, da Einkünfte bislang von der Grundsicherung im Alter abgezogen werden. Aufwandsentschädigungen für ehrenamtliche Tätigkeiten können im Gegensatz zu Zuverdiensten aus Erwerbstätigkeit bis 200 Euro monatlich anrechnungsfrei bleiben.

Regina Kirchhoff engagiert sich daneben aktiv in der städtischen Alten- und Seniorenpolitik. Generell nutzt sie viele Veranstaltungen altersspezifischer Institutionen, die meist umsonst oder kostengünstig angeboten werden, wie in den Alten- und Service-Zentren, wo sie zum Beispiel regelmäßig Tischtennis spielt. Auch kulturell ist sie nach wie vor sehr interessiert. »*Ich gebe mein Geld weitgehend für Theater, Konzert, natürlich Essen, okay, irgendwas brauche ich ja, aus.*« Auch hier weiß sie sich zu helfen und setzt sich in den Nebentönen ihrer Rede von den weniger Findigen ab, was ihr Zurechtkommen mit knappen Mitteln zu einer besonderen Leistung macht:

> *Und ich muss Ihnen ganz ehrlich sagen, in München ergibt sich wirklich viel. Auch wenn man kein Geld hat. Also, [...] dann kriegt man einen München-Pass [...]. Und wenn man diesen München-Pass hat und sich interessiert, das weiß natürlich auch nicht jeder, aber es interessiert sich auch nicht jeder, dann kann man sich bei dem ›Kulturraum‹ [einem gemeinnützigen Verein] melden [...]. Und dann bieten die einem zum Beispiel kostenlos Karten an, für Konzerte, für Theater. Und was ich so nett finde, die bieten immer zwei Karten an.*

Günstige Veranstaltungshinweise erhält Regina Kirchhoff außerdem über ihr nun schon seit 50 Jahren bestehendes Zeitungsabonnement, das sie sich weiterhin leistet. Lieber spart sie an anderen Stellen. Am Monatsende, wenn es eng wird, dient überdies ihre Zwei-Euro-Sparbüchse als Notgroschen. Dann freut sich Regina Kirchhoff außerdem, dass sie schon in jungen Jahren gelernt hat, aus »*Resten tolle Sachen*« zu kochen, eine Fertigkeit, die ihr jetzt zugutekommt.

Es sind aber insbesondere ihre über ein Leben lang aufgebauten sozialen Netzwerke, die ihr helfen, die alten Lebensgewohnheiten trotz der finanziell prekären Situation aufrechtzuerhalten: »*Also ich muss ehrlich sagen, ich habe einen gut vernetzten Kreis.*« Über ihre guten Beziehungen zum Theater erhält sie Freikarten. Den Büchergutschein, den Regina Kirchhoff zuletzt von Bekannten zum Geburtstag erhielt, nahm sie dankend an, nutzte ihn aber nicht für sich selbst, sondern verschenkte ihn zu Weihnachten weiter. Auch so konnte sie Kosten einsparen. Von Freundinnen wird sie hin und wieder sogar zu Reisen eingeladen. Im Freundeskreis sei sie allerdings die Einzige, die von Grundsicherung lebt. Wenn das Geld am Monatsende nicht mehr ausreicht und ihre Freundinnen zum Essen gehen, bleibt Regina Kirchhoff zu Hause, was sie aber nicht weiter schlimm findet: »*Deshalb bin ich aber nicht unglücklich, weil dann gehe ich an einem anderen Tag.*« Ebenso kann sie sich keine großen Urlaube wie ihre gut situierten Freundinnen leisten. Auch das störe sie nicht.

Hinter dieser Zufriedenheit, an der Regina Kirchhoff selbst aktiv arbeitet, steht eine gelassene und fast abgeklärte Haltung gegenüber dem eigenen Alter(n). Diese entspannte Einstellung gegenüber dem Umstand, dass vieles – auch in materieller Hinsicht – nicht mehr geht, speist sie aus ihren schönen Erinnerungen vor allem aus ihrer Beziehung zu ihrem Mann.

Allerdings helfen ihr diese Erinnerungen an ein reiches Leben nicht in allen Situationen. Ihre fragile Situation wurde ihr noch mal bewusst, als sie ein Schreiben des Sozialamts erhielt mit dem Hinweis, dass ihre jetzige Wohnung aufgrund des Grundsicherungsbezuges um 49 Euro zu teuer für sie sei, und der Forderung: »*Wenn Sie nicht ein Zimmer vermieten können, müssen Sie ausziehen und sich eine billigere Wohnung suchen.*« Eine Untervermietung ist bei der Raumaufteilung ihrer Wohnung jedoch ausgeschlossen. Zwei Jahre zog sich der Briefwechsel mit der Behörde, letztlich scheint das Amt, aus welchen Gründen auch immer, die Forderung fallen gelassen zu haben:

Und dann habe ich zwei Jahre lang eine Wut gehabt. Und dann habe ich dem Sozialamt zurückgeschrieben, ich habe lieber um die 49 Euro weniger pro Monat zum Leben, aber ich bleibe in meiner Wohnung. Und jetzt haben sie nicht mehr darauf reagiert. Jetzt habe ich einen neuen Bescheid, aber da haben sie nicht reagiert, dass ich ausziehen muss. Aber ich ziehe auch nicht aus, ich denke ja gar nicht dran.

Angesichts solcher existenzieller Verunsicherungen ist der Grund-
sicherungsbezieherin umso wichtiger, dass ihr weiterhin der große Freundeskreis zur Seite steht und ihr über ihre finanziellen Einbußen bisweilen hinweghilft. Nur so war es möglich, dass Regina
Kirchhoff zu ihrem 70. Geburtstag ins Künstlerhaus laden konnte:

*Ich habe gar nicht vorgehabt, einen großen Geburtstag zu feiern.
Und dann habe ich Freunde, die haben eine Jazzband. In unserem Alter. Frag ich: ›Sag mal, wie teuer seid ihr, wenn ihr privat
spielt für mich?‹ Und dann hat der eine erst gesagt: ›Wir verlangen 1000 Euro.‹ Dann habe ich gesagt: ›Prima, vergessen wir es.‹
Dann sagt der andere: ›Wofür wär' das denn?‹ Dann habe ich gesagt: ›Na ja, ich habe einen runden Geburtstag nächstes Jahr.‹
Und dann sagt der: ›Mhm, für einen runden Geburtstag bei dir,
wärst du mit 100 Euro einverstanden?‹ Und dann habe ich mir
gedacht: ›Da sage ich nicht Nein.‹ Und jetzt verlangt er statt den
100 Euro gar nichts. [...] Und dann habe ich gesagt, dann habe
ich im Künstlerhaus eine gute Bekannte seit 30 Jahren, die hab
ich gefragt, ob ich den einen Raum haben könnte. Und dann sagt
sie: ›Aber Frau Kirchhoff, natürlich! [...]‹. Und dann habe ich
mir gedacht: ›Prima, jetzt muss ich schon einen großen Geburtstag feiern, wenn ich einen Raum habe und wenn ich die Kapelle
habe.‹*

So wurde Regina Kirchhoffs 70. Geburtstag zu einem weiteren Hö-
hepunkt im Kontinuum ihrer positiven Lebenserzählung. Letztlich ist es die Summe der positiven Lebensereignisse, gepaart mit
ausgeklügelten Sparstrategien und -techniken, wie auch einem
ausgeprägten sozialen Netzwerk, die ihr helfen, ihre persönlichen
und materiellen Verluste, ausgelöst durch den Tod des Partners
und der folgenden Insolvenz des Geschäfts, nicht nur zu bewältigen, sondern am Ende sogar erneut positiv und weitgehend gelassen zu bilanzieren:

Ehrlich, ich habe ein ausgefülltes Leben [lacht], *[...] aber wissen Sie, es ist eine Persönlichkeitsfrage auch. Und ich bin einfach ein positiv denkender Mensch.*

Elisabeth Koch

Krautwickel aus Kohlrabiblättern, Schuhe vom Flohmarkt – »Hundertprozentig bin ich arm«

ESTHER GAJEK

Die studierte Bauingenieurin Elisabeth Koch lerne ich in den Räumen einer Kleiderkammer in der Nähe des Hauptbahnhofes kennen, wo sie sich Secondhand-Kleidung und auch Rat holt. Das Gespräch wurde von der Leiterin der Einrichtung arrangiert. Ein von unserem Projekt ausgestellter Warengutschein in Höhe von 25 Euro als Aufwandsentschädigung half, wie bei einzelnen anderen, besonders bedürftigen Interviewpartnerinnen auch, dass sich die 72-Jährige bereit erklärte, ihr Leben und ihre finanziellen Verhältnisse vor einer Unbekannten wie mir auszubreiten. Es ist kurz vor Ostern, die Rentnerin will sich mit dem Gutschein Lebensmittel für das Fest kaufen. Obwohl sie aus einer Familie stammt, die in ihrer Heimat Rumänien gut gestellt war, und trotz ihres eigenen akademischen Hintergrundes wie auch dem ihrer beiden Ex-Männer, kommt Elisabeth Koch heute finanziell nicht über die Runden.

Die Biografie der Rumäniendeutschen weist Parallelen zu der anderer unserer Interviewpartnerinnen auf: Scheidung, Ausreise aus dem Heimatland, wegen besonders intensiver Familienarbeit nur geringe Zeiten der Berufstätigkeit, noch dazu kann sie in Deutschland nicht mehr im studierten Beruf Fuß fassen. Hinzu kamen später eigene chronische Krankheiten, und jetzt, im Ruhestand, ist sie fast vollständig mittellos und angewiesen auf staatli-

185

che Unterstützungsleistungen, auf eine monatliche Geldsumme, die nach Abzug aller Fixkosten kaum zum Leben reicht. Ihr Leben war davon bestimmt, den seit Geburt kranken Sohn zu pflegen und zu unterstützen. So verwundert es nicht, dass die Rentnerin ihren Alltag mit folgendem Satz zusammenfasst: *»Leben ist Sorge.«*

Wir sitzen in einem Büro der Kleiderkammer und sprechen viel über Geld. Elisabeth Koch legt ihre Kosten im Detail dar. Zwar kommt sie wegen ihrer geringen eigenen Rente von 148 Euro durch die aufstockende Grundsicherung auf insgesamt 1107 Euro im Monat, wovon die Miete für die 50 Quadratmeter große Wohnung und die Heizkosten abgehen. So bleiben ihr noch 428 Euro für alle anderen Ausgaben. Davon bezahlt sie 50 Euro für Strom, 60 Euro für einen Telefontarif, der Gespräche mit ihrer Familie in Rumänien einschließt. 30 Euro kostet für sie, als Empfängerin von Grundsicherung, die reduzierte Monatskarte des öffentlichen Nahverkehrs. Ansonsten schlagen weitere Summen für Drogerieartikel und vor allem für die nicht erstattungsfähigen Medikamente zu Buche, die sie für ihre chronischen Schmerzen durch einen Bandscheibenvorfall, ihre empfindliche Haut, die Diabetes oder die Herzprobleme zusätzlich benötigt. Die folgende Passage aus unserem Gespräch macht den (notgedrungen) wohldurchdachten Umgang mit Geld deutlich und lässt auch erahnen, wie das Sparen einen großen Teil des Lebens einnimmt und wie das fehlende Geld den Alltag der Rentnerin stark beschränkt.

> *EK: Ich koche zwei, drei Portionen für zwei Tage, drei Tage [...], heute habe ich vorbereitet, dass ich Krautwickel mache. [...] Aber nicht mit Kraut, [...] mit Blättern, [...] von Kohlrabi, die großen Blätter. [...]*
> *EG: Und die haben Sie umsonst bekommen?*
> *EK: Natürlich. Das bekommt man immer umsonst. Die schmeißen sie sowieso weg, aber ich frage immer.*

Elisabeth Koch achtet durchgehend auf Sonderangebote, kennt die Preise der Lebensmittel auf den Cent genau und spart, wo sie kann, etwa beim Stromverbrauch. Auch wenn Stromkosten für den Haushalt (nicht für Heizung) in dem Regelsatz der Grundsicherung enthalten sind, ist der tatsächliche Verbrauch damit oft nicht abgedeckt, und auch Elisabeth Koch muss einen Teil des Stroms selbst bezahlen. Deshalb kocht sie nicht jeden Tag, sondern mehrere Portionen auf einmal und isst dieses Gericht dann über Tage hinweg. Dass sie weiß, wie man kocht, Lebensmittel behandelt und ersetzt, hilft ihr beim Zubereiten der Gerichte sehr. Manche Ansprüche, wie das tägliche warme Essen, lassen sich mit den Strategien des Sparens verwirklichen, andere nicht, zum Beispiel ein neuer preiswerter Pullover, wie die Rentnerin ihn beim Spaziergang mit einer Freundin entdeckt hat:

So schön und so billig. Fünf Euro. Was bei Kaufhof ist 85 [Euro]. Dasselbe. Oh Gott, habe ich mir gedacht, warum habe ich nicht zehn Euro, dass ich zwei kaufen [kann], einen für Sommer, einen für die Winter?

Auch die orthopädischen Einlagen, die sie dringend für ihre Schuhe bräuchte, kann sie sich nicht leisten. Die Zuzahlung von 24 Euro ist für sie nicht machbar. So gibt sie die Einlagen, als sie von der Zuzahlung hört, wegen einer angeblichen Unverträglichkeit des Materials zurück: »*Gott beschütze mich. Ich habe gelogen. […] Weil ich konnte nicht zahlen. Ich schäme mich.*« Erst bei der Auswertung des Interviews fiel uns auf, dass Elisabeth Koch anscheinend nicht wusste, dass sie beim Sozialamt einen – allerdings aufwendigen Antrag – auf Kostenübernahme eines »einmaligen Bedarfs« hätte stellen können. Sie könnte auch als Grundsicherungsempfängerin versuchen, generell von einer Zuzahlung befreit zu werden, auch das ist mit Aufwand und Nachweisen verbunden, die sie erbringen müsste, etwa dass sie chronisch krank ist. Die Errechnung der Belastungsgrenze spielt bei einem solchen

Antrag die entscheidende Rolle, erst wenn diese erreicht ist, greift die Zuzahlungsbefreiung.

Ausflüge nimmt die Rentnerin nur wahr, wenn sie nichts kosten. Auch deswegen ist sie froh über die Besichtigungen, zu denen die Leiterin der Kleiderkammer sie und andere Klientinnen einmal im Monat einlädt. Mit ihren Freundinnen oder ihrem Sohn trifft sie sich »*im Park. Dort kostet es nichts.*« Abends, in ihrer Wohnung, schaut sie fern – auch das ist umsonst, denn als Empfängerin von Grundsicherung ist sie von der Zahlung des Rundfunkbeitrags befreit –, oder sie sitzt auf der Bank im Gemeinschaftsgarten.

Wenn außerplanmäßige, hohe Zahlungen anfallen, wie für die Fahrtkosten nach Rumänien zur Beerdigung ihrer Schwester, sucht Elisabeth Koch Hilfe in der Kleiderkammer, wo sie mit Stiftungsgeldern unterstützt werden kann. Im Moment steht eine Augenoperation bevor, denn sie sieht nur noch »*schwarze Schleier*«. Dadurch kann die Rentnerin schon seit geraumer Zeit nicht mehr lesen: »*Das ist mir jetzt genommen. Dieser Reichtum, den ich haben möchte, lesen.*« Lesen zu können, sich Wissen anzueigen, entspricht ihrem Selbstbild als Akademikerin und bedeutet ein Gut, das ihr niemand nehmen kann: »*Das ist der Reichtum, den nimmt keiner von mir [...]. Was ich weiß, das weiß nur ich.*« Diesen Reichtum entbehrt sie schon seit Monaten. Die Krankenkasse würde die Kosten für die Operation übernehmen, aber nicht die Sonderzahlungen von circa 400 Euro, die mit einer besseren, von der Ärztin für ihre Augen empfohlenen Linse verbunden sind. Die Betreuerin, die das Problem kennt, ist mit Elisabeth Koch bereits alle Möglichkeiten durchgegangen, und so bleibt es bei dem Wunsch »*jemanden zu finden, der mithilft, die Linse für das linke Auge zu kaufen*«.

Sorgen um den Sohn

Neben die alltäglichen Sorgen um das Geld und die eigene Gesundheit tritt eine viel größere Sorge – die um den Sohn. Unser

Gespräch dreht sich immer wieder um ihn. Fast seit Geburt leidet der inzwischen 42-Jährige an chronischen inneren Krankheiten, die mit starken körperlichen Beeinträchtigungen einhergehen und phasenweise eine Pflege rund um die Uhr nötig gemacht hatten. Die mangelnde medizinische Versorgung in Rumänien führte bei dem Kleinkind zu lebensbedrohlichen Situationen:

> *Jede Nacht musste ich mit ihm zweieinhalb Kilometer […] laufen. Ja. Das war teuer die Taxi. Hat nicht gereicht für Medikamente, für alles. Ich war schon alleine.*

Vom Vater des Kindes hatte sich Elisabeth Koch gleich nach der Geburt scheiden lassen und jeden Kontakt abgebrochen. Er hatte von ihr verlangt, dass sie noch im achten Monat der Schwangerschaft das Kind abtreiben solle. Um ihrem einjährigen Sohn eine bessere Behandlung zu ermöglichen, ist Elisabeth Koch 1975 als Spätaussiedlerin nach Deutschland gekommen. Ihr Vater, ein gut verdienender Arzt, hat für sie in München die Kosten für den Lebensunterhalt übernommen. Die ehemalige Bauingenieurin trat, als es dem Sohn besser ging, für knappe fünf Jahre eine Stelle als Bauzeichnerin an. Doch mit der erneuten Verschlechterung der Krankheit des Sohnes und dessen zunehmender Hilfsbedürftigkeit musste sie ihre Stelle wieder aufgeben. Deswegen ist sie heute »*arm*«, wie sie unumwunden einräumt.

> *Das ist klar. Ich bin arm. Sonst kaufe ich nicht in Flohmarkt mit zwei Euro oder mit ein Euro ein Paar Schuhe. Nein. Oder eine Bluse […]. Sicher, hundertprozentig bin ich arm.*

Seit ihr Vater gestorben ist und sie keine Zahlungen mehr aus Rumänien bekommt, ist sie auf staatliche Unterstützung angewiesen, was sie als »*Betteln*« empfindet, was sie demütigt und in einen Konflikt bringt. Zu »*betteln*« heißt, auf dieselbe Stufe gestellt zu werden wie jene soziale Gruppe in ihrer Heimat, der gegenüber sie sich als »*Zigeuner*« ablehnend äußert. Von ihrem Sohn kann sie keine finanzielle Unterstützung erwarten. Wenn sie sich im Stehcafé treffen, muss die Mutter die Rechnung bezahlen, weil der Sohn über keinen Euro Bargeld verfügt. Seine Rente wegen Berufsunfähigkeit sei, wie sie es darstellt, seit einem Konflikt mit der Sachbearbeiterin gestrichen worden. Jedenfalls hat er offensichtlich noch mehr als sie zu kämpfen und kann seine Mutter auch nicht im Umgang mit den Ämtern unterstützen.

Elisabeth Koch hält Sorgen und Lebensumstände aus, die von geringen Handlungsmöglichkeiten geprägt sind. Sie hat gelernt, sich dem für sie Ausweglosen zu fügen. Das kann einerseits damit zu tun haben, dass sie seit der Geburt ihres Sohnes gewöhnt ist, für sich und ihn zu sorgen, deswegen nicht berufstätig sein zu können und auf Hilfeleistungen angewiesen zu sein. Die Rentnerin greift andererseits auch auf bestimmte Ressourcen zurück, die ihr das Überleben psychisch ermöglichen: Zunächst ist es die Erinnerung an eine behütete, »*wunderschöne Kindheit*« mit sechs Geschwistern und einem großzügigen Vater. Auch die sozialen Kontakte, die sie heute pflegt, helfen ihr: die mehrmals wöchentlich stattfindenden Begegnungen mit ihrem Sohn, regelmäßige Treffen mit ihren langjährigen Freundinnen, der gute Kontakt zu den Wohnungsnachbarn und zu der Familie in Rumänien. Ferner trägt ihr Verständnis von bedingungsloser Mutterliebe dazu bei, die Situation, wie sie ist, auszuhalten: Eine Mutter hat die Aufgabe, sich um das Kind zu kümmern, besonders, wenn dieses, wie ihr Sohn, besonderer Hilfe bedarf. Vor diesem Hintergrund ist sie unverschuldet in Armut geraten; sie hat alles richtig gemacht. Mit der Mutterrolle geht auch eine tiefe Religiosität einher, die ebenfalls eine große Ressource darstellt. Elisabeth Koch ist sehr gläubig, besucht jeden Sonntag den Gottesdienst und betet täglich mehrere Stunden. Der Glaube und das damit verbundene Handeln geben ihr Struktur und ihrem Leben einen besonderen Sinn.

EK: Ich bete jeden Tag viel. Drei Stunden, vier Stunden am Tag bete ich [...]. Für meinen Sohn. Für alle Kranken der Welt. [...] Für alle. Aber besonders für meinen Sohn. [...]
EG: Und Sie gehen jeden Sonntag in die Kirche.
EK: Ich gehe jeden Sonntag. Das ist meine Verbindung zu Gott. [...] Zu meinem Glauben. Meiner Hoffnung. Das gibt mir Kraft. [...] Das tue ich so gerne. Jeden Samstagabend habe ich schon [lacht] Lampenfieber. [...] Morgen gehe ich in der Kirche. Bei mir spielt keine Rolle, was für Wetter ist. [...] Im Glauben nur an Gott, an Mutter Gottes. Das ist mein Leben. [...] Nur darum lebe ich noch und mein Sohn.

Dass sie ihrem Sohn noch helfen kann, das vor allem verleiht ihrem Leben Sinn: Und wenn es nur kleine Aufmerksamkeiten sind wie der Kaffee, den sie ihm spendiert, oder jetzt das reichhaltige Mahl, das sie dank des Gutscheins für sich und ihn zu Ostern bereiten kann. Vor allem aber durch das Beten hält Elisabeth Koch aus, was kaum auszuhalten ist: den Kampf im Alltag, die gesundheitlichen Probleme und das buchstäbliche Tappen im Dunkel der Entscheidungen, was die Operation ihres Auges betrifft.

Walburga Kratzer

Kampffelder in patriarchalischen Verhältnissen oder wie frau im Alter wirtschaftet

IRENE GÖTZ, PETRA SCHWEIGER

Walburga Kratzer, im letzten Kriegsjahr 1944 geboren – bei unserem ersten Besuch Ende 2014 arbeitete die ehemalige Verlagsassistentin noch auf Minijob-Basis bei ihrem alten Münchner Verlag. Eineinhalb Jahre später und nach einem leichten Schlaganfall hat sie die Arbeit aufgegeben, andere Dinge spielen in ihrem Leben eine Rolle: Die Konzentration auf die wesentlichen Beziehungen, das Sparen und Zurechtkommen im Alltag, neuerdings auch ein Enkelkind. Die eigene Wohnung, 45 Quadratmeter, in einem an der Innenstadt angrenzenden Stadtteil, wird als Rückzugsort wichtiger. Immer mal wieder muss sie allerdings kämpfen, mit dem Hausverwalter etwa oder mit einem sie »stalkenden« Nachbarn. Diese Auseinandersetzungen kosten sie jetzt mehr Kraft als früher.

Was bewegt Walburga Kratzer, uns mehrfach in dieser Wohnung zum Interview zu empfangen und uns in lebendig ausgestalteten Geschichten Einblick in ihr Leben zu geben? Mehrere Stunden sind wir jeweils bei ihr, es habe ihr richtig Spaß gemacht, resümiert sie am Ende, kein bisschen müde nach ihrer langen Erzählung, auf die sie sich sichtlich vorbereitet hatte. Sogar ihre Gehaltsabrechnungen und Rentenbescheide hatte sie für unser erstes Treffen, fein säuberlich in Ordnern abgeheftet, hergerichtet und ihr akribisch in Schönschrift geführtes Haushaltsbuch ebenfalls. Sie belegt, wie knapp es manchmal bei ihr ist, obwohl sie gut wirtschaftet und alles notiert, obwohl sie über eine im Vergleich zu anderen noch bessere Rente von 1170 Euro verfügt, obwohl sie ihre Wohnung abbezahlt hat und obwohl sie – beim ersten Treffen noch – mit dem Minijob ein paar 100 Euro dazuverdient.

»Ein Leben lang nicht aufgehört zu kämpfen«

Walburga Kratzer präsentiert sich in vielen Geschichten als kämpferische Frau, die immer wieder den Mächtigeren, den Männern – den Chefs vor allem – durch gewitztes, wohl informiertes und couragiertes Agieren das abgetrotzt hat, was ihr von Rechts wegen zustand.

Ich bin eigentlich jemand, der sich ziemlich viel gefallen lässt, aber wenn es dann mal so weit ist, dann kann ich knallhart werden.

Den Arbeitgebern, die ihr die zustehende Bonuszahlung verweigern, den Banken, die unrechtmäßig Gebühren für Finanzgeschäfte nehmen, den Handwerkern, die zu viel für eine Leistung verlangen – all denen zeigt sie es, hat sie es immer wieder, notfalls mit juristischem Beistand, gezeigt, freundlich, bestimmt und schlagfertig. Auf ihre kämpferische Grundhaltung angesprochen, stimmt sie zu, sie höre ihr »*Leben lang nicht auf zu kämpfen. [...] Wenn ich dasselbe für andere mache, eigentlich noch viel intensiver.*«

Walburga Kratzer rekapituliert in ihren Erinnerungen all ihre kleinen und großen Triumphe. Hier in der erinnerten Zeit ist sie jung und erfolgreich. Die jetzigen, manchmal belastenden Stimmungen und die chronischen Rückenschmerzen sind dann weit weg. Wichtig ist Walburga Kratzer zu betonen, dass sie stets das Heft in der Hand behielt, etwa auch damals, als der kaufmännische Leiter des Verlages sie mit 63 Jahren – wie zuvor andere ältere Beschäftigte – im Handumdrehen in Frührente schicken wollte. Es macht ihr eine fast diebische Freude, in gespielt belustigtem

Ton, mit langsamen, wohl gewählten Worten zu erzählen, wie sie sich auch hier wieder einmal selbstbewusst zur Wehr setzte und am Ende sogar eine gute Abfindung erhielt:

>*Herr H., wissen Sie was, ich weiß, was ich wert bin. Ich gehe nicht. Ich bin auch in der Gewerkschaft. Mir gefällt es hier, und ich bin beliebt bei meinen Kollegen, ich wüsste wirklich jetzt keinen Grund, warum ich mit 63 – ich bin topfit – warum ich jetzt hier aufhören sollte.*<

Die Interviewte erzählt diese Geschichten als Belege ihrer Stärke im Widerstand gegen Benachteiligungen. Mit ihrer Biografie will Walburga Kratzer auch Zeugnis ablegen, dass die kleine Frau – hier ist nicht nur ihre geringe Körpergröße gemeint – immer auf der Hut sein, sich informieren und dann für ihr Recht auch kämpfen muss.

Wie ist Walburga Kratzer zu porträtieren? Erzählen wir ihre Geschichte von dieser offen gelegten, starken Seite her, mit der sie sich mit hintergründiger Schläue und Mut immer wieder aus prekären Lagen herauskämpfte, woraus sie ihr Selbstbewusstsein generiert? Sprechen wir auch von den eher verborgenen Ängsten, der in wenigen, dichten Minuten offenbarten Depression, auch wenn diese nur eine vorübergehende und wieder gemeisterte Episode gewesen sein mag? Walburga Kratzer zeigte sich uns dazu noch in zwei sehr unterschiedlichen Momenten, das erste Mal in einer noch aktiveren, gesunden Lebensphase, als nach Renteneintritt ihr Minijob beim alten Arbeitgeber noch bestand, und dann beim zweiten Mal, eineinhalb Jahre später, als die Zukunft des Älterwerdens bereits deutliche Schatten warf. Wir erzählen ihre Biografie nun der Reihe nach, denn so hat sie uns diese auch präsentiert. Das eine bedingt das andere mit: Die Kriegskindheit geht über in eine ungut endende Schulzeit, die wiederum in eine frühe Berufsausbildung und unglückliche Ehe mündet.

Kriegs- und Nachkriegstraumata

Walburga Kratzers Jugend war wie die vieler, die in den letzten Kriegsjahren geboren sind, von den traumatisierenden Erfahrungen in ihrem Umfeld geprägt. Der Vater, den sie nie kennengelernt hat, war vor dem Krieg Schreinermeister an einer Theaterbühne im Ruhrgebiet. Er stieg zum technischen Leiter auf, und »*kurz bevor er an die Front ging, wurde er noch verbeamtet*«. Die Mutter, ausgebildete Dentistin, liebte als »*Stadtmensch*« ebenfalls das Theater, bis sie mit der kleinen Tochter dann für mehrere Jahre auf das hessische Land evakuiert wurde. Die Mutter war fortan sehr in sich zurückgezogen. Sie hörte 15 Jahre lang mittags Radio in der Hoffnung, dass ihr in Stalingrad vermisster Ehemann vielleicht als gefunden gemeldet würde. Trotz Armut ermöglichte sie der einzigen Tochter den Besuch der höheren Schule. Doch selbst traumatisiert, war sie wohl nicht belastbar und offen genug, dass sich ihre Tochter ihr anvertraut hätte, als einer ihrer Lehrer sie sexuell missbrauchte. Walburga Kratzer ging deshalb trotz guter Noten vor dem Abitur von der Schule ab – niemand habe ihr helfen wollen oder können.

Dank der eigenen guten Leistungen konnte sie den Schulabbruch doch für sich wenden und absolvierte eine Berufsausbildung als Fremdsprachenkorrespondentin. Stolz berichtet sie von dem für die damalige Zeit, Mitte der 1960er-Jahre, sehr guten Monatsgehalt von 900 D-Mark, zumal für eine junge Frau mit gerade abgeschlossener Ausbildung. Walburga Kratzer heiratete dann früh, »*nicht aus wahnsinniger Überzeugung*«, sondern, um eine Wohnung zu bekommen – sie verweist auf den »Kuppelei«-Paragrafen, der bis 1973 nach dem Strafgesetzbuch die Förderung sexueller Handlungen anderer »aus Gewohnheit oder Eigennutz« (zum Beispiel um eine Wohnung zu vermieten) unter Strafe stellte. Es war, wie auch Walburga Kratzer wusste, noch Mitte der 1960er-Jahre praktisch fast unmöglich, unverheiratet zusammenzuwohnen.

Nach Gewalterfahrungen mit dem alkoholkranken Ehemann ließ sie sich scheiden und zog ihre zwei Kinder ohne alltägliche Unterstützung des Vaters auf. Im Unterschied zu vielen Frauen dieser Generation, die oft bei der Scheidung aufgrund fehlender Einblicke in die Finanzen des Ehemannes schlechte Karten hatten, hatte Walburga Kratzer auch hier intuitiv Weitsicht bewiesen und bereits vor der Trennung die Einkommensnachweise ihres gut verdienenden Mannes zur Seite legen können. Die über ihre Netzwerke organisierte kompetente Anwältin setzte dann für ihre Kinder den ihnen zustehenden Unterhalt durch, was anderen Frauen nicht oder nicht in angemessener Höhe gelang. Ihren beiden Kindern finanzierte sie eine Privatschule, auch wenn für sie das Schulgeld aufzubringen nicht leicht war. Doch nach ihrer eigenen schlecht endenden Schulerfahrung kam für sie eine normale staatliche, noch dazu jetzt in Bayern »*katholisch*« geprägte Schule nicht infrage, wie Walburga Kratzer betont. Walburga Kratzer erfuhr Unterstützung durch ihre Mutter, bei der Erziehung der Kinder, und sie half ihr auch finanziell durch geschicktes Wirtschaften, die kleine Eigentumswohnung, die sie zunächst vermietete und jetzt im Alter selbst nutzen kann, mithilfe eines Bausparvertrages zu erwerben und nach und nach abzubezahlen.

Finanzielle Sorgen am Ende des Arbeitslebens

Walburga Kratzer hat »*immer gearbeitet*«, aber zwischen 1974, der Geburt des ersten Kindes, bis in die frühen 1980er-Jahre, als das zweite Kind in den Kindergarten kam, habe sie »*nur auf Rechnung*« gejobbt, ohne in die Rentenkasse einzuzahlen. Danach war sie, als die Kinder klein waren, auf Teilzeitbasis in einem Münchner Verlag als Assistenz des Lektorats beschäftigt. Hier blieb sie bis zur Rente und sogar darüber hinaus.

Der ehemaligen Lektoratsmitarbeiterin gelang es nach ihrer Frühverrentung, in ihrem alten Verlag als Telefonistin stundenweise weiterzuarbeiten. Sie betont im Interview selbstbewusst, dass sie gebraucht und zwei Mal zurückgeholt wurde. Als sie 2008 mit 63 in Frührente ging, habe sie gedacht: »*Das war es jetzt ja wohl.*« Dann kam ein Anruf der Buchhaltungsleiterin: »*Hockst du jetzt zu Hause rum?*« Und dann habe sie drei Jahre auf Stunden-Basis in der Buchhaltung gearbeitet. Kurz vor dem 70. Geburtstag kehrte sie ein weiteres Mal, jetzt dank ihrer Fremdsprachenkenntnisse als Rezeptionistin, in ihren alten Betrieb zurück. Dies empfindet sie als weiteren kleinen Sieg im Kampf um Anerkennung. Die Arbeit erhielt zudem ihr soziales Kapital. Begeistert schwärmt sie von den interessanten Kontakten: Es riefen Journalisten an und alte Autoren, die ihr ein Gefühl der Kontinuität und Bedeutung gaben.

Arbeit strukturiert nicht nur den Alltag sinnhaft, sondern fügt die Arbeitenden auch in eine Gemeinschaft ein und vermittelt Anerkennung – diese Motive erscheinen im ersten der beiden geführten Interviews deutlich im Vordergrund. Doch genauer nachgefragt, stellte sich auch heraus, dass Walburga Kratzer mit ihrer Rente von seinerzeit 1170 Euro und trotz der abbezahlten Wohnung den Minijob Ende 2014 noch existenziell brauchte. Wie eng gestrickt ihr Budget zu diesem Zeitpunkt war, belegte sie mit dem Verweis auf einen Dispokredit von 3400 Euro, einst aufgenommen, um zusätzlich zu dem monatlich fälligen Hausgeld von 165 Euro und den weiteren halbjährlich anfallenden Nebenkosten die von der Hausgemeinschaft beschlossene Renovierung des Hauses mittragen zu können; jede Partei sollte damals 20.000 Euro entrichten, wofür sie Schulden machen musste. Bei jeder neuen Rechnung an die Hausgemeinschaft, wie etwa kürzlich für den Fensteranstrich, gerät Walburga Kratzer regelrecht in Panik. Denn sie hat ja keine Rücklagen. Den Dispokredit seinerzeit schob sie Monat für Monat vor sich her, ohne ihn zurückzahlen zu können. Im zweiten Interview, im Februar 2016, hatten ihre beiden Kinder ihr nach ihrem Schlaganfall das Konto ausgeglichen. Dennoch war Walburga Kratzer gezwungen, ein weiteres Darlehen aufzunehmen, um ihre Schulden mit einer monatlichen Rate von rund 140 Euro nach und nach abbezahlen zu können.

Mittlerweile fehlen auch die monatlichen Zusatzeinnahmen aus dem Verlag. Dennoch war es der mittlerweile 72-Jährigen nicht schwergefallen, den Minijob aufzugeben, weil sich die Arbeit dort nach einem Verkauf des Verlages doch sehr stark verändert habe und ihre ehemaligen Kolleginnen und Kollegen und die alten Autoren nicht mehr da seien. Die fehlenden finanziellen Einnahmen kompensiert Walburga Kratzer seither durch noch rigoroseres Sparen. Früher sei sie nie zu Lidl gegangen, jetzt studiere sie dort gezielt die Sonderangebote für den Großeinkauf, für den sie sich ihr Auto derzeit noch leistet, aber plant, es demnächst einzusparen.

»Ein absoluter Listen-Freak«: fein ausziselierte Sparpraktiken

Walburga Kratzer ist jetzt, wie sie nicht ohne Stolz betont, noch mehr zu einem »*absoluten Listen-Freak*« geworden – diese Kontrollstrategien vermitteln ihr Sicherheit, aber auch Befriedigung, machen sogar Spaß.

Ich mache mir manchmal einen Sport daraus, mit wahnsinnig wenig Geld, sagen wir mal, 14 Tage hinzukommen. [...] Dann komm ich tatsächlich 14 Tage mit 50 Euro hin. [...] Dann gibt's halt Omelette, mit Schinken und Käse, oder dann mal ein süßes Omelette, oder irgendwas, ja, was Preiswerteres. Aber das, unter Zwang könnte ich das nicht machen. Ich mach mir dann so einen Spaß draus. Ich habe ein Haushaltsbuch, da schreib ich alles rein, alles. [...] Die Kontrolle brauche ich. Ich bin ein absoluter Listen-Freak.

Eine weitere, seit Langem betriebene Strategie des umsichtigen und sparsamen Wirtschaftens ist bei Walburga Kratzer das informelle Tauschen von Dienstleistungen und Waren, eine Praxis des austarierten Gebens und Nehmens, die sie sich in einem ausgeklügelten

Netzwerk aufgebaut hat. Ihre Wohnung ist in diesem Rahmen, wie sie stolz sagt, »*Umschlagplatz*«, zum Beispiel für gebrauchte Kleidung. Eine gut situierte Bekannte, eine ehemalige Autorin des Verlages, bringt ihr immer mal ausrangierte teure Stücke. Sie nimmt sich dann für ihre Tochter und sich Passendes heraus und reicht das Übrige – durchaus mit Freude und Genugtuung über ihre Schlüsselfunktion in diesem Tauschsystem – an bedürftige Bekannte weiter. Auch zu den Nachbarn im Haus bestehen mannigfaltige (Tausch-)Beziehungen: Der Sohn der Nachbarin erhielt Nachhilfe von ihr, dafür lernte sie im Austausch mit dessen Mutter Spanisch.

Eine weitere Sparstrategie besteht darin, sich in bestimmten bürokratischen Angelegenheiten über Einzelpersonen (Apothekenhelferin, Sprechstundenhilfe, Verbraucherzentrale, Nachbarn, Anwalt) oder im Internet einschlägiges Wissen zu beschaffen, zum Beispiel über die Zuzahlungsbefreiung von Arztrezepten, die sie jetzt auch erhalten hat.

Walburga Kratzer ist zum einen kämpferisch und engagiert, einigermaßen abgesichert durch Rente und Eigentum, sie behält weiterhin die Kontrolle – früher bei den Auseinandersetzungen mit Ehemann oder Arbeitgebern, jetzt in ihrem Alltagsgeschäft, beim disziplinierten Führen ihres Wirtschafts- und Finanzregimes. Zum anderen ist Walburga Kratzer jedoch vulnerabel: emotional und nach ihrem Schlaganfall körperlich sowie auch letztlich finanziell – es dürfen keine Zusatzkosten für die Wohnung anfallen; sie hat keine nennenswerten Rücklagen und immer wieder ihr Konto überzogen. Die Unterstützung von Freunden und den beiden Kindern durch Besuche und Telefonate hilft zwar, doch wünschte sie sich hier manchmal, weniger auf sich allein gestellt zu sein, wenn es zum Beispiel Konflikte mit einem Nachbarn und dem Hausverwalter gibt.

So stellt sich uns Walburga Kratzers Biografie zwischen Vulnerabilitäten und einem kämpferischen, aber auch mit zunehmendem Alter Kraft zehrenden Einsatz von Kapitalien und Ressourcen dar. Ausgelöst durch eine körperliche Krise, setzte bei ihr in letzter Zeit eine Lebensphase des Innehaltens und Bilanzziehens ein. Es geht Walburga Kratzer jetzt, mit Mitte 70, darum zu klären, was ihr wirklich wichtig ist im Leben. Sie verabschiedet sich von eher äußerlichen, oberflächlicheren Aktivitäten und sozialen Beziehungen, die ihr nicht mehr guttun, wie sie nachdenklich sagte. Nach ihrem Schlaganfall, auch wenn äußerlich nichts zurückgeblieben ist, wird ihr Bewegungsradius eingeschränkter. Ihre Wohnung, seit Langem »*Schaltzentrale*« ihres außenorientierten Wirtschaftens, wird jetzt zusehends auch als ihr »*Nest*« ein gestalteter und gestaltbarer Raum der Erinnerung.

Hilde Meyer

Warum keine Rentenpunkte für gesellschaftliche Arbeit? – Ein Leben für die Frauenbewegung

IRENE GÖTZ, ALEX RAU

April 2016. Wir sitzen in der Wohnküche einer kleinen 40-Quadratmeter-Wohnung in München und trinken Kaffee aus bunten Bechern. Der Tisch zeigt einige Gebrauchsspuren. Die Wohnung ist voll mit Büchern und Zeitschriften, an den Wänden volle Regale, Plakate, Postkarten mit Zitaten berühmter Frauen. *»Wie in einer studentischen WG«*, scherzt die 71-jährige Hilde Meyer. Vor zwei Wochen war sie über einen Verteiler ihrer Frauengruppe auf unser Projekt aufmerksam geworden: »Leben in München in finanziell schwierigen Zeiten?« Unser Aufruf, sich als Betroffene an unserer Studie zu beteiligen, sei der erste Schritt gewesen, sich öffentlich mit ihrer Situation auseinanderzusetzen. Zuvor habe sie noch mit niemandem außer ihrer engsten Freundin darüber gesprochen.

Ich habe lange gedacht: Ich sage es keinem Menschen, wie wenig ich kriege. In meinen Frauengruppen reden wir über viele verschiedene Themen, Frauenthemen natürlich, private und politische Themen, Altwerden und unsere eventuelle Hilfsbedürftigkeit, aber das Geldthema ist tabuisiert. Was jede zur Verfügung hat oder die Einkommensunterschiede, darüber herrscht tiefes Schweigen. Erst jetzt, auch weil mich meine Freundin ermutigt hat, habe ich mich entschieden, mit euch zu reden. Ich war in ei-

ner ganz unguten Gefühlslage. Einerseits war ich total wütend über meine kleine Rente. Andererseits habe ich mich aber auch geschämt. Ich fühlte mich schuldig, habe mir für meine Lage selbst die Schuld gegeben. Das war irgendetwas Altes, Frauen, hauptsächlich Frauen meiner Generation, fühlen sich oft schuldig, denken, nur sie haben versagt oder etwas falsch gemacht. Ich wollte das wegschieben, und gleichzeitig wollte ich mich auch damit beschäftigen, aus diesem Grund habe ich mich auch zu Eurem Interview gemeldet.

Hilde Meyer bekommt monatlich rund 1000 Euro Rente; 460 Euro Miete bezahlt sie jeden Monat für ihre kleine Genossenschaftswohnung. Zwar hat sie noch etwas Erspartes vom Verkauf ihres Reisebüros übrig, in das sie in den 1970er-Jahren mit Freunden eingestiegen ist, das sie später in Eigenregie übernahm und 2010 verkaufte. Doch dieses finanzielle Polster schwindet kontinuierlich, nachdem sie monatlich darauf zurückgreifen muss, um die restlichen Fixkosten neben der Miete zu decken. Wie es weitergeht, wenn dieses aufgebraucht ist, weiß sie nicht. Hilde Meyer ist heute vor allem wütend, weil ihr durchaus bewusst war, was auf sie im höheren Alter zukommen könnte; weil sie ja wusste, dass sie für ihre Versorgung einmal würde allein – ohne Ehemann – aufkommen müssen. Intuitiv entschied sich Hilde Meyer früh gegen die Ehe, erst später in der Frauenbewegung konnte sie rückblickend formulieren, was ihr daran nicht behagte. Die Ehe ist für sie eine bürgerliche Institution, die nur dazu da sei, Frauen zu kontrollieren.

Mir war immer klar, dass ich nicht heiraten würde, und mir war auch klar, dass ich mit meinen familiären Hintergründen keine Kinder haben wollte. Ich war ja ein Kind der 1950er-Jahre, und jetzt waren die 1970er, aber es hatte sich noch nicht so viel geändert, eine Frau durfte bis 1977 nach offizieller Gesetzeslage nicht einmal arbeiten, wenn der Mann dies nicht gestattet hätte. Als

alleinstehende Frau wusste ich früh, dass ich nicht in die Versor-
gungssituation kommen würde und ich für mich sorgen muss.
Und da mir das von Anfang an klar war, hab' ich immer ge-
dacht, ich kann das auch. Aber dann war ich doch überrascht
[lacht], am Ende dieser eigentlich ziemlich durchgearbeiteten
Jahre, in denen ich zwar nicht so wahnsinnig viel verdient habe,
aber immerhin meine 40 Jahre eingezahlt habe, dass ich dann
mit einer so kleinen Rente dastehe, das hat mich überrascht, ja.

Neben ihrer fast 40-jährigen Berufstätigkeit war Hilde Meyer immer auch politisch aktiv. Rückwirkend identifiziert sie, typisch für
die 1968er, zwei Gründe für ihre Politisierung: einerseits die gesellschaftliche Entwicklung in der Nachkriegszeit, andererseits
ihre Erfahrungen in ihrer Familie und die Bemühungen der Eltern,
um jeden Preis die Fassade kleinbürgerlicher Normalität aufrechtzuerhalten. 1945 als jüngstes Kind und Nachzüglerin auf der
Flucht geboren, wurde sie von den Eltern mehr als Belastung empfunden, da diese nun noch eine weitere Person versorgen mussten.
Entsprechend erlebte Hilde Meyer ihre Kindheit als schwierige
Zeit. Die Familie baute sich ein neues Leben in Berlin auf. Der
Vater war krank, die Mutter sicherte mit ihrem Lohn als Krankenschwester das Überleben der Familie. Vom wirtschaftlichen Aufschwung der Nachkriegsjahre profitierten sie nicht. Die Wertvor-
stellungen der Zeit bestimmten gleichwohl das Familienleben,
Angepasstheit und protestantische Arbeitsethik, wie Hilde Meyer
es beschreibt, gekoppelt mit einem nach wie vor *»halb faschisti-*
schen Menschen- und Erziehungsbild mit strengen Vorstellungen
von Sitte, Ordnung und Rolle, die besonders den Töchtern gegen-
über rigoros durchgesetzt und überwacht wurden«. Damals war sie
bereits sicher: *»So will ich nicht sein.«*

Hilde Meyer fing früh an, sich ihre *»eigenen Zusammenhänge*
zu basteln, um zu überleben«. Erst alleine, später mit Freunden
und Freundinnen in der Schule. Anschließend, nachdem sie die
Schule Ende der zehnten Klasse *»geschmissen«* hatte, um eine Aus-

bildung zur Reisekauffrau zu absolvieren, waren es gewerkschaftliche, studentische und intellektuelle Kreise, die ihr neue Perspektiven vermittelten. Die Rolle der Frau und Fragen der Sexualität waren in diesem Umfeld in den frühen 1960er-Jahren zunächst noch keine zentralen Themen.

Wir diskutierten politische Fragen, Lohn und Arbeitsverhältnisse, Streikrecht, Häuserkampf, aber bald auch Themen zur deutschen Vergangenheit. Auslöser war der Auschwitzprozess und der öffentliche Umgang mit diesem Thema, es brodelte in der Gesellschaft: Wiederaufbau, schweigende Mehrheit, Wirtschaftswunder versus Bürgerwiderstand und studentischer Aufbruch.

Hilde Meyer fing an, sich bei Demonstrationen politisch zu engagieren. Sie positionierte sich damit gegen »*den Staat*«, den sie wie viele der 1968er als repressiv wahrnahm, gegen die »*Politik des Schweigens*«, gegen »*kleinbürgerliche Ideale*«, die sich im Bild eines »*festen, geradlinigen Lebensverlaufs*« verdichteten, gegen alles, was in ihren linken, progressiven Kreisen als konservativ galt, wie Sicherheitsbestreben und Konsumorientierung. Das Zukunftsversprechen war dennoch ein positives:

Ach, das Leben liegt vor uns, und Rente, so alt werde ich vielleicht gar nicht, wir kommen schon irgendwie durch. Aus heutiger Sicht scheint es naiv, damals war es ein optimistischer Blick in eine ferne Zukunft.

Nach ihrer Ausbildung zog Hilde Meyer 1967 nach München. Dort stieg sie in das Reisebüro ein, das sie später übernahm. Es folgte eine Zeit des Suchens, sie beteiligte sich in verschiedenen aktivistischen Gruppen und traf Ende der 1960er-Jahre auf die Feministinnen, die sich mit frauenbezogenen Themen auseinandersetzten. Diese Begegnung mit der Frauenbewegung war für sie lebensverändernd.

Hier ging es um meine Themen, Beziehung, Rolle und Lebens-
wirklichkeit, Sexualität, Schwangerschaft, die reale und emp-
fundene Benachteiligung von Frauen im Privaten wie im Öf-
fentlichen. Die Möglichkeiten der Frauen waren in den 1960er-
bis in die 1970er-Jahre sehr eingeschränkt. Erst spät in den
1970ern, 1976 und 1977, gab es das Partnerschaftsprinzip, und
bei einer Scheidung wurde das Schuldprinzip, das hauptsäch-
lich für die Frauen nachteilig war, abgeschafft, und erst 1997
wurde Vergewaltigung in der Ehe ein Strafbestand. Frauen wa-
ren in der Versorgerehe eingesperrt. Und wenn sie darüber un-
glücklich waren, haben sie natürlich gedacht, sie sind diejenigen,
die versagen, und obwohl sie sich anstrengen, diejenigen, die es
nicht auf die Reihe kriegen. Dass es ein strukturelles Problem
war, wurde Frauen erst in den Selbsterfahrungsgruppen be-
wusst.

In sogenannten »cr-Gruppen«, den »consciousness raising«-Grup-
pen, trafen sich Frauen zum Gespräch in »*geschützten Räumen*«, in
denen ausschließlich Frauen über die eigenen Erfahrungen und
Gefühle sprachen, ohne unterbrochen oder bewertet zu werden.

Dabei wurden gesellschaftliche Strukturen entlarvt, die Frauen
daran hinderten, anders zu handeln; sie setzten sich nicht zur
Wehr, gaben sich selbst die Schuld und waren unglücklich.

Die rigide Familienpolitik der Nachkriegsjahre gab nur ein »rich-
tiges« Frauenbild vor, nämlich das der verheirateten Frau,

der Partner durfte gestorben sein, aber frei gewählt sollten wir
keinesfalls alleine oder mit Frauen in Wohnungen zusammenle-
ben. Für die Lesben, die sich in dieser Zeit auch begannen poli-
tisch zu artikulieren, gab es überhaupt keinen öffentlichen
Raum. Für sie gab es nicht einmal ein Wort.

In diesen feministischen Zusammenhängen war es für Hilde Meyer zum ersten Mal möglich, aus den begrenzten Zuschreibungsmustern und Rollenvorstellungen von »*Tarzan und Jane*«, wie sie es nennt, auszubrechen. Es gab die ersten Frauen-WGs, und Hilde Meyer zog sofort aus der gemischten WG in eine solche.

Beflügelt durch die Frauenbewegung, engagierte sich Hilde Meyer in einer Vielzahl von Gruppierungen. Sie war in der Paragraf-218-Beratung tätig, in der Frauen über die juristischen Gegebenheiten und Möglichkeiten eines Schwangerschaftsabbruchs informiert wurden, und setzte sich aktiv für die Abschaffung dieses Paragrafen ein. Daneben organisierte sie, ebenfalls ehrenamtlich, Selbstverteidigungskurse für Frauen und war über einige Jahre noch beratend und helfend in örtlichen Frauenzentren aktiv. In der Summe bedeutete diese gesellschaftliche Arbeit praktisch eine Vollzeittätigkeit:

> *Also [...] neben der Projekt- und Gruppenarbeit kamen zu den Zentrums- und Beratungszeiten auch immer neue Frauen, die verschiedene Probleme und Wünsche hatten. Auf jeden Fall viel Zeit in Anspruch nahmen, Frauen, die einfach mal an einem entspannten Ort sein wollten, ohne Kinder, ohne Mann, ohne Pflichten, oder die eben einfach unser Ohr haben wollten, das Herz ausschütten oder für all diese Variationen von Unzufriedenheit irgendwo einen Platz. [...] Das war oft schwierig, wir waren ja keine Professionellen, keine ausgebildeten Sozialarbeiterinnen, wir haben es gemacht, weil wir es richtig und wichtig fanden und den Frauen helfen wollten.*

Außerdem arbeitete Hilde Meyer immer auch Vollzeit in ihrem Reisebüro. Kurz vor dem Renteneintritt 2010 verkaufte sie das Geschäft. Der Strukturwandel in der Tourismusbranche, hervorgerufen durch das Internet und die großen Online-Reiseunternehmen, machten ihr jedoch einen Strich durch die Rechnung, und der tatsächliche Verkaufspreis lag weit unter dem, den sie als Ergänzung zu ihrer Rente einmal kalkuliert hatte. Hinzu kam die für sie damals erschreckende Feststellung ihrer monatlichen Rentenhöhe, die sie noch immer schwer fassen kann. Ihr sind dabei die in den letzten Jahrzehnten gesetzlich beschlossenen realen Rentenabsenkungen durchaus schmerzlich bewusst geworden:

> *Das reicht ja hinten und vorne nicht. Und da fühle ich mich jetzt schon betrogen. Ich habe lange meine Rentenbescheide beobachtet und hatte immer das Gefühl, es wird reichen. Aber dann wurde das Rentensystem verändert, und es gab immer wieder neue Änderungen. Dadurch ist die Rente so geschrumpft, dass ich zum Beispiel in einer Stadt wie München fast nicht mehr leben kann, sondern auch schauen muss, wie ich da irgendwie über die Runden komme.*

Hilde Meyer hilft bis zu einem gewissen Grad ihr wenig auf Luxus und Konsum ausgerichteter Lebensstil auch jetzt im Alter dabei, mit wenig zurechtzukommen. Sie beschreibt sich als weiterhin unabhängig von materiellem Besitz, der ihr nie viel bedeutet habe. Aufgewachsen in der Nachkriegszeit und in einer finanziell nicht privilegierten Familie, hat sie überdies das Sparen bereits in jungen Jahren gelernt. Später, in den linksalternativen Milieus und der Frauenbewegung, sei es überdies nicht um materiellen Besitz gegangen; im Gegenteil, man kämpfte für gesellschaftliche Veränderung, und dazu gehörte auch, sich nicht von bürgerlichem Wohlstand, den man als Fassade oder falsche Ordnung ablehnte, abhängig zu machen.

Aber als größte Ressource, um mit materiellen Engpässen, aber auch mit dem Älterwerden an sich umzugehen, beschreibt Hilde Meyer ihre Freunde- und Freundinnenkreise sowie weitere Netzwerke. Die Arbeit in vielen kulturellen, sozialen und politischen Projekten, in denen sie sich bis heute engagiert, ist ihr nach wie vor wichtig. Sie möchte weiterhin gesellschaftliches Zusammenleben mitgestalten, über gesellschaftliche Schieflagen aufklären und diese Ungleichheiten verändern, »*und jetzt geht es auch darum, wie wir alt werden wollen und in Würde leben können*«. Kopfschüttelnd erinnert sie sich daran, wie sie sich über die ungleichen Rechte der Geschlechter bewusst wurde:

Als junge Frau habe ich es nicht geglaubt, dass mir jemand Vorschriften machen kann, wie ich aussah, wie ich mich kleidete, welchen Beruf ich wählte, welchen Mann oder welche Frau und mit welchen Freunden ich mich traf. Ich wollte nicht glauben, dass es sogar verschiedene gesetzliche Regelungen dazu gab und einen sehr hohen sozialen Anpassungsdruck. Wichtig war, was die Nachbarn sagten, da gab es den Kuppeleiparagrafen, der unverheirateten Paaren das Zusammenleben fast unmöglich machte, weil sie keine gemeinsame Wohnung mieten konnten. Und der Ehemann entschied, was die Ehefrau kaufen darf und wie viel Geld sie bekommt. Ich konnte nicht glauben, dass der Mann die Finanzhoheit hatte, das alles kann sich heute keine mehr vorstellen.

Dass sich diese gesellschaftliche Situation geändert hat, haben maßgeblich Frauen durch ein langjähriges feministisches Engagement und politische Arbeit sowohl in der Frauenbewegung als auch in Parteien und Institutionen bewerkstelligt.

Also manche Frauen sagen, das, was wir in der Frauenbewegung angestoßen und verändert haben, unsere Forderungen nach mehr Freiheit, nach einem selbstbestimmten Leben, sowohl persönlich als auch gesamtgesellschaftlich, hat ja die Lebenssituationen für alle Frauen verändert, ja, die Situation für die gesamte Gesellschaft, war also gesellschaftliche Arbeit. Für diese Arbeit sollte es Rentenpunkte geben!

Dass es nicht so ist, findet Hilde Meyer ungerecht und spricht sich für eine gerechtere Einkommens- und entsprechend auch Rentenverteilung zwischen den Geschlechtern aus. So müsse auch die nach wie vor überwiegend von Frauen geleistete Hausarbeit und Kinderbetreuung noch stärker in der Rente berücksichtigt werden, aber auch politisches Engagement. Mit großem Interesse verfolgt sie die Debatte um das bedingungslose Grundeinkommen und die Mindestrente. Dennoch ist sich Hilde Meyer nicht ganz sicher, ob sie in ihrem Fall konkrete Forderungen an eine staatliche Altersvorsorge stellen dürfe, ob es für sie legitim sei, jene staatlichen Institutionen nun in die Pflicht zu nehmen, denen sie zeitlebens mit großem Vorbehalt gegenüberstand.

Das eine ist, wir haben viel geleistet, [...] haben die Lebenssituation für Frauen verändert, [...] was ja auch der ganzen Gesellschaft zu Gute kommt. [...] Trotzdem ist es für mich immer noch ein Widerspruch, mich so bürgerlich einzuordnen. Wir haben ja viele unserer Rechte gegen den Staat und seine Institutionen einfordern und durchsetzen müssen, und nun wollen wir genau von diesem Staat, den wir ja auch als Feind gesehen haben, unsere Rente, also Geld bekommen. Ja, das ist wirklich ein Widerspruch für mich.

Zu diesem Widerspruch kommt noch ein anderer Punkt hinzu, über den Hilde Meyer viel nachdenkt, weil sich hier biografisch etwas wiederholt: Erneut verspürt sie einen »Mangel« – wie damals als Kind, als Mädchen und später als Frau –, weniger wert zu sein und sich gleichzeitig selbst die Schuld dafür zu geben. Dieses Mal ist es die finanzielle Not, die ähnliche Emotionen in ihr weckt, ihr das Gefühl gibt, etwas »falsch« gemacht zu haben.

Da habe ich gemerkt, es ist immer noch da, das alte Schamthema. Wieder dachte ich, ich bin diejenige, die es alleine hätte schaffen müssen. Diese Erkenntnis, dass ich mir Vorwürfe mache, hat mich sehr getroffen.

Hilde Meyer ist sich eigentlich über die strukturellen Rahmenbedingungen, die mit zu ihrer jetzigen prekären Situation geführt haben, bewusst – der Koppelung von Rentenpunkten ausschließlich an die Erwerbsarbeit und die Rentenabsenkungen der letzten Jahre –, und dennoch trägt sie diese inneren Konflikte hauptsächlich mit sich aus. Womöglich müssen erst wieder geschützte Räume geschaffen werden, um darüber zu sprechen und die Schuldgefühle gemeinsam aufzulösen. Aber zu einem solchen Outing bezüglich der eigenen faktischen Altersarmut ist Hilde Meyer noch nicht bereit. Sie vergleicht es mit den Bewusstwerdungsprozessen in der Frauenbewegung:

Weil ich, was das Geldthema betrifft, noch nicht da bin, wo ich sein möchte. Ich bin immer noch beschäftigt mit dem ›Ich habe es nicht geschafft‹-Thema. Ich habe es geschafft, als Frau unabhängig und frei zu leben, aber ich habe noch nicht geschafft, für mich selbst im Alter zu sorgen.

Oktober 2016. Sieben Monate nach unserem ersten Gespräch sitzen wir wieder in Hilde Meyers Küche. Wir nehmen dieselben Plätze ein wie beim letzten Mal, und wieder kocht Hilde Meyer uns Kaffee, während wir unsere Unterlagen für das Interview sortieren. Es hat sich jedoch etwas geändert: Hilde Meyers Einstellung. Seit unserem letzten Gespräch habe sie noch mal viel nachgedacht und kann heute offener über ihre finanzielle Situation sprechen:

Das ist sehr befreiend gewesen. Ich habe ein anderes Gefühl zu mir selbst. Es ist ja total blockierend, wenn man immer denkt: Ich habe das alles falsch gemacht, und ich habe versagt.

In ihren Frauengruppen kümmert sie sich nun stetig darum, das Thema Altersarmut einzubringen, zu ihrem Bedauern gab es hier jedoch bisher keine große Veränderung im Umgang damit. Möglicherweise sind es die Einkommens- oder auch Klassenunterschiede innerhalb der Gruppen, die dazu führen, dass sich die

Mehrheit der Bessergestellten – wenig solidarisch – für das Thema nicht sehr interessiert. Für die weniger Wohlhabenden ist es vermutlich ebenfalls schambesetzt und wird deshalb beschwiegen.

Insgesamt ist Hilde Meyer jedoch optimistisch, es scheint sich in der Gesellschaft etwas zu bewegen. Von vielen Seiten hört sie, dass sich Frauen zusammenschließen und generelle Fragen nach dem guten Leben im Alter diskutieren und konkrete Lösungsvorschläge konzipieren, wie beispielsweise gemeinschaftliche Rentenversicherungssysteme, wo in Frauen-Netzwerken die Umverteilung ungleicher Rentenbeträge angegangen wird. Auch werden alternative, gemeinschaftliche Wohnprojekte geplant. Vielen geht es darum, »*gegenläufige Modelle*« zu entwickeln, Unterstützungssysteme aufzubauen, parallel dazu Forderungen an Parteien und die zuständigen staatlichen Institutionen zu richten, sich endlich, nicht nur in Wahlkampfzeiten, nachhaltig des Themas anzunehmen und Bedingungen und Strukturen für die Entwicklung eines gerechten, gleichberechtigten Rentensystems für alle zu schaffen.

Auch wenn sich Hilde Meyers finanzielle Situation seit dem letzten Mal nicht geändert hat, ist es für sie dennoch ein Erfolg, sich zumindest dieser Situation gestellt zu haben und sich nicht mehr schuldig zu fühlen.

Das war vorher leider oft so, dass ich immer irgendwie dachte, das habe ich ja gar nicht verdient, das steht mir gar nicht zu. [...] Das ist wieder so eine typisch weibliche Selbstabwertung.

Diese Einschätzung hat sich gewandelt, sie konnte den inneren Widerspruch lösen.

Ich habe meinen gesellschaftlichen Beitrag geleistet. [...] Ich habe mich befreit aus bedrückenden familiären und gesellschaftlichen Zusammenhängen, [...] habe mich selbst ermächtigt, mein Leben nach meinen Vorstellungen zu gestalten [...], das macht mich auch zufrieden.

Dorina Rubenbauer

»Solange ich krabbeln kann« – Wie körperliche Einschränkungen durch soziale Taktiken bewältigt werden

PETRA SCHWEIGER, IRENE GÖTZ

Zum Zeitpunkt unseres Gesprächs im Februar 2015 ist Dorina Rubenbauer noch nicht ganz 70 Jahre alt und geht an Stöcken. In ihrem Pass steht Gräfin von … R., von diesem Titel und dem folgenden langen Adelsnamen macht sie keinen Gebrauch. Sie wurde 1945 in Ungarn geboren, ihre Familie floh im Sozialismus nach der Enteignung über die damalige Tschechoslowakei zunächst ins ländliche Bayern. Die junge Frau kam dann in den 1970ern nach München. Hier arbeitete sie als Krankenschwester, bis sie aufgrund mehrerer berufsbedingter Erkrankungen mit 57 Jahren frühverrentet wurde. Sie ist seit vielen Jahren verwitwet. Ihr Fall zeigt in ganz spezifischer Weise nicht nur die Probleme, die eine Berufsgruppe hat, die sich bereits im frühen Alter mit arbeitsbedingten Gesundheitsschäden auseinandersetzen muss, sondern auch, was alles an Helfern und Arrangements dazugehört, um mit diesen Belastungen noch weitgehend selbstständig wohnen und wirtschaften zu können.

Vielleicht bekäme Dorina Rubenbauer sogar inzwischen einen Pflegegrad gewährt, »*so wie ich bin – fertig*«, und damit professionelle Unterstützung. Andererseits will sie, solange sie nur irgend kann, allein mithilfe ihres Netzwerkes zurechtkommen. Ihr über die Jahre aufgebautes Helfersystem rund um ihre Wohnung ist dabei nicht an einen anderen Ort transferierbar und auch nicht durch Geld aufzuwiegen. Von ihren 1550 Euro Alterseinkommen könnte sie die ihr informell gewährten Unterstützungen auch gar nicht zukaufen. Zum Zeitpunkt unserer Gespräche befürchtete sie jedoch, umziehen zu müssen, und genau hier liegt die existenzielle Verwundbarkeit dieser körperlich sehr gebrechlichen, geistig aber hellwachen und in spezifischer Weise aktiven Frau, die ihr Leben insgesamt positiv bilanziert: »*Ich habe noch Glück*«, gemeint ist die Anerkennung ihrer berufsbedingten Erkrankungen durch die Berufsgenossenschaft in Form einer monatlichen Zusatzrente und die Möglichkeit, jedenfalls bislang noch, günstig wohnen zu können. Mit ihren finanziellen Mitteln hätte sie auch nicht viele Alternativen.

Krank durch Arbeit

Wie es zu Dorina Rubenbauers Fertigkeit kam, sich in schwierigen Situationen zurechtzufinden, sich strategisch zu bewegen und zu vernetzen, zeigt ein näherer Blick in ihre Biografie. Sie musste von klein auf selbstständig sein und mit dem frühen Abstieg der Familie in relative Armut zurechtkommen. Als Drittälteste von sieben Geschwistern wuchs sie in den ersten Lebensjahren zunächst in einem ungarischen Schloss auf, in das ihre Mutter nach dem Tod ihres im Krieg umgekommenen Ehemanns, eines deutschen Adeligen, wieder zurückgekehrt war. Dort gründete die Mutter mit einem Ungarn eine neue Familie, aus der die Interviewte stammt. Infolge der politischen Verhältnisse während des Sozialismus wurde die adlige Familie enteignet und in die Tschechoslowakei vertrieben, von wo sie 1966 nach Deutschland floh.

In diesen entbehrungsreichen Zeiten lernte Dorina Rubenbauer, sich um die Jüngsten der Familie zu kümmern; sie übernahm viele Aufgaben. So erinnert sie sich in unserem Gespräch an die harte Arbeit, so manchen Fußboden habe sie auf den Knien geschrubbt und sicherlich damals bereits begonnen, sich körperlich aufzubrauchen. Doch sie profitierte auch von der wohl gelassenen inneren Einstellung der Eltern, die nicht aufgaben oder haderten, obwohl sie alles verloren hatten. Die junge Frau hatte als Teenager – noch in Ungarn – den Beruf der Glasbläserin erlernt – aus diesen fünf Jahren Berufstätigkeit erhält sie heute noch eine Rente von 28 Euro vom tschechischen Staat –, eine höhere Schullaufbahn wurde ihr und ihren Geschwistern durch die Umstände verwehrt.

Obwohl kaum Deutsch sprechend, begann Dorina Rubenbauer mit Anfang 20 dann in Bayern ihre Ausbildung zur Krankenschwester. Diesen Beruf hätte sie sehr gerne bis zur Rente ausgeübt, wenn sich nicht mit 53 Jahren diverse Erkrankungen eingestellt hätten, die in Zusammenhang mit ihrer Arbeit standen und sie ein paar Jahre später, noch nicht einmal 60-jährig, in die Frührente zwangen. Durch die Tätigkeit in einer radiologischen Abteilung eines Münchner Krankenhauses war sie bereits früher an Krebs erkrankt, wie auch einige der Kolleginnen. Wie sie selbst waren diese im Übrigen, ihrer Vermutung nach, ebenfalls infolge der Strahlenbelastung, der man in den 1970ern noch relativ ungeschützt als Krankenhauspersonal ausgesetzt war, überdies kinderlos geblieben:

Eigentlich muss ich ehrlich sagen, die haben uns alle kaputt gemacht, nicht nur mich, sondern alle, wir Schwestern, welche dort waren, alle.

Beim Bücken und Heben vor einem Essenswagen kam es schließlich zum ersten einer Serie von Bandscheibenvorfällen mit Nervenschädigung, die in mehrere Operationen an der Wirbelsäule mündeten. Diese Erkrankung und auch ihre Atemprobleme sind ein weiteres Erbe ihrer Arbeit, mit dem die ehemalige Krankenschwester zunehmend zu kämpfen hat. Glück im Unglück ist für sie, dass ihre Strahlenschäden und die Bandscheibenvorfälle – was eine Ausnahme sei – tatsächlich mit vollen 100 Prozent als Arbeitsfolgen und damit als Versicherungsfall anerkannt wurden. So bekommt sie monatlich 600 Euro Berufsunfähigkeitsrente zusätzlich zu ihrer Frührente von insgesamt 955 Euro, in die auch die tschechische Rente und überdies eine Witwenrente einfließen. Diese beträgt ganze 38 Euro; ihr verstorbener Mann hatte sich als selbstständiger Makler nicht weiter versichert. Auch wenn es ihr so mit ihren rund 1550 Euro monatlichem Einkommen besser geht als vielen alleinlebenden Rentnerinnen, ist sie dennoch vulnerabel, zunächst in körperlicher Hinsicht.

Auf kurzen Gehstrecken braucht die 69-Jährige mit ihren Gehstöcken deshalb oft schon eine Pause. Ihre Tätigkeit als ehemalige Krankenschwester wendet Dorina Rubenbauer heute in gewisser Weise auf sich selbst an: Sie kümmert sich um sich und hat viele kleine Strategien entwickelt, zum Beispiel, wie sie ihren Tag einteilt, aber auch ihren Körper und die Dinge um sich herum arrangiert, im Stehen ihr Bein entlastet oder trotz körperlicher Einschränkung in der Wohnung gymnastische Übungen durchführt.

Mit diesem Vorwissen aus drei vorherigen Besuchen und Interviews im Hinterkopf stehe ich [PSch] vor Dorina Rubenbauers Haustür.

Lieber Treppensteigen als Umziehen

Der Türöffner des Mehrparteienhauses summt, und ich steige in den dritten Stock, in dem Dorina Rubenbauer wohnt. Die Treppe ist relativ steil und der Aufzug schon seit Längerem wegen zu hoher Wartungskosten außer Betrieb. Trotz ihrer starken Gehbehinderung will sie von ihrer Nichte, der das Haus gehört, nicht verlangen, Geld für Reparatur und Instandhaltung des Lifts auszugeben – sie wäre die Einzige im Haus, die davon profitieren würde. Vielmehr ist Dorina Rubenbauer froh, dass sie diese drei Zimmer große Wohnung überhaupt hat; seit Jahrzehnten lebt sie darin, ist auch nach dem Tod des Ehemannes weiter in dieser Wohnung geblieben, und sie zahlt vor allem eine stabile und für die zentrale

Stadtlage sehr günstige Miete von nur 700 Euro. Die Nichte hat noch nie erhöht. Dorina Rubenbauer stellt hier also lieber keine Ansprüche, etwa bezüglich Reparaturen. Denn es war zum Zeitpunkt des Interviews eine große Sorge, dass die Nichte, die auch im Haus wohnt, nicht nur selbst mit ihrer Familie ins Grüne ziehen, sondern das Haus verkaufen oder komplett sanieren und dann entsprechend teurer vermieten würde. Diese Veränderungen würden in jedem Fall bedeuten, dass sich Dorina Rubenbauer eine neue Bleibe suchen müsste; eine höhere Miete kann sie sich weder in diesem dann sanierten Haus noch in der Nachbarschaft in einer neu bezogenen Wohnung, die auf jeden Fall teurer wäre, leisten. Als sie vor circa einem Jahr von den Plänen der Nichte erfuhr, ergriff sie entsprechend regelrechte Existenzangst. Sie begann, sich in ihren Ausgaben noch mehr einzuschränken, um für den Fall eines Umzugs irgendwie doch etwas Geld auf die Seite zu bringen. Sie könnte zwar das Angebot der Nichte annehmen, mit ihr umzuziehen, aber das will sie auf keinen Fall; denn sie ist von dieser Nachbarschaft in besonderer Weise abhängig:

Jetzt bin ich endlich so weit [...], dass ich zufrieden bin mit meinen Ärzten, dass ich das habe [...], bis dahin habe ich das nicht gehabt [...], da stehst du da und weißt nicht, wohin sollst du gehen.

Ihre Ärzte, die Fußpflege oder die Physiotherapiepraxis, die sie alle regelmäßig aufsuchen muss, sind in ihrer Nachbarschaft für sie erreichbar und vertraut. Ein Umzug würde bedeuten, dass sie diese fein arrangierte, jahrelang aufgebaute medizinische Struktur in einem neuen Wohnumfeld mühevoll wieder aufbauen müsste, und davor hat sie Angst:

So eine alte Frau wie ich mit 70 [...], jetzt habe ich alles so beieinander [...]. Eine alte Frau kann man nicht so rumschubsen.

Den dritten Stock ohne Aufzug zu bewältigen, erscheint ihr machbarer als ein Umzug, der ihr ihre Selbstständigkeit rauben würde, deswegen nimmt sie das schwer bewältigbare Treppensteigen täglich in Kauf. Auf diesem Gang, ihrem Weg zur Physiotherapie und zu anschließenden Erledigungen im nächsten Umkreis des Hauses, will ich [P. Sch.] sie heute begleiten.

Durch den Tag kommen

Oben im dritten Stock wartet Dorina Rubenbauer schon in der geöffneten Eingangstür. Ihre Wohnung ist mit Mobiliar aus einem Sammelsurium an Stilen – unter anderem mit antiken Möbeln und Fotografien aus ihrer ungarischen Vergangenheit – bestückt. Sie lebt dort nur mehr allein mit ihrer Katze. Tagsüber und mittlerweile auch nachts hält sie sich fast ausschließlich in ihrem geräumigen Wohnzimmer auf, wo sie alles hat, was sie braucht, um vor allem von ihren Schmerzen abgelenkt zu sein: einen großen, elektrisch verstellbareren Sessel und ihren Fernseher. Hier ist auch genug Platz zum Spielen für die zwei kleinen Kinder ihrer Nichte, die ebenfalls eine willkommene Ablenkung sind, wenn sie zu Besuch kommen. Das Schlafzimmer verwendet Dorina Rubenbauer nur noch als Gästezimmer für ihre Freundinnen aus der alten Heimat, wenn sie kommen, um bei der Reinigung der Wohnung zu helfen und ihr Gesellschaft zu leisten, oder für ihren Stiefsohn, wenn er einmal beruflich in München ist.

Dorina Rubenbauer begrüßt mich, hat bereits ihre Jacke an und hängt sich ihre Tasche um. Der Tag heute, erzählt sie kurz, hat begonnen wie immer, wenn sie einen Termin außer Haus wahrzunehmen hat: Schon frühmorgens, mindestens vier Stunden bevor sie die Wohnung verlässt, muss sie in der Regel anfangen, sich fertig zu machen, deswegen kommen außerhäusliche Termine am frühen Vormittag für sie nicht infrage. Auch heute ist sie schon früh aufgestanden von ihrem Schlafplatz im Wohnzimmer, dem großen Sessel, in dem sie ihre Rücken- und Beinschmerzen besser aushalten kann als in ihrem Bett. Zuvor ist sie aber erst noch eine ganze Weile, es sind meistens mindestens 30 Minuten, dagesessen, um das rechte Bein zu beruhigen. Dann folgt der Weg ins Bad, in dem sie in genau ausgeklügelten Routinen ihren Körper einer Waschzeremonie unterzieht. An schlechten Tagen braucht sie allein dafür bis zu zwei Stunden, heute hat sie einen guten Tag erwischt, die Taubheit und die Schmerzen im rechten Bein sind erträglich.

Dorina Rubenbauer greift sich ihre Unterarmgehstützen und beginnt ihren Weg nach unten. Sie nimmt die Stufen im Nachstellschritt seitlich zum Geländer gewandt, die Stützen trägt sie dabei in einer Hand, mit der anderen hält sie sich am Geländer fest. An schlechten Tagen ist sie manchmal sogar sitzend die Treppen hinuntergerutscht, wenn sie unbedingt aus dem Haus musste. Heute geht es gut. Unten angekommen, macht sie eine kleine Stehpause. Mit Schwung und Rhythmus werden dann Stützen und Beine abwechselnd nach vorne gesetzt, die 50 Meter entfernte Ampel im Blick. Alle 15 Meter hält Dorina Rubenbauer kurz an, dreht und schwingt ihr rechtes Bein, um es wieder besser zu spüren. Die Ampel springt genau in dem Moment auf Grün, als sie sie erreicht. Obwohl sie sich beeilt, braucht die stark Gehbehinderte die komplette Grünphase, bis sie – schwer atmend – auf der anderen Straßenseite angekommen ist.

Bereits bei dieser kurzen Wegstrecke zeigt sich die Komplexität der gesundheitlichen Einschränkungen, die nicht nur aus der Bein- und Rückenproblematik bestehen, sondern auch aus der atembedingt geringen Ausdauer. Die verschiedenen Berufserkrankungen, die sie sich eingehandelt hat, haben schwere Spuren hinterlassen. Hinzu kamen noch eine Lungenerkrankung und Allergien gegen eine Vielzahl von Stoffen, deren Ursache die ehemalige Krankenschwester unter anderem im Gebrauch der vielen Putz- und Desinfektionsmittel im Krankenhaus sieht. Später stellten sich noch weitere Probleme ein, wie zum Beispiel eine Osteoporose. Diese Erkrankungen sind chronisch geworden und haben ihr Befinden zunehmend verschlechtert. Dorina Rubenbauer hat deshalb hohe Ausgaben für ihre Gesundheit, die nicht von der Kasse bezahlt werden, aber ihr subjektiv die Beschwerden lindern. So investiert sie in Nahrungsergänzungsmittel, die sie sich von Bekannten aus ihrer Heimat Ungarn liefern lässt, dort sind sie günstiger. Ohne die regelmäßigen Akupunktursitzungen bei einer Ärztin im benachbarten Viertel, die sie zum Zeitpunkt der ersten Besuche noch selbst bezahlen musste, hält sie ihre Schmerzen nicht aus. Ihr fällt in unserem Gespräch erst so richtig auf, wie viele Stunden am Tag sie mit ihrem Körper beschäftigt ist.

Die Häufigkeit der Entlastungspausen nimmt zu, je näher wir dem Ziel kommen. Schließlich erreicht Dorina Rubenbauer nach 35 Minuten verschwitzt das Gebäude der Praxis. So lange braucht sie fast immer für den Weg. Je nachdem, wie es ihr am jeweiligen Tag geht, muss sie nur drei Mal auf dem Weg stehen bleiben, manchmal alle fünf Meter. Einen Elektrorollstuhl lehnt sie nicht nur ab, weil sie nur mit Schmerzen darin sitzen könnte, sondern auch, weil sie damit ein Stück Autarkie verlöre. »*Solange ich diese Stöcke habe, kann ich [...] gehen.*« Sie lässt sich allerhöchstens ab und zu von ihrem Nachbarn fahren, wenn sie einen sehr schlechten Tag hat, oder benutzt im Notfall für weite Strecken ein Taxi, wenn die Nichte, die sie nicht so gern bittet, sie nicht bringen kann. Solange es geht, möchte sie es so schaffen. Das ist auch der Grund, warum sie noch keine Einteilung in einen Pflegegrad möchte. Nach einer Stunde in der Praxis kommt sie sichtlich entspannt aus dem Behandlungsraum, wieder hergestellt für den Rückweg.

Die Nachbarn als Anlaufstationen

Im Haus bei ihr um die Ecke befindet sich der Ort, den Dorina Rubenbauer stets als Rastplatz auf dem Heimweg dringend benötigt: ein kleiner Backshop, den sie sich jedes Mal auf dem Rückweg als Zwischenzielpunkt setzt. Der Besitzer des Backshops hält ihr die Tür auf und begrüßt sie mit großem Hallo. Nach einem kurzen

Gespräch über Alltägliches kauft sie für ihr Abendbrot ein, außerdem Kuchen für einen Änderungsschneider, der im selben Haus im Erdgeschoss wohnt und sie immer wieder einmal zu verschiedenen Ärzten fährt. Für Dorina Rubenbauer ist der Backshop nicht nur ein Ort zum Verschnaufen. Der Ladenbesitzer und dessen Angestellte sind für sie auch wichtig zum Reden und um sich von ihren Schmerzen und Sorgen abzulenken. Ihr wird dort regelmäßig ein Hocker für die Pause hingestellt: »*Und da sitze ich bei denen, wir ratschen ein bisschen. Und dann kann ich auch wieder besser rüber* [nach Hause] *kommen.*« Hier kauft sie zudem oft die günstigen kleinen Geschenke, die sie ihren Helfern mitbringen kann, Krapfen für das Physio-Team, das ihr manchmal hilft, die mitgebrachten Arzt- oder Amtsbriefe zu dechiffrieren, oder die Brezen für die Nichte im Haus, auf deren Hilfsbereitschaft sie so oft angewiesen ist. Dorina Rubenbauer ist es wichtig, zumindest solche kleinen Aufmerksamkeiten zurückzugeben für die Hilfe, die sie erhält.

Mit mehreren kleinen Pausen erreicht sie schließlich das Haus, in dem sie wohnt. Sie öffnet die gläserne Ladentür direkt neben ihrem Hauseingang. Hier hat der Schneider sein Geschäft. Sie wird von ihm sehr herzlich umarmt und setzt sich gleich auf einen Hocker vor einer der Nähmaschinen, an der die Ehefrau gerade an einem Kleidungsstück näht. Dorina Rubenbauer übergibt ihren Kuchen und fragt, ob er in der nächsten Zeit einmal da ist, um für einen Tag ihre Katze zu versorgen. Es entsteht eine lebhafte Diskussion darüber, inwieweit sie wieder fit sei nach ihrer Grippe. Der Schneider hatte Dorina Rubenbauer, als sie krank war, ein selbst gekochtes warmes Mittagessen nach oben gebracht. Als ein Kunde kommt, verabschiedet sich Dorina Rubenbauer, und ich folge ihr quer durch den Laden durch eine Hintertür ins Treppenhaus. Nach ihrer Pause fühlt sie sich nun gewappnet für die Treppe. Oben angekommen, ist Dorina Rubenbauer sichtlich erschöpft, sie atmet schwer und schließt mit fast waagrechtem Oberkörper die Wohnungstür auf.

Diese zweistündige Episode aus dem Alltag der gehbehinderten Frau zeigt, wie Personen und die damit verbundenen Orte in der näheren Umgebung des Haushalts Dorina Rubenbauers eine entscheidende Rolle dafür spielen, dass die Selbstversorgung in der eigenen Wohnung weiterhin gelingen kann. Bedingt durch ihre körperlichen Einschränkungen kann sie sich nicht frei überall dorthin bewegen, wohin sie will. Schon um ihre häuslichen Aktivitäten wie Aufstehen, sich Waschen und kleine Putzarbeiten ausüben zu können, muss sie einen Großteil der Tageszeit darauf verwenden, sich körperlich – und auch mental und emotional – vorzubereiten und sich an das taube Bein, den steifen Rücken und den jeweiligen Tageszustand anzupassen. Manche häuslichen Tätigkeiten gelingen ihr nicht mehr ganz alleine. Fürs Abstauben und Bodenwischen nimmt sie mittlerweile die Hilfe ihrer Freundinnen und ehemaligen Kolleginnen aus dem Krankenhaus an. Eine professionelle Putzfrau kann sie sich nicht leisten. Dorina Rubenbauer hat viele Rastplätze auf dem täglichen Weg. Die Fähigkeit, diese Stützpunkte zu etablieren, zu organisieren und zu pflegen, ist ihre Leistung und zugleich ihre Ressource. Diese Arbeit am körperlichen und sozialen Existenzerhalt wird ihr durch mehrere mit ihr geführte Interviews und meine teilnehmende Beobachtung immer bewusster, und sie äußert ihren Stolz über diese Fertigkeit.

Fragilität des Arrangements

Dorina Rubenbauers Situation ist nicht primär in ökonomischer Weise existenzgefährdend – nach Abzug der Festkosten bleiben ihr immerhin circa 400 Euro. Knapp ist es bei ihr dennoch infolge ihrer multiplen körperlichen Einschränkungen, die Kosten verursachen, die von der Krankenkasse nicht alle abgedeckt werden. Überdies ist sie auch vulnerabel, insofern als sie durch ihre gesundheitliche Situation besonders abhängig von ihrem aufgebauten Netzwerk, der zentralen und günstigen Wohnung und damit von den Entscheidungen ihrer Nichte geworden ist. Nur mit diesem Netz, an diesem Ort gelingt es ihr bislang, ihren Körper noch für die notwendigen Alltagsaktivitäten »gebrauchsfähig« zu erhalten. Ihr Selbstbild, das sie aus ihrer Biografie von frühester Jugend an ableitet, ist das eines sich aus eigener Kraft unabhängig bewegenden Menschen. Heute ermöglicht ihre spezifische Art, sich fortzubewegen, Dorina Rubenbauer, die Kontrolle über sich und ihr Leben zu bewahren.

Ich muss von MIR aus können. Wenn ich versage, dann habe ich aufgegeben. Dann ist Schluss, dann ist Schluss. Solange ich krabbeln kann, möchte ich krabbeln. Solange ich etwas bewegen kann, möchte ich das.

Ulla Scheibler

»Man darf nicht zu Hause sitzen« –
Wie man seine Ressourcen im Alter nutzt

IRENE GÖTZ

Ulla Scheibler ist eine auffällige Erscheinung mit ihrer bunten Brille, darauf farblich abgestimmt ein grüner Filzschal und eine schicke selbst gestrickte Kappe. Sie ist groß und schlank, hat wache und sehr genau beobachtende Augen, eine klare, kräftige Stimme mit leicht bayerischem Akzent, den sie, wenn sie etwas betonen will, auch mal verstärkt. Sie wirkt jünger als 73. In unserem Gespräch formuliert sie fast druckreif und sehr reflektiert.

Diese Interviewpartnerin wurde mir von einem der Münchner Alten- und Service-Zentren ausgesucht, weil sie so überaus aktiv sei – trotz relativ knapper Rente. Ulla Scheibler scheint zu wissen, warum sie vorgeschlagen wurde. Gleich übernimmt sie in unserem Gespräch die Führung. Dieses gerät phasenweise zu einer engagierten Lehrstunde darüber, wie man als Kunst- und Kulturliebhaberin mit wenig Geld und umso mehr einschlägigem Wissen alles umsonst oder zu einem günstigen Preis bekommt, was das Leben bereichert und schön macht: etwa indem man gezielt Flohmärkte besucht, Tauschringen beitritt und auf einschlägigen Internetplattformen recherchiert. Günstige Theaterkarten beschaffen, Geschenke selbst herstellen – solche Aktivitäten geben der Ruheständlerin große Befriedigung und Energie, und sie halten sie ständig auf Trab – zu Hause sei sie fast nie, und wenn, dann telefoniere sie mit Freundinnen oder stricke.

Ulla Scheibler ist Vorstand eines Tauschrings, bekleidet diverse Ehrenämter und hat einen Minijob als Seniorenbetreuerin. Hinzu kommen wöchentlich der Italienischkurs und Yoga – beides kann sie ohne Kosten im Alten- und Service-Zentrum in ihrer Nachbarschaft besuchen –, dann Reisen mit Tochter und Enkel. Meine Gesprächspartnerin zeigt mir ein ausgefülltes Leben, das offensichtlich auch anderen für das Zurechtkommen im Alter Mut machen soll. »*Man darf nicht zu Hause sitzen.*« Doch hat ihre Geschichte auch dunkle Seiten: das Verhältnis zum getrennt lebenden Ehemann und auch zu ihrem Sohn – und vor allem ihre chronische und sehr schmerzhafte Gelenkerkrankung, über die sie im Interview aber nicht sprechen will. Von den »*jammernden alten Weibern*« grenzt sie sich vehement ab. Ulla Scheibler beginnt zunächst damit, mir sehr strukturiert die Wechselfälle ihres Lebens zu erzählen.

Eine Biografie voll Kontinuitäten und Wechsel

Nach der Matura in Wien im Jahr 1961 wollte die junge Frau eigentlich Psychologie studieren, doch habe sie nicht recht gewusst, was sie damit hätte anfangen können. Sie habe sich in ihrer Familie auch nicht sehr für ihren Wunsch stark gemacht, der für eine Frau in ihrem Herkunftsmilieu unüblich gewesen wäre. Ihr Vater war Bahnhofsvorsteher; die Familie hatte kein großes Einkommen.

Das war also damals schon, muss man sagen, schon eine ganz andere Zeit. Also hat es [geheißen], *na ja die heiratet eh, ist dann eh versorgt.*

So ging Ulla Scheibler schließlich in das Ingenieurbüro eines Bekannten ihres Vaters.

Er suchte eben ein junges Mädchen oder so, weil die braucht ja eigentlich auch nix wissen, weil er bringt ihr schon alles bei. War ja damals so. Also wenn man es so will, ich habe eigentlich keine Ausbildung.

Die Interviewte hadert heute nicht mit diesem beruflichen Weg. Sie hat mit dieser *»so ganz anderen Zeit«*, die weibliche Karrieren nicht ohne Weiteres vorsah, ihren Frieden gemacht. Erst jetzt im Alter verwirklicht sie ihren eigentlichen beruflichen Traum ein wenig, wenn sie ältere Menschen betreut. Aber davon weiter unten mehr.

Die junge Frau war in Wien mit ihren in der höheren Schule erlernten Fremdsprachen auf dem damaligen Arbeitsmarkt in gewisser Weise privilegiert und in diesem Büro in vergleichsweise guter Position. Ihre positive Einstellung, alles aktiv und lernend anzugehen, zeigte sich bereits damals, als sie als Ungelernte anfing:

Learning by doing, das ist sowieso generell das Allerbeste, was der Mensch tun kann. Meiner Meinung nach. Und da war ich dann einige Jahre. Das war ein ganz junges Team, Studenten, Diplomingenieure, und war dann sozusagen, ja, die Sekretärin, Mädchen für alles [...]. Dann habe ich meinen Mann kennengelernt. Wie es so ist, schwanger geworden, geheiratet. Und dann natürlich aufgehört.

Als Ulla Scheibler von ihrem Ehemann spricht, wird ihre Stimme verhaltener. Dieser sei ein erfolgloser Schauspieler, der dann auch, als er mit seiner jungen Familie 1972 zurück in seine Heimat nach Bayern zog, weiterhin zu wenig verdient habe. Ohne dessen Mutter, die ihnen immer mal Geld zusteckte, hätten sie nicht existieren können. Ulla Scheibler selbst konnte, so wie es damals üblich war, mit kleinen Kindern und ohne ausreichende Betreuungsmöglichkeiten im Münchner Vorort, nur phasenweise erwerbstätig sein, *»ein bisschen rumjobben [...] Kindergärten, Hort – es gab ja nix.«*

Nach der Trennung von ihrem Mann blieb sie als *»Migrantin in Bayern«*. In dem Münchner Vorort gehörte sie nie so recht dazu, zumal sie als Alleinerziehende mit einem damals gängigen Stigma behaftet war. Auch deshalb habe sie sich dann einer von der katholischen Kirche organisierten Gruppe von Alleinerziehenden angeschlossen. Hier gab es Austausch und vor allem auch organisierte Ferienreisen mit den Kindern, die sie bezahlen konnte. Allerdings hätten sich ihre Kinder oft, während andere richtig essen gingen, eine Portion Pommes teilen müssen und sie habe ganz verzichtet. Der günstigen Genossenschaftswohnung wegen blieb sie noch lange in diesem Vorort. Sie hatte sich arrangiert, und man hielt immerhin auch mal mit anderen Frauen ein Schwätzchen vor dem Bäckerladen.

Mit 43 Jahren begann Ulla Scheibler, trennungsbedingt zur Familienernährerin geworden, bis zur Rente mit 65 in Vollzeit zu arbeiten. In der Logistik eines Industrieunternehmens konnte sie nun wieder ihre Fremdsprachenkenntnisse einsetzen, »*ich habe gern gearbeitet, das hat mir viel Spaß gemacht, sicher auch Bestätigung gebracht*«.

Eine große Belastung war das Arrangement, das sie mit ihrem getrennt lebenden Ehemann getroffen hatte. Sie zahlte ihm bis zu ihrem Renteneintritt monatlich Unterhalt. Hier sieht meine Gesprächspartnerin eine gewisse Wiederholung in ihrem heutigen Verhältnis zu ihrem Sohn, das ebenfalls belastet ist. Dieser – wie die Tochter weit in den 40ern – hat psychische Probleme, ist geschieden, und sie muss ihn ebenfalls finanziell unterstützen, weil er nicht mit Geld umgehen könne. Ulla Scheiblers Verhältnis zu ihrer Tochter, die mit ihrer Familie in München lebt, ist für sie dafür umso bereichernder. In die Betreuung des dreieinhalbjährigen Sohnes ist sie »*voll eingebunden*«. Wie bei vielen unserer Interviewten ist das Enkelkind die allergrößte Ressource. Sie erzählt begeistert von der Freude, die ihr der regelmäßige Kontakt bereitet. Aus dem Haus zu gehen, mit ihm aktiv zu sein, das lässt sie ihre körperlichen Schmerzen vergessen. Diese unbedingte Liebe und Bewunderung, die sie von dem Kleinen erfährt, gibt ihr Kraft:

Die Bestätigung, die Wertschätzung [...]. Und dann nachher geht man nach Hause. Ja. Und vielleicht tut einem wieder alles weh, aber man hat irgendwie, ja den Horizont erweitert oder was anderes gesehen.

Ulla Scheibler lebt heute auch räumlich in der Nähe der Familie ihrer Tochter in einer kleinen Wohnung. Dieser Umzug ergab sich für die Rentnerin durch ein finanzielles Arrangement mit der Tochter, von dem derzeit beide Seiten profitieren. Obwohl Ulla Scheibler als Bürokraft von ihrem Gehalt noch lange Zeit den Ehemann unterstützte, war es ihr gelungen, einen Bausparvertrag abzuschließen, den sie sich nun zum Renteneintritt auszahlen ließ. Diese Summe von 50.000 Euro gab Ulla Scheibler der Tochter, die das Geld in den Kauf einer Zweizimmerwohnung in München investierte, in der die Rentnerin jetzt (allerdings ohne selbst mit im Grundbuch zu stehen) gegen eine geringere als die ortsübliche Miete wohnen kann, wofür sie ihrer Tochter sehr dankbar ist. Diese wohl sehr günstige Miete, über deren Höhe sie nicht sprach, gibt ihr die Möglichkeit, den finanziellen Einschnitt, den die Verrentung mit sich brachte, zu bewältigen. Immerhin hatte sie jetzt nicht mehr 2000 Euro monatlich, sondern mit einem Mal 900 Euro weniger zur Verfügung. Angesichts dieses Arrangements mit der Tochter sei sie eben nicht »*die Norm*«, stellt Ulla Scheibler mit gewissem Stolz heraus, als ich sie frage, wie man mit 1100 Euro Rente in München zurechtkomme, wenn man dem Sohn finanziell noch aushelfen müsse.

Der möglich gewordene Umzug in eine schöne, zentrale Lage der Stadt bedeutet für die Rentnerin nicht nur, den Enkel in der Nähe zu haben, sondern bietet auch sozial und kulturell weitere, neue Möglichkeiten.

Anpassungen« an den Neubeginn nach der Verrentung

Nach ihrem Umzug im Jahr 2007 führte ihre Suche nach einer Aufgabe Ulla Scheibler zunächst in ein neu eröffnetes Altenheim bei ihr um die Ecke, das ehrenamtliche Helferinnen suchte:

> *Und ich habe da im sogenannten Aktivitätenprogramm mitgemacht. Sprich, ja bisschen basteln, bisschen erzählen, Gedächtnistraining, ich war dann von vornherein in der Abteilung für die an Demenz Erkrankten. Habe dann da also so Diverses vorgelesen. Und es waren ja auch so bastel- und kunsthandwerkliche Sachen. Ich stricke gern und [...] ich habe da, glaube ich auch, ein ganz gutes intuitives Gefühl, mit alten Menschen umzugehen.*

Als sie nicht mehr rein ehrenamtlich tätig sein wollte, ließ sie sich als Seniorenhelferin fortbilden, sodass sie nun mit dieser Tätigkeit auch Geld verdienen kann. Es gebe ihr viel, wenn die an Demenz Erkrankten, die sie als eine Art »*Gesellschafterin*«, wie sie sagt, besucht, sie anlächeln und irgendwie doch wiedererkennen. Sie fühlt sich hier gebraucht und wertgeschätzt. Anerkennung erfährt sie auch als Helferin im Alten- und Service-Zentrum, wo sie kleinere Aufgaben übernimmt – ohne finanziell entschädigt zu werden, aber dafür bekomme sie hier schon mal einen Kaffee spendiert und müsse bei der Weihnachtsfeier oder bei Ausflügen, die sie teilweise auch mitorganisiert, nichts bezahlen. Eine andere Form ehrenamtlicher Tätigkeit für ein Senioren-Reisebüro führt Ulla Scheibler in interessante Städte, ohne dass sie selbst für Kost und Logis aufkommen muss. Dafür ist sie als Reisebegleiterin gebrechlicher Älterer im Einsatz.

Eine weitere Ressource, die ihr hilft, finanzielle Engpässe zu kompensieren, sind die Aktivitäten im lokalen Tauschring: Hier werden »*Talente*« eingesetzt und in eine Tauschwährung – eine

Stunde Lebenszeit als Arbeitszeit – konvertiert. Bei Ulla Scheiblers Großbackaktionen, die sie vor Weihnachten in den Tauschring einspeist, kommt ihr die Kontinuität ihrer aus der Wiener Jugend beibehaltenen Backkünste zugute, wie sie stolz betont. Über Internetdienste organisiert sie sich überdies günstige Konzert- und Theatertickets. Begeistert berichtet sie, wie sie hier spart: So gehe sie für mehrere Hundert oder sogar Tausend Euro im Jahr in Veranstaltungen, zahle aber nur 12 Euro im Monat an einen Ticketanbieter im Netz. Manchmal sind auch für sie unbekannte kleine Bühnen im Angebot. So lerne sie Neues kennen. Ihr ist es wichtig, flexibel und neugierig bleiben zu können, und mit dieser Haltung entdeckt sie immer neue Flohmärkte und Tauschbörsen, auf denen sich auch ihre Strickwaren anbieten lassen.

Ulla Scheibler versteht sich meisterhaft darauf, eigene Neigungen und Interessen sowie die Notwendigkeit, ihre Rente aufzubessern, mit sozialem Engagement zu kombinieren. Den vielfältigen kulturellen und sozialen Aktivitäten, denen sie dank ihrer Findigkeit und Rührigkeit ohne größere Kosten regelmäßig nachgeht, setzen außer detailliertem Wissen über die einschlägigen Institutionen online und offline, die für die Münchner Kulturszene günstige Angebote anbieten, ein vielschichtiges Netzwerk voraus. Dieses System an Aktivitäten aufzubauen und am Laufen zu halten, ist wie bei anderen Interviewten eine komplexe Form von Beziehungsarbeit. Bei Ulla Scheibler hat sich mit dem Umzug aus dem Vorort in das Stadtzentrum allerdings auch der Bekanntenkreis verändert. War für sie im mittleren Lebensalter der Kreis der Alleinerziehenden ein langjähriger Orientierungspunkt, so hat sie sich jetzt in der Nähe ihrer neuen Wohnung neben Tochter und Enkel ein stabiles neues Netz aufgebaut. Im Unterschied zu anderen Interviewten, die gerade im Alter auf ihre langjährigen Nachbarschaften und Wohnungsbindungen angewiesen sind, konnte Ulla Scheibler diesen Ortswechsel, zumal dank der Unterstützung durch die Tochter, leichter angehen und erfolgreich bewältigen.

»Ulla Dampf in allen Gassen« – Mobil und gut vernetzt als Lebensmotto

Ulla Scheibler gehört zu denjenigen Frauen unter unseren Interviewten, die sicherlich am ehesten dem von Politik und Medien immer wieder vermittelten Bild von den »aktiven«, jungen, fitten Alten entsprechen, die sich selbst weiter auch nach der Verrentung Aufgaben suchen und in der Familie und Gesellschaft Verantwortung übernehmen. In unserem Gespräch vermittelt sie Einblicke, mithilfe welcher Ressourcen, Fähigkeiten und Haltungen ihr das gelingt. So hat sie zuvörderst ein großes Selbstvertrauen, das sich bereits zu Beginn ihres Berufslebens und dann auch in ihrem weiteren Leben trotz schwieriger persönlicher Lagen aufrechterhalten ließ. Sie kann sich stets in die wechselhaften Situationen ihres Lebens einpassen, sich gut organisieren und Sinn und Anerkennung beziehen. Und sie versteht es vor allem, auf andere zuzugehen und Kontakte zu knüpfen. Diese Fähigkeiten erleichtern als konstante Ressourcen Ulla Scheiblers Leben, das ansonsten von viel Wechsel, etwa den Umzügen, und einem stets drohenden sozialen Abstieg durch ein geringes Familieneinkommen geprägt gewesen ist. So halfen ihr diese Fähigkeiten auch, als es galt, dem Ehemann aus Wien nach Bayern zu folgen und hier dann später die gewisse Außenseiterposition als Alleinerziehende im wohlhabenden Münchner Vorort auszuhalten. Die Anpassung an neue Situationen gelingt ihr zuletzt auch nach ihrem Umzug in die Stadt, als sie sich nach der Verrentung neue Aufgaben und einen neuen Bekanntenkreis aufbauen musste.

Trotz einer chronischen Krankheit, die ihr Schmerzen bereitet, und der Belastung mit ihrem Sohn entwickelt und pflegt Ulla Scheibler eine Vielzahl an Ressourcen: An erster Stelle schöpft sie aus ihrer regelmäßigen Betreuung des Enkels und aus dem engen, von wechselseitiger Unterstützung geprägten Verhältnis zu ihrer Tochter. Des Weiteren ist die Betreuung Hochaltriger eine wichtige Sinnstiftung und ermöglicht ihr – wie auch ihr Einsatz im Tauschring –, sich gewisse Extras zu leisten.

Für die Strukturierung ihres Alltags erweisen sich nicht zuletzt die Angebote des Alten- und Service-Zentrums als hilfreich; auch hier findet die Rentnerin neue Kontakte. Ressourcen sind aber auch langjährige Freundschaften, die sie weiter pflegt; Fertigkeiten und Interessen, die sie in der Jugend erworben hat, wie Fremdsprachen oder die Liebe zum Theater; Neigungen oder sogar Berufswünsche, die sie jetzt ein Stück weit ausleben kann, so ihr Engagement in der sozialen Arbeit; und nicht zuletzt Traditionen, die sie aus ihrer Herkunftsfamilie übernommen hat, etwa gemeinsame Reisen von Mutter und Tochter, die Wiener Küche oder ihre Leidenschaft für das Handarbeiten.

Nach ihrer Zukunft gefragt am Ende unseres langen Gesprächs, wird die lebhafte Frau dann plötzlich still und sehr bewegt. Bei all diesen aktiven, engagierten Seiten ihres Lebens im »Unruhestand« plagen Ulla Scheibler doch auch wie die meisten unserer Gesprächspartnerinnen die Zukunftsängste, die im höheren Lebensalter aufkommen: »*Wenn ich nicht mehr aus dem Haus gehen kann, wird es schlimm für mich.*« Das Heim ist ihr Drohszenario für eine Zukunft, in der sie vielleicht nicht mehr so mobil und aktiv sein wird. Doch auch im Umgang mit »*den letzten Dingen*« gilt für Ulla Scheibler, die Sorgen nicht allzu sehr durchdringen zu lassen. Schließlich ist es ihr ein stabiles und sie stabilisierendes Lebensmotto, nicht zu «*jammern*».

Ihrer Tochter möchte sie – wie alle unsere Interviewpartnerinnen – dann auch nicht zur Last fallen. Hier endet unser Gespräch allerdings mit einem Sieg ihres Humors über den Schrecken: Ihrer Tochter habe sie auch schon gesagt, wenn sie dann dement und im Heim sei, solle die sie keinesfalls jeden Tag besuchen kommen. Schließlich könne sie sich dann ja ohnehin nicht mehr erinnern, wann sie zuletzt da gewesen sei, und vermisse den Besuch damit bestimmt nicht.

Monika Tegt

Wenn die Rente nicht reicht: Kämpfe mit den Behörden – sowie mit traditionellen Rollen- und Altersbildern

ALEX RAU

Bisher hat es Monika Tegt fast immer geschafft, schwierige Situationen irgendwie zu meistern, auch wenn sie mit ihren Kämpfen oft nicht das gewünschte Ziel erreichte. So hat sie nach der Scheidung für ihre Rechte gestritten und später mit dem Sozialamt um Grundsicherung. Nach dem verpflichtenden Renteneintritt, den sie nicht abwenden konnte, fand sie am Ende wenigstens einen Minijob, auch wenn der kräftezehrend ist. Die Entscheidung, uns ein Interview zu geben, entsprang letztlich auch dem Anliegen, die rigiden und teilweise schikanösen Praktiken staatlicher Institutionen und Behörden öffentlich zu machen.

Mütterrente für Erziehungsarbeit – eine Antragstellung

Als Ort des Interviews wählt Monika Tegt die Räumlichkeiten des Alten- und Service-Zentrums ihres Viertels. Dort fühlt sie sich sicher. Dort sucht sie bei Bedarf Unterstützung, insbesondere wenn es um bürokratische Angelegenheiten geht; Formulare und Fragebögen habe sie schon immer gehasst. So auch vor einigen Monaten, als die sogenannte Mütterrente eingeführt wurde. Die Anerkennung zusätzlicher Kindererziehungszeiten erfolgt hier zwar von Amts wegen; eine eigene Antragstellung beim Rententräger war nicht erforderlich. Grundsicherungsbezieherinnen wie Monika Tegt mussten sich jedoch nach Erhalt dieser Zusatzrente einer erneuten Überprüfung ihres diesbezüglichen Anspruchs bei ihrem Sozialamt unterziehen, da die Mütterrente das Renteneinkommen erhöht und – wie jede Einkommensart – mit der Grundsicherungsleistung verrechnet wird. Beim Ausfüllen eines Formulars sollte es für Monika Tegt in dieser Angelegenheit nicht bleiben, wie sie immer noch entsetzt und verärgert berichtet.

Monika Tegt ist 2015, als wir mit ihr sprechen, 68 Jahre alt, hat zwei Kinder Anfang 30 und lebt allein. Sie trägt einen klassischen schwarzen Pullover mit V-Ausschnitt und eine Goldkette. Das dezente Make-up unterstreicht zudem ihre elegante Erscheinung. Sie spricht mit ruhiger, weicher Stimme. Nichts verrät materielle Bedürftigkeit. Von ihrem Ex-Mann ist sie seit 13 Jahren geschieden. Die ehemalige Versicherungsangestellte kommt ursprünglich aus einem kleinen Ort in Bayern, besitzt einen Hauptschulabschluss – das sei eben damals das Übliche gewesen auf dem Land, meint Monika Tegt. Sie zog mit 18 Jahren nach München, wo sie verschiedenen Beschäftigungsverhältnissen nachging:

Bis zur Rente war ich in der Krankenkasse. Und ich bin ja 2002 geschieden, und dann ging es natürlich los. [...] ist klar, dass ich jetzt nicht so viel Rente bekomme, kann ich irgendwo nicht erwarten, aber ich habe ja trotzdem mein Leben lang gearbeitet, mir fehlen halt acht Jahre mit den Kindern. Das ist klar. Das kommt ja noch dazu. Die Jobs waren ja nicht gut bezahlt [...]. Dann habe ich mit den Kindern bloß noch halbtags gearbeitet. Ja, dann fehlt es dir natürlich, wenn du in die Rente kommst. Aber selbst eine Verkäuferin oder Friseurin, wenn die jetzt keine Ausfallzeiten hat, kriegen die auch keine [große] Rente und arbeiten 45 Jahre.

Monika Tegts Arbeitserfahrungen spiegeln eine typisch weibliche Arbeitsbiografie ihrer Generation wider, die sie genau reflektiert:

Sie arbeitete seit ihrem Schulabschluss bis zur Verrentung mit 65 Jahren, wobei acht Jahre Kindererziehungszeit und anschließende Teilzeitarbeit bis zur Rente diese jetzt schmälern. Hinzu kommen geschlechtsspezifische Lohnunterschiede und die Scheidung vom Ehemann, die zusätzliche Einbußen im Alter mit sich bringen. Trotz einer für Münchner Verhältnisse günstigen Miete und angesichts weiterer Fixkosten reicht ihre Rente von seinerzeit 907 Euro kaum zum Leben: »*Ja, ich habe eine geringe, ich habe 520 Euro Miete. Aber mir bleiben halt dann 250 Euro.*« Um die entstehenden Engpässe auszugleichen, arbeitet sie heute auf Minijob-Basis in einem Callcenter als Telefonistin.

Anfang 2014 bekam sie noch circa 850 Euro Rente monatlich, die sie mit Grundsicherung aufstockte. Als Mutter von zwei vor 1992 geborenen Kindern erhielt sie im Juli 2014 zwei zusätzliche Rentenpunkte. Von dieser Gesetzesnovelle, die die Erziehungsarbeit von Frauen rückwirkend entlohnt, hätte auch Monika Tegt gerne wirklich profitiert. Doch am Ende blieb ihr monatlich nicht mehr Einkommen als ohne die Mütterrente. Damit das für sie zuständige Sozialamt den ihr zustehenden Betrag an Grundsicherung neu kalkulieren konnte, musste sie nicht nur ihre Kontodaten offenlegen, sie stand auch in der Pflicht, einen ausführlichen und detaillierten Einblick in ihre Privatsphäre zu geben. Immer noch bebt ihre Stimme, wenn sie über die Korrespondenz mit der zuständigen Sachbearbeiterin berichtet.

Aber es war eine Schikane hoch drei. […]. Also die hat mich schikaniert. […] Also das war fürchterlich. Ich war fertig. […] Was die Frau betrieben hat, das war grauenvoll. Also es ist purer Wahnsinn, so was kann man sich nicht vorstellen.

Der gesamte Bearbeitungsprozess lief per Briefverkehr, den Monika Tegt allein nicht hätte stemmen können, wie sie immer wieder betont. Hierfür suchte sie Unterstützung beim Alten- und Service-Zentrum, traf sich dort mehrmals mit der zuständigen Sozialarbeiterin, die ihr half, die nötigen Formulare auszufüllen und Antwortschreiben aufzusetzen. Des Öfteren wurde von ihr verlangt, Unterlagen nachzureichen, weil eine weitere Kopie benötigt wurde oder bereits eingereichte Unterlagen angeblich nicht angekommen waren. Sie war unter anderem dazu verpflichtet, die Kontodaten der letzten drei Monate offenzulegen, ihren Mietvertrag einzureichen und Auskunft über die berufliche Situation der Kinder zu geben. Selbst Angaben über private Kontakte und Aktivitäten wurden verlangt, beispielsweise über die monatliche Anzahl an Besuchen bei Verwandten. Monika Tegt fühlte sich durchleuchtet, regelrecht entblößt. Dieses Gefühl gipfelte darin, dass sie Rechenschaft über den Kauf eines Lottoscheins ablegen musste, der über die Einsicht in ihr Konto von der Sachbearbeiterin registriert und geahndet wurde, denn auch ein Lottogewinn beispielsweise zählt als Einkommen und wird mit den Sozialleistungen verrechnet. Monika Tegt war außer sich und machtlos gegen einen bürokratischen Apparat, der durch diese ihr offensichtlich nicht wohlgesinnte Sacharbeiterin vertreten wurde: »*Hast du keine Chance. [...] Ja, Sozialamt. Hast du keine Chance.*« Das Alten- und Service-Zentrum war ihre einzige institutionelle Stütze.

Also wenn ich die [Sozialarbeiterin] *nicht gehabt hätte, hätte ich aufgehört. Sogar die hat da gesagt, sie versteht die Welt nicht.*

Als »*das Schlimmste*« beschreibt Monika Tegt, dass der seinerzeit um 28,61 Euro pro Kind erhöhte Rentenbeitrag am Ende dann ihre Gesamtrente knapp über 900 Euro und damit über die Grundsicherungsgrenze hob, die damals für Monika Tegts Bedarf errechnet wurde. Am Ende fiel die ihr nur kurz gewährte Grundsicherung für sie ganz weg; die Rente war »zu hoch« geworden. Rentnerinnen, die nur ein paar Euro über dem sozialhilferechtlichen Bedarf liegen, sodass sie keine Grundsicherung und damit auch keine Vergünstigungen erhalten, wie zum Beispiel Rundfunkgebührenbefreiung, können gegenüber den Leistungsempfänge-

rinnen sogar schlechter gestellt sein. Sie hatte somit nichts dazu-
gewonnen außer einer weiteren traumatisierenden Erfahrung:

*Ja, also ich war fertig. Ich habe nur noch geheult. Weil ich mir ge-
dacht habe, das kann es nicht sein, was die Frau betreibt. Man
ist ja eh schon in einer Situation, wo man fertig ist.*

Monika Tegts Erfahrungen mit Behörden verweisen darauf, dass
der Rentenbezug beziehungsweise hier die Frage, wann und unter
welchen Bedingungen eine Rente durch soziale Leistungen aufgestockt werden kann, in rechtliche und bürokratische Strukturen
eingebettet ist, die im kafkaesken Sinne nicht immer durchschau-
bar und gerecht sind. Schließlich sollte die Mütterrente, die Le-
bensleistungen der Frauen ein Stück weit anerkennend, weiblicher
Altersarmut entgegenarbeiten, und genau dieser Effekt kommt
hier, was auch in den Medien oft kritisiert wird, gar nicht an. Im
Gegenteil, es ist dieser bürokratische Apparat und die sich än-
dernden Regeln, vor allem aber die eigene Abhängigkeit von diesen, die bei Monika Tegt zu einem Gefühl der Hilf- und Macht-
losigkeit führen, wie sie immer wieder enttäuscht im Interview
betont.

Die Familie steht immer an erster Stelle – eine Scheidung und ihre Folgen

Dies war nicht die erste negative Erfahrung mit bürokratischen
Verfahren in Monika Tegts Leben. Bereits nach der Scheidung
vom Ehemann sah sie sich am Ende mit finanziellen Einbußen
konfrontiert, deren Auswirkungen sie bis heute zu spüren bekommt. Der gesamte Scheidungsprozess stellte für Monika Tegt
ein Kapitel ihres Lebens dar, in dem sie sich hilflos und allein fühlte: »*Wenn du niemand hast, der dir Ratschläge geben kann […], ich
war ja ganz allein in der Zeit.*« Ihre Eltern, von denen sie sicher Unterstützung bekommen hätte, waren bereits verstorben, und von

ihrem Anwalt fühlte sie sich alles andere als gut beraten, sie konsultierte im Laufe des Prozesses sogar einen anderen, aber auch das führte am Ende nicht zu mehr Erfolg für sie bei den Scheidungsvereinbarungen.

Auch die Anwälte, es hat fast keiner was getan, und es ging alles schief. Die haben sich gar nicht bemüht die Anwälte, keiner.

Der zweite Anwalt konnte auch nichts gegen den gesetzlichen Versorgungsausgleich unternehmen, obwohl Monika Tegt ihn immer darauf hinwies, dass ihr geschiedener Mann in seiner Selbstständigkeit sehr wenig verdiente, geschweige denn sich während der Ehejahre um seine private Altersvorsorge gekümmert hatte. Sie sei es gewesen, die die Familie ernährte, jeden Cent ihres Lohns auf das gemeinsame Konto überwies und für sich selbst nichts zurücklegte.

Ja [...] und dann kam der Bumerang gewaltig auf mich zu. [...] Der Bumerang ist das, dass er von mir Rente kriegt.

Der Versorgungsausgleich führte dazu, dass Monika Tegt heute monatlich 120 Euro Rentenausgleich an ihren Ex-Mann zahlt, eine Summe, die sie selbst dringend benötigen würde. Obwohl ihre Ehe schon Jahre vor der Scheidung nicht mehr als partnerschaftliches, respektvolles Zusammenleben bezeichnet werden konnte, blieb Monika Tegt und hielt die jahrelangen Erniedrigungen des Ehemannes stoisch aus, alles für die Kinder:

Weil ich mir dann denke, was hast du [gemeint ist ihr Ehemann] mir angetan all die Jahre, warum bin ich so blöd. Aber ich weiß, ich bin wegen den Kindern immer geblieben. Es waren einfach die Kinder, die einen dann halten. Weil ich gesagt habe, ich kann ihnen das nicht antun.

Den späten Zeitpunkt der Scheidung bereut Monika Tegt trotzdem nicht, die Familie war immer das Wichtigste für sie, und sie ist sich sicher, dass eine frühere Trennung den jüngeren Sohn belastet hätte. Was sie rückwirkend jedoch bereut, ist, sich selbst kein finanzielles Polster aufgebaut zu haben. »*Ich war so dumm. Aber das nützt nichts, hinterher braucht man nicht jammern. Es war halt so.*«

Auch heute noch hat ihre Familie – ihr Sohn und die zum Zeitpunkt des Interviews schwangere Tochter – erste Priorität. Die beiden um Hilfe zu bitten, würde für sie niemals infrage kommen. Ganz im Gegenteil: Sie verschweigt die eigene prekäre Situation: »*Nein. Die wissen nix. Nein, also das möchte ich nicht, ich komme ja zurecht.*«

Monika Tegt versucht sogar, trotz der knappen finanziellen Mittel, hin und wieder kleine Beträge einzusparen, um ihren Kindern und dem erwarteten ersten Enkelkind zumindest zu Geburtstagen oder zu Weihnachten eine Kleinigkeit schenken zu können. Dafür übt sie sich in Verzicht bei ihren eigenen Bedürfnissen, gerade was soziale Kontakte außerhalb des familiären Kreises angeht. Diese aufzubauen und zu pflegen, kann sie sich mit ihrer knappen Rente nicht mehr leisten:

> *Ich könnte nirgendwo sagen: ›Ja, da mache ich mit, dort mach ich‹, das geht nicht. Ich kann nicht sagen, ich gehe heute in die Stadt, gehe essen […]. Weil wenn du heute einen Cappuccino und einen Kuchen kaufst, da bist du sechs, acht Euro los.*

Frauen, die sich in einer ähnlichen Situation befinden, mit denen sie beispielsweise alternative, kostenlose Freizeitaktivitäten unternehmen könnte, kennt Monika Tegt nicht. Sich selbst zurückzunehmen, bleibt für sie somit weiterhin eine zentrale Lebenshaltung, die sie nunmehr auch mit ihrem Alter rechtfertigt:

> *In dem Alter ist das, also da steht man drüber. Weil ich sage, das muss ich nicht und das brauch ich nicht, also man hat ja*

irgendwo sein Leben. [...] Ja, und ich liebe meine Kinder, meine Kinder werden immer an erster Stelle stehen, egal was kommt.

Ihre Tochter würde sie auch gerne intensiver unterstützen, beispielsweise durch die Betreuung des Enkelkindes. Aufgrund ihres Minijobs, der für ihr monatliches finanzielles Auskommen notwendig ist, fehlt es der werdenden Großmutter jedoch an zeitlichen Kapazitäten und wohl auch an den Kraftreserven. Einerseits wäre es Monika Tegts »*Traum*«, das Enkelkind zu betreuen, doch fügt sie andererseits resignativ hinzu: »*Aber das wird wohl in die Krippe müssen.*«

Unsere pragmatische Anregung, der Tochter vorzuschlagen, das Geld für die Krippe an sie auszuzahlen, sodass sie sich nicht mehr abends zu dem anstrengenden Minijob im Callcenter zwingen müsse, ist für Monika Tegt völlig abwegig. Hier ist sie keinesfalls allein. Geld für eine solche Dienstleistung innerhalb der eigenen Familie anzunehmen, kollidiert offensichtlich bei vielen Frauen mit der Erwartung an sich selbst, eine gute Mutter und Großmutter zu sein, die aus Liebe gibt und selbst von den Kindern nichts nehmen darf:

Weil die ja selber kämpfen. Also ist ja ganz klar, gerade München, natürlich möchte man da gerne geben, geben, geben, dass sie sich leichter tun in allem.

Auch wenn Monika Tegt ihre Familienbezogenheit in Teilen bereut, beispielsweise, dass sie nichts für sich selbst zurückgelegt hat, so spiegelt sich der nicht hinterfragbare Einsatz für die Familie auch in ihrem heutigen Verhalten wider. Ihre Rolle als Mutter kann sie im Gegensatz zu der Ohnmacht gegenüber den Behörden zudem weiterhin aktiv mitgestalten. Hier setzt sie alles daran, nach wie vor diejenige zu sein, die sich kümmert und sorgt, um so ihr Verständnis von Mutterschaft weiterhin zu erfüllen.

Arbeit im Callcenter nach Renteneintritt – körperlicher Verschleiß und Zukunftsängste

Um dieses Bild auch in Zukunft aufrechtzuerhalten und nicht in die Situation zu kommen, ihre Kinder um finanzielle Unterstützung zu bitten, ist Monika Tegt gezwungen, ihre Rente durch einen Minijob aufzubessern. Gerne hätte sie ihre Tätigkeit als Sachbearbeiterin in der Krankenkasse nach dem regulären Eintritt ins Rentenalter fortgesetzt, dies wurde ihr von Seiten des Unternehmens jedoch nicht gestattet. Nach mehreren Bewerbungen fand sie schließlich eine geringfügig bezahlte Beschäftigung in einer Marktforschungsagentur. Dort arbeitet sie zwei Abende in der Woche im Bereich der Kundenakquise. Das ständige Telefonieren bereitet ihr jedoch zunehmend körperliche Beschwerden, weswegen sie erneut versucht, eine andere Stelle zu finden – bisher jedoch vergeblich: »*Mit dem Alter hast du keine Chance. Also ich kann nur noch in der Telefonakquise.*«

Monika Tegt führt ihre Erfolglosigkeit bei der Arbeitssuche auf ihr Alter zurück. Sie interpretiert dies als ungleiche Verteilung von Zugängen zum Arbeitsmarkt. So gesehen, kommt es hier zu einer typischen Form von Altersdiskriminierung: Der 68-Jährigen wird aufgrund ihres Alters eine vollwertige Teilnahme am Arbeitsmarkt abgesprochen. Und wieder ist sie mit strukturellen Gegebenheiten konfrontiert, dieses Mal mit gängigen Vorurteilen gegenüber älteren Beschäftigten. Auf die finanzielle Aufstockung der Rente angewiesen, blieb ihr schließlich keine andere Wahl, als einen körperlich anstrengenden Job im Callcenter anzunehmen.

Aber da muss man Augen zu und durch. Weil es geht um den Job, [...] weil ich habe gewaltige Probleme, weil du musst ja ständig telefonieren. Jetzt habe ich nachts solche Schmerzen, das geht ja in die Schulter.

Um die Versteifungen im Rücken und Schulterbereich durch das permanente Sitzen und ständige Telefonieren vorzubeugen, geht Monika Tegt häufig spazieren, fährt im Sommer nur mit dem Fahrrad und versucht, sich generell viel zu bewegen. Momentan verdient sie monatlich 250 Euro dazu. Sie könnte ihr Monatseinkommen zwar noch steigern. Aufgrund der körperlichen Belastung ist sie jedoch nicht im Stande, mehr zu arbeiten, zumindest nicht im Callcenter. Wenn sie also mit dem Risiko weiteren körperlichen Verschleißes Telefonakquise betreibt und überdies ihre Berufsqualifikationen durch die für sie fixe Rentengrenze nicht mehr im alten Beruf ausüben darf, wird der Körper zur letzten ausbeutbaren Ressource. Zwar behält sie sich damit ihre Autonomie, ist weiterhin unabhängig von den Kindern. Dass diese Situation allerdings höchst fragil ist, ist ihr bewusst:

> *Das sind ja die Sorgen, dass ich krank werde. [...] Nein, da darf nichts kommen. Weil das geht mir natürlich schon gewaltig im Kopf* [herum].

Noch gibt sich Monika Tegt, zumindest im Interview, optimistisch, ihre körperliche Verfassung bereitet ihr jedoch am meisten Zukunftsängste:

> *Es ging ja immer, wenn ich nebenbei jobbe, komme ich ja über die Runden, so ist's ja nicht. Die Gefahr ist halt, wenn ich nicht mehr kann. Und das ist das, was mich nicht mehr schlafen lässt.*

Monika Tegts Erzählungen verdeutlichen, wie komplex sich strukturelle Abhängigkeitsverhältnisse darstellen und dass diese immer eingebettet sind in soziale, politische, rechtliche und historisch spezifische Gegebenheiten. So wirken hier traditionelle Geschlechterrollen und eine Diskriminierung Älterer auf dem Arbeitsmarkt zusammen. Einmal mehr wird hier deutlich, dass viele Menschen im Ruhestand enorm von staatlichen Leistungen und damit verbundenen bürokratisch undurchsichtigen, langwierigen und sich verändernden Regularien abhängen, deren Verstehen und Bearbeiten oft nicht allein zu bewerkstelligen sind. Gleichzeitig führt eine Vorstellung von Mutter- und Großmutterschaft – die sich bei vielen unserer Gesprächspartnerinnen zeigte – nämlich die eigenen Kinder und Enkelkinder in jeglicher Hinsicht zu umsorgen – möglicherweise weiter in prekäre Situationen. Hilfe und Unterstützung vor allem außerhalb des familialen Netzwerkes zu suchen oder sich selbst zu helfen, wird dann notwendig, um sich strukturellen Benachteiligungen entgegenzustemmen, so etwa hier der klassenspezifischen Benachteiligung bei der Mütterrente. Zwar ist diese 2014 eingeführte gesetzliche Regelung eine, die der Geschlechterdiskriminierung entgegenwirkt – wenn auch nur in geringem Maße. Es profitieren aber insbesondere bessergestellte Frauen davon. Diejenigen, die es am dringendsten benötigen würden, die ihre nicht ausreichenden Renten mit Sozialleistungen aufstocken müssen, gehen leer aus, wenn die Mütterrente weiterhin mit den Sozialleistungen verrechnet wird. Weiterzuarbeiten und sich damit körperlich so zu verausgaben, bleibt somit oft die letzte Strategie, bis die Kräfte erschöpft sind. Das Funktionieren des eigenen Körpers ist am Ende der Dreh- und Angelpunkt, er entscheidet über ein gesellschaftliches Drinnen oder Draußen.

Klara Träger

»Es hat sich zum Guten gefügt« – »Wiedergeburt« nach schwerer Krankheit

ESTHER GAJEK

In der Wohnung von Klara Träger (67) hängt ein kleines, mit farbigen Kreiden gemaltes Bild an der Wand. Es ist ein Selbstporträt, entstanden beim therapeutischen Malen, nach einer schweren Krankheit. Das Bild zeigt eine glücklich lächelnde Frau mit langen, blonden Haaren, die rücklings auf einer Couch liegt. Eine übergroße Raupe krabbelt auf ihrem Bauch. Diese ist zusammengesetzt aus fünf kleinen Kopffüßlern, deren Gesichter verschiedene Stimmungen aufzeigen vom Schreien bis zum Lächeln. Die gemalte weibliche Figur deutet mit ihrem Zeigefinger auf eines der Gesichter. Während ich das Bild betrachte und neugierig blicke, fängt Klara Träger zu lachen an. Sie stellt sich vor mich und deutet mir ihr Werk folgendermaßen:

> *Da liege ich auf meinem Sofa, wie du siehst. Und mein Finger zeigt […] genau auf das Gesichtchen zwischen Trauer und Enttäuschung.* ABER, *dieses lebendige Stimmungsbarometer bewegt sich, und ich kann auch meinen Finger bewegen, und dann kann ich von ganz alleine gute Stimmung machen.*

Ich staune über diese Interpretation. Handelt es sich um eine Wunschvorstellung, am Glücksrad selbst nach eigenem Belieben drehen und alles selbst entscheiden und die eigene Befindlichkeit direkt und autark beeinflussen zu können? Oder entspricht eine solche Entscheidungsfreiheit ihrer Erfahrung? Nachdem mir die gelernte Buchhändlerin von ihrem Leben erzählt hat, wird deutlich, dass beides zutrifft. In manchen Momenten hätte sie sich gewünscht, autonom entscheiden zu können. Stattdessen war sie hilflos und konnte keinen Einfluss nehmen. In anderen Lebenssituationen griff sie sehr bestimmt ein und stellte die Weichen in ihrem Leben neu, wurde wieder Herrin der Situation.

Das Stigma der unehelichen Geburt und andere Demütigungen

Als Klara Träger auf die Welt kam, war ihre Mutter gerade 17 Jahre alt. Der Vater, ein US-Soldat mexikanischer Abstammung, ging bald zurück in die USA und fiel im Korea-Krieg. Sehr lange hatte Klara Träger die Vorwürfe ihrer Mutter ertragen müssen: Wegen der Geburt der Tochter habe sie ihre Ausbildung nicht vollenden und nicht von den Eltern wegziehen können; sie sei Straßenbahnschaffnerin und mit der Zeit »*verbittert*« geworden. Klara Träger wollte heraus aus diesem Umfeld voller Schuldzuweisungen. Sie machte eine Lehre als Buchhändlerin. Doch auch hier holte sie ihre Herkunft wieder ein, als der gesetzliche Vormund schon bei der Bewerbung die uneheliche Geburt betonte und ihr Lehrherr sie gegenüber anderen »*Lehrmädchen*« benachteiligte. Dass der Priester ihren zukünftigen Mann zur Seite nahm und auf die uneheliche Geburt der Braut ansprach, macht Klara Träger noch heute wütend. »*Das hat mich so gekränkt.*« Aus Protest trat sie aus der Kirche aus.

Nach der Hochzeit folgten Jahre der Berufstätigkeit. Inzwischen war Klara Träger mit ihrem Mann nach München gezogen. Als der gemeinsame Sohn 1972 zur Welt kam, reduzierte die Buchhändlerin für einige Jahre ihre Arbeitszeit, machte im Telekolleg eine Ausbildung zur Erzieherin und holte ihr Fachabitur nach. Nach dem Schuleintritt des Sohnes stieg sie wieder Vollzeit in den

Buchhandel ein. Bei ihrem Mann, der inzwischen als Verlagsleiter tätig war, traten in diesen Jahren vermehrt depressive Schübe und heftige Gefühlsausbrüche auf. Hinzu kam seine Alkoholsucht. Weil die Gewalt gegen sie und den Sohn zunahm, löste Klara Träger die Ehe nach 13 Jahren auf. Sie kämpfte sich dann alleine, ohne Alimente, durch:

> *Da hätte ich insistieren können, aber das hab ich nicht mehr gemacht. Weil ich das nicht durchgestanden hätte. Und ich hab ja dann gearbeitet.*

Die Vollzeitstelle reichte für sie und das Kind zum Leben, und sie gab ihr auch Bestätigung, vor allem die Mitarbeit am erfolgreichen Aufbau einer Spezialbuchhandlung. Einer ihrer Arbeitgeber und ihre Kolleginnen haben sie zudem als Alleinerziehende sehr unterstützt.

Dennoch war das Berufsleben auch von dramatischen Erfahrungen geprägt, zum Beispiel einer willkürlichen Reduzierung ihrer Arbeitszeit von 100 auf 50 Prozent. Klara Träger nahm, als sie damit konfrontiert wurde, allen Mut zusammen, holte sich bei der Gewerkschaft Hilfe und trat dem despotischen Inhaber der Buchhandlung, bei dem sie angestellt war, gegenüber:

> *Und dann habe ich gesagt: ›Herr X., das kann ich nicht akzeptieren.‹ Und hab' aber gezittert. [...], ja dann hat er klein beigegeben. Ich bin dann einfach in Vollzeit gekommen, wieder. Ich bin einfach gekommen, ich war da, und er musste mich bezahlen, und das hat er dann auch gemacht.*

Anschließend arbeitete Klara Träger als Leiterin einer weiteren Buchhandlung, die zu einer größeren Buchhandelskette gehörte. Sie konnte sich durch Schichten ihre Zeit nach ihren Wünschen einteilen, verdiente gut und hatte großen Spielraum, was die Bücherbestellungen und deren Präsentation betraf. Auch die Zusam-

menarbeit mit den Kolleginnen, vor allem die Absprachen unter-
einander liefen sehr gut.

*Und dann fingen neue Zeiten an, es war ganz schrecklich. Da
ging es dann plötzlich los, wir müssen den ›Turnaround‹ schaffen, das heißt, irgendwie einsparen, [...] ich musste dann zwei
Läden leiten und auch den Dienstplan für die beiden, aber nur
mit der Besatzung von einem Laden. Die [...] haben sogar mir
200 Euro weggenommen, weil ich hatte den alten Vertrag von
T.* [ihrem ehemaligen Chef], *und da hab' ich einfach gut verdient, und dann haben die einfach, um den ›Turnaround‹ zu
schaffen, haben die mir 200 Euro* [vom Gehalt gekürzt]. *Und
dann hab' ich gedacht, nee, da mach' ich gar nichts.*

Klara Träger hielt diese widrigen Arbeitsverhältnisse fast zehn Jahre lang aus.

*Dann kam eine ganz schlimme Sache. Das hat mich auch ver-
folgt, als ich krank war. Dadurch bin ich auch mit krank geworden. Dann ging das plötzlich dran, dass sie, wenn du so willst* [zö-
gert] *meine Würde mir nehmen wollten. Wir haben an einem
Sonntag zu zweit gearbeitet, die R.* [eine Kollegin] *und ich, und
wir mussten immer die Bücher im Laden auspacken, [...] die haben gesagt, wir sparen das Buchlager, und die Bücher kommen
da hin, und dann müssen die im Laden, während des Verkaufs-
geschäfts ausgepackt werden. Du musst die Kasse beachten, die
Kunden, eine unglaubliche* SCHEISSE, *das sind solche* ÄRSCHE,
*und wir mussten dann die Bücher nach hinten bringen, wenn
wir sie ausgepackt hatten.*

Während die beiden Buchhändlerinnen die neue Lieferung aus-
packten, wurde Geld entwendet. Klara Träger wurde hinterher
vorgeworfen, die Kasse nicht im Auge gehabt zu haben. Die Buchhändlerin ist sich sicher, dass ein Beauftragter ihres Chefs seine

Hand im Spiel hatte – ein abgekartetes Spiel gegen sie als ältere und damit teure Arbeitnehmerin, um sie unter Druck zu setzen und endlich zur Kündigung zu bringen.

Die Rechnung ging für den Arbeitgeber auf: Klara Träger fühlte sich dem Druck nicht mehr gewachsen und kündigte mit 61 Jahren. Monate der Ungewissheit und Arbeitslosigkeit folgten; die zahlreichen Bewerbungen, die sie verschickte, waren alle erfolglos. Mit 63 Jahren trat Klara Träger vorzeitig in den Ruhestand – mit entsprechenden Rentenabzügen; sie hat 1104 Euro staatliche Rente und 210 Euro aus einer privaten Versicherung zur Verfügung. Man merkt ihr an, wie ihr dieser Abschied aus dem Berufsleben und die Folgen heute noch nahegehen. Ihre Wut ist spürbar, sie redet sich in Rage:

> *Dann hab' ich mit Arbeitslosenunterstützung gelebt, das hat natürlich auch die Rente gemindert, etwas. Aber es war alles besser, als mir da noch mehr [Ärger] einzuhandeln. Wo soll denn das enden? Also das, nee. […] So muss ich gehen? Hey, WAHNSINN. […] Also wirklich SCHEISSE. Also könnte ich weinen, wenn ich daran denk'.*

Diesen unehrenhaften Abgang aus einem jahrzehntelangen Berufsleben konnte sich Klara Träger nicht mehr – wie es ihr noch bei den anderen gravierenden Ereignissen und Diskriminierungen gelungen war – positiv deuten oder wenigstens emotional abfedern. Auch infolge des Verlustes ihrer günstigen Dreizimmerwohnung in zentraler Lage, aus der sie nach 32 Jahren wegen eines Besitzerwechsels und damit verbundenen Sanierungsmaßnahmen ausziehen musste, verkraftete sie diesen Schicksalsschlag nicht mehr.

Auf einmal fand sie sich nach ihrem erzwungenen Renteneintritt allein in einer kleinen Wohnung wieder. Sie geriet, nicht mehr wie zuvor in der Nähe ihres Sohnes und dessen Familie lebend, in große Einsamkeit, die schließlich in einen seelisch-körperlichen

Zusammenbruch mündete. Im Nachhinein erklärt sie ihre damalige Situation folgendermaßen:

Ja, ich bin traurig geworden. Plötzlich hat mir die Arbeit gefehlt, das Tun, es hat mir der Kontakt gefehlt, der tägliche Kontakt auch mit den Kindern [Sohn, Schwiegertochter, Enkelkinder], *als wir zusammen im Haus wohnten, kamen die Kinder vorbei, dann hat mir auch die Wertschätzung* [gefehlt], *alles, alles weg. Die Wertschätzung hatte ich ja nicht von der Leitung, aber von meinem Team. [...] Ich hier alleine. Ich [...] hab' das gar nicht mehr wahrgenommen, irgendwie, dass ich das eingerichtet hab'* [Schweigen], *es hat alles fremd auf mich gewirkt. Dann lag ich nur im Bett und hab' nichts mehr gegessen und nichts mehr getrunken und hab' auch nicht mehr Fernsehen geguckt, ich hab' einfach nur dagelegen. [...] Und ich glaube, ich hatte mich zum Sterben gelegt, ich wollte sterben.*

Klara Träger beschreibt hier die tiefe Depression, in die sie geriet. Sie wurde immer lethargischer, aß und trank nichts mehr und vegetierte dahin, bis sie eine Freundin auffand und ins Krankenhaus bringen ließ. Dort wusste man lange nicht, was diesen Zustand letztlich ausgelöst hatte. Schließlich entdeckten die Ärzte ein kleines Karzinom im Bauch, das vermutlich eine Überreaktion der Immunabwehr verursacht hatte. So kam es neben der Depression auch zu einer physischen Reaktion, nämlich zu einer Schädigung, die Teile des Gehirns lahmgelegt oder sogar zerstört hatte. Nach der Rückkehr aus dem sechsmonatigen Krankenhausaufenthalt mussten viele Handlungen, wie zum Beispiel das Bedienen einer Kaffeemaschine, mühevoll wieder erlernt werden, um dem Alltag gewachsen zu sein und alleine leben zu können. Durch die damals erfolgten hohen Gaben in der Chemotherapie hat Klara Träger zudem eine starke Osteoporose bekommen, die sie heute in ihrer Gehfähigkeit erheblich einschränkt. Sie kann sich zwar noch bewegen, aber nur für eine kurze Weile. Den psychischen Auswirkungen der Krankheit begegnet Klara Träger mit dem regelmäßigen Besuch des therapeutischen Malens in einer Selbsthilfegruppe für Gehirngeschädigte.

Die Ursachen ihrer Krankheit beschäftigen die ehemalige Buchhändlerin noch heute. Diese sieht sie vor allem in den Demütigungen, der erfahrenen Ungerechtigkeit und dem für sie entwürdigenden Abgang vom letzten Arbeitsplatz, nachdem der Arbeitgeber sie mit unerträglichen Bedingungen konfrontiert hatte:

Und interessanterweise, als ich von der Krankheit zurückgekehrt bin, in das normale Bewusstsein, ich war ja völlig weggetreten, da ist mir das als Erstes wieder eingefallen. Und hat mir immer noch wehgetan. Weißt du, ich hab' so viel Energie und Liebe reingesteckt.

Das geschenkte Leben

Einerseits ist in der Schilderung der damaligen Ereignisse sehr viel Wut enthalten, die sich auch verbal äußert; Ohnmacht wird offenbar. Da ist keine Kraft mehr, das Stimmungsbarometer selbst zum Guten verändern zu können. Andererseits wird Klara Trägers Lebenserzählung insgesamt nicht von jenen Momenten der Kraftlosigkeit dominiert. Die Buchhändlerin schildert ausführlich ihre »Wiedergeburt« nach der schweren Krankheit. Sie erscheint, wenn sie über diese spricht, glücklich, zufrieden und ausgesöhnt mit ihrem Leben. Als sie nach ihrem langen Krankenhausaufenthalt nach Hause kommt, sieht sie die Welt wieder mit anderen Augen. Sie kann sich an ihrer Wohnung erfreuen, die ihre beiden Enkelkinder für sie als Willkommensgruß mit ihren Zeichnungen heimeliger gestaltet haben.

Da hab' ich geguckt, da waren die Bilder von den Kindern [die Türe zum Wohn-, Schlafzimmer ist beklebt mit Willkommensbildern der Enkelkinder], da hab' ich gedacht: Ist doch gar nicht so schlecht [lacht]. *Ja, und ich hab' mich mit der Wohnung angefreundet, und jetzt leb' ich ganz gerne hier. [...] Also, so ist das Leben manchmal* [Schweigen]. *Ich bin im Frieden mit meinem Leben. Ich find's so toll, dass ich noch mal auftauchen durfte. Donnerwetter. Das hätt' ich nicht gedacht* [lacht]. *Das Wunder, dass ich einfach wieder da bin. Ich kann es gar nicht sagen. [...] Ja, ich hab' aber keine Angst mehr vor dem Tod. Das ist auch ein Gewinn.*

Mithilfe einer strikten Tagesstruktur, die sie sich angeeignet hat, aber auch indem sie an ihre früheren inneren Ressourcen anknüpft, schafft Klara Träger es wieder, ihren Tagesablauf zu bewältigen und zu ihrem alten Lebensmut zurückzufinden. Sie hadert seit ihrer schweren Erkrankung nicht mehr und hat ihren Frieden gefunden.

Die ehemalige Buchhändlerin scheint so ausgeglichen sein zu können, weil sie viele Kämpfe in ihrem Leben durchgestanden hat. Wenn man die Umstände nicht ändern kann, ändert man die Einstellung zu ihnen. Diese ihre Anpassungsfähigkeit wird in der gerontologischen Forschung als eine wichtige Bewältigungsressource des Alter(n)s beschrieben.

Klara Träger ist auch deswegen zufrieden, weil sie ihre Situation in einen Sinnzusammenhang stellt, in dem sie reflektiert, was sie bisher schon alles geschafft hat: den Ausstieg aus dem kleinbürgerlichen Herkunftsmilieu, den beruflichen Aufstieg und die Anerkennung ihres früheren Chefs und Teams. Gleichzeitig macht sie sich klar, dass es ihr trotz Krankheit und körperlichen Einschränkungen gut geht, besonders im Vergleich zu anderen aus der Selbsthilfegruppe. Auch finanziell ist sie mit ihrer Rente vergleichsweise noch gut dran trotz der Einbußen durch die Frühverrentung.

Mit der Wohnung an der Ausfallstraße hat sie sich arrangiert. Das Bild, das so viel Freude und Gelassenheit über die eigene Kraft ausstrahlt, hängt in einem Einzimmerapartment, das etwa 650 Euro pro Monat Miete kostet. Die drei Fenster der Wohnung gehen zu einer sechsspurigen Straße hinaus. Die kleine Küche, das winzige Bad und der 20 Quadratmeter große Wohn- und gleichzeitig Schlafraum enthalten Möbel und Gegenstände aus einem fast sieben Jahrzehnte umfassenden Leben. Nur wenige Neuanschaffungen sind sichtbar. Alles ist so zusammengestellt, dass der Platz gerade so reicht: Die Bücher stehen in doppelten Reihen im Regal, die Türe wird als Pinnwand genutzt, die Couch dient als Bett, und eine Tagesdecke versteckt eine Kiste zur Aufbewahrung von Bettzeug. Auch der Flur ist dicht bestückt mit einem großen Schrank, dem Bügelbrett und weiteren Regalen mit Büchern. Manch einer in Klara Trägers Alter und mit ihrer Berufserfahrung wäre unglücklich, aber für Klara Träger steht das Materielle nicht im Vordergrund, jetzt noch weniger als früher, denn Geld beziehungsweise Wohlstand war nie ein Thema für sie. Von ihrer Mutter und ihren Großeltern konnte sie nichts erwarten; das Geld der Straßenbahnerfamilie reichte zum Leben, aber nicht zum Bilden eines gewissen Vermögens, das hätte vererbt werden können. Weil in ihrem Umfeld alle nicht viel hatten, fiel ihre materielle Bescheidenheit auch weiter nicht auf. Mehr denn je ist Klara Träger heute antimaterialistisch eingestellt. Sie hat eine lebensbedrohliche Erkrankung überlebt. Schlimmer kann es nicht mehr kommen. Alles, was jetzt an Unerfreulichem anfällt, ist viel besser als das, was war. Und: Das jetzige Leben ist an sich schon ein Geschenk – daher auch der glückliche, zufriedene Gesichtsausdruck in ihrem gemalten Selbstporträt.

Klara Trägers Geschichte verweist darauf, dass die Verarbeitung von schweren Lebensereignissen auch immer mit der persönlichen Erfahrung, psychischen Konstitution und Sicht auf die Welt oder auch Erwartungen an das eigene Leben in Zusammenhang steht. Wenn wie bei Klara Träger das Leben als sozialer Aufstieg bilanziert oder als sinnhaft gedeutet werden kann, scheint dies eine Zufriedenheit in der Gegenwart zu befördern: »*Es hat sich zum Guten gefügt.*«

Maria Zöllner

Von der Last, selbst zur Belastung zu werden

ALEX RAU, MARCIA VON REBAY

Die Tür öffnet sich. Vor uns eine große, schlanke Frau mit weißem, kinnlangen Haar und strahlend blauen Augen, die uns hereinbittet. Sie trägt eine dunkelgraue Jeans und einen hellrosafarbenen Pullover. Meine [MvR]Großmutter ist eine attraktive, gepflegte Frau Mitte 70, die Wert auf ihr Äußeres legt. Ihre Lebenssituation hätte ich bis vor einigen Monaten niemals als prekär bezeichnet. Mit einer E-Mail, die sie der gesamten Familie kurz vor Weihnachten schickte, sollte sich dieses Bild jedoch ändern. Ein Blickwechsel, der dazu führte, sie im Rahmen dieses Buches zu porträtieren.

Ihr Lieben,
ich muss Euch was schreiben, was mir auf dem Herzen liegt und mich doch bedrückt.
Ich kann keine Geschenke mehr machen, so gern ich es tue. Habe noch Kapital, nach dem Wohnungskauf, habe was zurückbehalten, aber es gibt ja keine Zinsen mehr, dadurch ist es immer mehr geschrumpft, weil man doch immer wieder was abheben muss. Und das werde ich nicht mehr machen, nur im ÄUSSERSTEN NOTFALL, wenn einer von Euch was braucht. Früher konnte ich von den Zinsen die Autoversicherung, Auto-Kosten, und Extras bezahlen. Nach Abzug der Fix-Kosten Krankenversich., Wohngeld, (wird dieses Jahr teurer), Strom/

Heizung (wird jedes Jahr teurer) und alle diese notwendigen Übel bleibt von meiner Rente ein Minimum übrig von dem ich gerade die Haushaltskosten und Benzin – und die Scheisszigaretten – kaufen kann. Und alle paar Monate einen gescheiten Haarschnitt, den brauche ich.

Man weiss ja nicht, was noch auf einem zukommt, und eine Horrorvorstellung von mir ist Pflege, die meine Kinder dann zahlen müssten. Ich will Euch ein Erbe hinterlassen, und keine Ausgaben – oder dann Schulden. Das Sozialamt streckt es vor, aber es holt es sich dann von den Kindern.

Ausserdem finde ich Pauls Idee sehr gut, nicht an Heilig Abend sich mit x-Päckchen zu beschäftigen. Wir wollen uns darüber freuen, zusammen zu sein, schön essen, und einen guten Wein dazu ... ich freue mich sehr.

Mami – Omi

Wir nehmen auf der Sofagarnitur in Marias Wohnzimmer Platz. Uns gegenüber eine ganze Regalwand, vollgestellt mit Büchern und Klassik-CDs und dekoriert mit Erinnerungsstücken, gerahmten Fotos der Familie, Bildern aus Deutschland und aus Brasilien. In der rechten Raumhälfte stehen ein Esstisch aus Holz, sechs dazu passende Stühle, daneben eine Tür, die in die kleine Küche weist. Wir befinden uns in einem hellen und gemütlichen Raum, der mit viel Bedacht und Sorgfalt gestaltet worden ist und für Maria Zöllner das mit Stolz betrachtete Herzstück ihrer Wohnung darstellt.

Auf den ersten Blick erweckt nichts den Anschein, Maria Zöllner könnte sich in einer prekären Lage befinden. In den nächsten drei Stunden wird sie uns jedoch einen tieferen Einblick in ihre Lebenswelt gewähren, der einmal mehr zeigt, dass auch Frauen mit gewissem Grundkapital und Ersparnissen im Alter mit zunehmender Vulnerabilität und Ängsten zu kämpfen haben, die über finanzielle Unsicherheiten hinausgehen können und oft unsichtbar sind. Im Falle Maria Zöllner ahnte selbst die Familie lange nichts von ihren Sorgen. Denn gerade dieser wollte und will sie nicht zur Last fallen. Ein Leben im Dienste der Familie. Dieses Lebensmotiv durchzieht bis heute als ein roter Faden ihre Lebensgeschichte und scheint sich in ihrer Vorstellung bis über den Tod hinaus weiterzuspinnen.

Im Jahr 1943 in São Paulo geboren, wuchs Maria Zöllner dort mit ihrem Bruder bei Tante und Onkel auf – die leiblichen Eltern waren im Jahr 1947 bei einem Autounfall verstorben. Von der deutschstämmigen Tante von Beginn an zweisprachig erzogen, hatte Maria außerdem das Privileg, eine deutsche Privatschule zu besuchen, die sie im Alter von 18 Jahren abschloss, um daraufhin als Sekretärin bei VW zu arbeiten. Ein Jahr später lernte sie ihren zukünftigen Ehemann kennen, den sie mit 21 Jahren heiratete. Und obwohl das erste Kind erst vier Jahre später zur Welt kam, war klar, dass sie als Ehefrau gleich aufhören würde zu arbeiten.

Ich war eben bei VW, ich hatte einen guten Job. Ja, dann habe ich geheiratet. Und anstatt, dass mein Onkel sagt: ›Hier, du arbeitest aber weiter.‹ Nichts da, das ist so, die Frau. […] Ja, die Frau ging nicht arbeiten.

Im Jahr 1969 wurde die Tochter und zwei Jahre später der Sohn geboren. Die Familie zog aufgrund der berufsbedingten Versetzung des Ehemanns von der Millionenstadt São Paulo nach München, ein zentraler Wendepunkt in Marias Biografie. Denn obwohl sie das Leben im Kreis ihrer Familie in Brasilien liebte, ließ sie dieses hinter sich, um sich in Deutschland ein neues aufzubauen. Letztlich eine Entscheidung, die sie jedoch vor allem für die Karriere ihres Mannes, nicht aber im Sinne ihrer eigenen Wünsche traf. Zwar fing sie mit der Einschulung der Kinder wieder an zu arbeiten, jedoch handelte es sich dabei um eine »*unangemeldete Stelle*« in einem Modehaus, die Maria gerade so viel einbrachte, dass sie ihrem Mann ohne weitere steuerliche Abgaben dabei »*helfen*« konnte, den Kredit für das inzwischen gekaufte Reihenhaus abzuzahlen.

Und so lebte Maria all die Jahre in Abhängigkeit von der Erwerbsarbeit und dem Gehalt ihres Mannes. Sie war, wie sie selbst sagte, bereits in Brasilien »*für den Mann erzogen*« worden und lebte auch in Deutschland weiter nach den normativen Vorstellungen einer Ehefrau und Mutter. Und zunächst tat sie das auch gerne; sie musste mit der Zeit jedoch feststellen, dass sie immer weniger bereit war, diesen »*Paraderollen*« zu entsprechen und dabei ohne eine weitere Lebensaufgabe zu sein.

Die Konsequenz: 1983 ließ das Paar sich scheiden – ein weiterer Wendepunkt in Marias Leben. Aus beruflichen Gründen ging ihr Ex-Mann zunächst zurück nach Brasilien, doch sie und die Kinder blieben in München. Dies war wieder eine Entscheidung, die Maria trotz der eigenen Sehnsucht nach der brasilianischen Heimat und der dort lebenden Familie für ihre Kinder getroffen hat.

Na ja, und die Überlegung, dann nach Brasilien zurückzugehen, das hat sich gar nicht groß getan, weil die Kinder dann hier so drin waren. [...] Ich bin so geteilt aufgewachsen, ich war immer geteilt. Also heute noch. [...] Und ich wollte das meinen Kindern nicht zumuten. Ich habe gesagt: ›Okay, die sind hier, die leben hier, die gehen hier zur Schule, die sind hier eingeschult, die sollen eben, ja, die sind halt Deutsche.‹

So blieb Maria Zöllner mit ihren Kindern in Deutschland, fasste jedoch den Entschluss, eine zweite Ausbildung zur Kosmetikerin zu absolvieren, machte sich im folgenden Jahr selbstständig und betrieb vier Jahre lang ein eigenes Kosmetikstudio. Dies war eine Arbeit, die sie liebte, die ihr erstmals das Gefühl von Freiheit und Unabhängigkeit vermittelte, die sie jedoch mit der Geburt ihrer ersten Enkeltochter im Jahr 1992 wieder aufgab. Sie wollte sich um Tochter und Enkelin kümmern. Womit es sich auch in dieser Situation – zwar selbstverständlich und ohne zu zögern – entschied, das Wohl ihrer Familie in den Vordergrund zu stellen, nicht aber das eigene Alter abzusichern.

Na ja, und dann wurde meine Tochter schwanger. [...] Mit 21, gell, ja, 21 war sie. Und war mitten in der Ausbildung als Heilpraktiker [...], die war jeden Tag in der Schule. Na ja, und dann sagt sie also, ihr Vater sagt: ›Ja, dann nehmen wir eine Tagesmutter.‹ Und da hat [meine Tochter] gesagt: ›Tagesmutter kommt nicht infrage, ich gebe mein Kind nicht einer fremden Frau.‹ Also sie hätte aufgehört. Die Ausbildung ging drei Jahre, und sie war [...] mittendrin. Und ich habe auch gesagt: ›Nein, ihre Zukunft ist wichtiger, die muss das zu Ende machen.‹ [...] Und na ja, ich habe dann [...] gesagt: ›Ich gebe mein Enkelkind nicht irgendeiner fremden Frau‹ [...], und habe mein Geschäft verkauft. [...] ich weiß noch, am ersten, die [meine Enkelin] ist am 20. April geboren, am ersten April habe ich mein Geschäft übergeben.

Im Alter von 50 Jahren und nach einem Jahr, in dem sie sich nahezu ausschließlich um ihre Enkeltochter gekümmert hatte, beschloss Maria, sich erneut für eine Stelle zu bewerben, und fand schließlich eine Anstellung in einem Einrichtungshaus. Dort arbeitete sie bis 2003 in Vollzeit, die erste Anstellung also, die es ihr ermöglichte, elf Jahre in die gesetzliche Rentenkasse einzuzahlen. Als sie 61 war, wurde ihr Arbeitsvertrag dann umgestellt, die Vollzeitanstellung in einen 450-Euro-Job umgewandelt. Der Minijob war eingeführt worden, und mit ihm wurde für die vielen Beschäftigten, insbesondere Frauen, die einen solchen annahmen oder annehmen mussten, die Unmöglichkeit gesetzlich zementiert, für ihr Alter ausreichend vorsorgen zu können.

Ja, das ist ganz schön, wenn man einen Mann hat, der arbeitet, und die Frau verdient noch 450 dazu, das ist klar. Aber das ist natürlich für so Frauen, alleinstehend oder so, ist das gar nichts. Da [...] zahlt man ja [meist] nicht in die Rente. Das waren diese 450 ohne Sozialabgaben. Und da habe ich noch sieben Jahre bei der Firma gearbeitet. Sieben Jahre auf 450-Euro-Basis.

Im Jahr 2011 – da war Maria 68 – folgte dann die endgültige Kündigung, Maria sei zu alt. Für sie selbst war dies schwer nachvollziehbar, im Gegenteil, sie konnte und wollte weiter erwerbstätig sein. Und so arbeitete Maria die folgenden drei Jahre als, wie sie selbst sagt, »*Mama für alles*«, für zehn Euro die Stunde in einem brasilianischen Nagelstudio, bis sich dieses im Jahr 2014 auflöste. Seither findet Maria mit nun Anfang 70 keine Arbeit mehr, niemand möchte sie in ihrem Alter noch anstellen:

Ich habe also immer wieder gefragt [...]. Aber das ist, wenn du dann an die 70 bist, du kriegst nichts mehr. [...] Ich meine, ich kann ja nicht sagen, ich bin 68 oder so was. Ich muss dann schon sagen, ich bin 70, oder 71 [...]. Das ist zu alt dann, du kriegst nichts mehr. [...] Geh mal zum Arbeitsamt, irgendwie, die tun dich ja mit 50 schon abschreiben. Von einem, wie sagt man, Umschulungskurs in den nächsten. Die Politik hat schon viel versucht, dass man also die Älteren behält, wegen der Erfahrung und so weiter. [...] Was man kriegt, ist Putzfrau und Altenpflege. Was anderes gibt es nicht.

So besteht für Maria Zöllner heute kaum eine Möglichkeit, regelmäßige Einnahmen zusätzlich zu ihrer kleinen Rente zu generieren. Sie erhält 650 Euro reguläre staatliche Rente und zusätzlich 250 Euro aus der Betriebsrente ihres geschiedenen Mannes. Zum Glück gehört ihr die Wohnung, allerdings werde oft vergessen:

Man wohnt ja nicht umsonst, wenn es Eigentum ist. Das kostet ja auch monatlich sehr viel Geld. Aber es gehört einem wenigstens, man hinterlässt was für die Kinder. Und eine Immobilie in München ist ja nicht schlecht. [...] Nicht schlecht für die Nachkommen, ja.

Maria Zöllner zahlte von ihren 900 Euro Rente monatlich seinerzeit 228 Euro Hausgeld, das auch wie Mieten ansteigen kann; 2018 waren es bereits 280 Euro. Aber das Hausgeld ist in diesem Fall viel geringer als die Durchschnittsmiete für eine Zweizimmerwohnung in München, »*mit meiner Rente könnte ich gar nichts anfangen, könnte ich nicht einmal Miete in München zahlen*«.

Trotz des Wohneigentums bedarf es seit dem Ende ihrer letzten Erwerbstätigkeit weiterer Lösungen, um mit den knappen finanziellen Mitteln wirtschaften zu können. Auf die Weihnachtsgeschenke zu verzichten, ist dabei nur eine von vielen Strategien des Sparens. Insbesondere die Heizkosten versucht Maria zu senken; ihre Heizung bleibt so lange und oft wie möglich aus:

> *Also ich spare auch Strom, ich spare Wasser, ich spare alles.* [lacht] *Also sparen, bloß nicht mehr verbrauchen [...] alles wird teurer. Bei mir gibt es eben keine Gehaltserhöhung.*

Dass sie ihre Wohnung trotz finanzieller Belastung nicht verkauft und sich vom Erlös ihre knappe Rente aufstockt, hat nicht nur damit zu tun, dass die Miete für eine andere Wohnung viel teurer wäre, sondern nicht zuletzt auch wiederum mit ihrer Familienorientierung. Sie möchte ihren Kindern später ein Erbe hinterlassen. Und so spart sie ihre letzten Rücklagen und das Erbe auf, insbesondere auch für den Fall, dass sie pflegebedürftig wird:

> *Ich habe noch ein Polster, aber es wirft keine Zinsen mehr ab, es schrumpft praktisch. Die Angst ist die Pflege, weil das kostet einfach. [...] Deshalb habe ich das auch zu Weihnachten geschrieben, ich höre auf mit Geschenken, weil auf einmal sind 500 Euro weg.*

So entspringen ihre Sparstrategien nicht zuletzt auch der Angst, für ihre Familie finanziell zu einer Belastung zu werden:

> *Also Pflegefall zu werden, so was, das will ich nicht, und das will ja niemand, aber man kann es sich ja nicht aussuchen. [...] Ich*

bin nicht so abgesichert, besteht schon eine Lücke zwischen Rente und was so ein Altersheim, Pflegeheim kostet. [...] Es bleibt immer eine Lücke, die eben dann die Kinder bezahlen müssen. Und das ist mein Horror. Wenn meine Kinder für mich bezahlen, also alles, bloß das nicht. [...] Ja, weil ich das nicht will. Die müssen ja von mir irgendwie noch was kriegen, oder? Aber nicht für mich was bezahlen. Also nein [...].

Ihre Familie folglich immer im Hinterkopf, lautet Marias größtes Ziel, so lange wie möglich unabhängig zu bleiben. Und so handelt es sich bei den beschrieben Strategien nicht allein um materielle, sondern auch um körperliche Vorsorgemaßnahmen: Sie achtet auf ihre Ernährung, fährt Fahrrad, macht ihre morgendlichen Yogaübungen; all das, um möglichst lange gesund zu bleiben. Nach dem Vorbild ihrer eigenen Mutter soll selbst ihr Sterben weder zu Lebzeiten noch nach dem Tod eine Belastung für die Familie darstellen:

[...] bei meiner Mutter da waren alle Dokumente, alles, was wir brauchten. [...] Es war alles da, die hatte alles in Ordnung. Die war nicht bettlägerig, die war nicht krank, die war gar nichts, die ist gestorben und fertig.«

Die zentralen Wendepunkte auf Maria Zöllners Lebensweg waren die Migration mit ihrem Ehemann nach Deutschland, die Scheidung und der Entschluss, hierzubleiben und sich beruflich neu zu orientieren, und dann die Aufgabe der beruflichen Selbstständigkeit mit Geburt ihres ersten Enkelkindes. Alle diese Schritte ergaben sich aus ihrer Familienorientierung. Allerdings programmierten sie auch Stück für Stück eine finanzielle Abhängigkeit im Alter vor. Zwar hatte es Maria Zöllner geschafft, sich nach der Scheidung zunächst aus der finanziellen Abhängigkeit herauszubegeben, sie hatte sich ihre Selbstständigkeit erkämpft, diese jedoch im Sinne familiärer Fürsorge wieder aufgegeben und die eigenen Wünsche und Zukunftssicherungen in den Hintergrund gestellt.

Auf den ersten Blick scheint Maria Zöllners E-Mail zum ersten Mal eine Entscheidung für sich und gegen die Familie zu sein, wenn sie auch schweren Herzens getroffen wurde. Doch auf den zweiten Blick wird klar, dass auch dieses Geständnis, im Hier und Jetzt nicht mehr im gewohnten Maße die Familie zu beschenken, erneut primär eine Entscheidung *für* die Familie darstellt, der sie später nicht zur Last fallen will. Dabei wird die eigene Zufriedenheit nicht zuvörderst an der eigenen Situation bemessen, sondern an der Situation derjenigen, die man (ein Leben lang) umsorgt.

MvR: Wie stellst du dir denn deine Zukunft so vor eigentlich?
MZ: Meine? Ach [...], ich habe doch keine mehr, ist nichts mehr.
[...] Ja, ich will nur noch, mir geht es gut, ich komme zurecht, ich kann keine großen Sprünge machen. Euch geht es gut. Aber, du, ihr seid alle gesund, ist doch alles okay. Ne?

TEIL III

WAS TUN WENN DIE RENTE NICHT REICHT? KONTAKTE UND TIPPS

von Alex Rau

Vorbemerkung

Dieser Teil informiert darüber, was frau selbst tun kann, wenn die Rente nicht reicht, wo sie Anlaufstellen und Unterstützung findet, ohne dass die Politik hier aus der Pflicht genommen werden soll!

Die Themenschwerpunkte, die hier gesetzt werden, ergaben sich aus den Gesprächen mit Betroffenen, den in diesem Buch porträtierten Frauen. Dabei sind sie die Expertinnen ihres Alltags und wenden längst viele wirkungsvolle Strategien an, um mit wenig Geld zurechtzukommen – von der Informationsbeschaffung bis hin zu Do-it-yourself-Praktiken. Trotzdem gab es eine Reihe an Problemfeldern, die sich immer wieder als besonders zentral herauskristallisierten, zumal viele institutionelle Unterstützungsmöglichkeiten weithin unbekannt sind und soziale Rechte oft nicht in Anspruch genommen werden.

So geht es im Folgenden um Fragen zur Grundsicherung – in welchen Fällen und wo kann man diese beantragen –, Fragen zur Arbeit nach dem Renteneintritt – darf ich überhaupt hinzuverdienen und wenn ja, wie viel –, Fragen zum Umgang mit Schulden – wie komme ich aus der Schuldenfalle –, Fragen zum Wohnen im Alter – wie finde ich eine Wohnung, die ich mir leisten kann –, Fragen zu täglichen Bedürfnissen – wer darf zur Tafel gehen, und wo gibt es eine in meiner Stadt –, Fragen zu Möglichkeiten sozialer Teilhabe – wie kann ich mit meiner kleinen Rente trotzdem mal ins Kino gehen – oder Fragen zur Finanzierung von Gesundheit und Pflege – ich brauche dringend eine neue Brille, aber wie soll ich sie finanzieren?

Dieses Kapitel stellt erste Adressen und Telefonnummern von wichtigen sozialen Einrichtungen, Vereinen und Wohlfahrtsverbänden zu den genannten Themenbereichen zusammen (Stand

Redaktionsschluss Dezember 2018). Die genannten Anlaufstellen sind in vielen Städten und Gemeinden vertreten.

Inspiriert wurde dieses Kapitel im Übrigen insbesondere durch die Broschüre »Günstiger Leben in München«, herausgegeben von der Landeshauptstadt München, Sozialreferat, Amt für Soziale Sicherung, Fachstelle Armutsbekämpfung. (Online-Quelle siehe S. 292)

1. Finanzcheck: Aufstocken, Hinzuverdienen, Schulden tilgen

Immer mehr ältere Menschen sind nicht in der Lage, selbst für ihren Lebensunterhalt aufzukommen, etwa weil die eigne Altersrente oder auch eine Erwerbsminderungsrente zu niedrig sind. Der Staat hält hier verschiedene Möglichkeiten finanzieller Unterstützung bereit. Oft sind die Gesetzeslagen, zum Beispiel wie viel man neben der Rente noch hinzuverdienen darf, kompliziert und für Laien undurchsichtig. Im Folgenden werden drei mögliche Wege staatlicher Unterstützungsleistung aufgezeigt. Grundsicherung im Alter, Grundsicherung bei voller Erwerbsminderung und Arbeitslosengeld II (ALG II) bei teilweiser Erwerbsminderung.

Grundsätzlich gilt: Altersrente erhält man nach Erreichen der staatlichen Altersgrenze. Eine Erwerbsminderungsrente kann man wiederum beantragen, wenn man die Altersgrenze noch nicht erreicht hat, aber aus gesundheitlichen Gründen nicht mehr arbeiten kann. Wichtig ist hier, ob man voll erwerbsgemindert ist, das heißt höchstens drei Stunden pro Tag arbeiten kann oder ob man teilweise erwerbsgemindert ist, das heißt mindesten drei, aber höchstens sechs Stunden pro Tag arbeiten kann. Danach entscheiden sich die Möglichkeiten aufzustocken und auch, wie viel man noch hinzuverdienen darf.

Aufstocken mit Grundsicherung im Alter und bei voller Erwerbsminderung

Eine Grundsicherung können hilfebedürftige Personen beantragen, die endgültig aus dem Erwerbsleben ausgeschieden sind, entweder wenn sie die gesetzliche Renteneintrittsgrenze erreicht haben oder wenn sie aufgrund einer vollen Erwerbsminderung nicht mehr arbeiten können.

Hilfebedürftig sind Personen, wenn sie nicht genügend Unterhalt oder Einkommen zur Verfügung haben, um ihren Lebensunterhalt selbstständig zu sichern.

Die Grundsicherung im Alter und bei Erwerbsminderung ist eine bedarfsorientierte Sozialleistung. Sie umfasst einen Pauschalbetrag für die Lebenshaltungskosten, den sogenannten Regelbedarf, die angemessene Übernahme für Unterkunft und Heizung, einen möglichen Mehrbedarf, zum Beispiel aufgrund einer Behinderung oder chronischen Erkrankung, sowie die Übernahme von Beiträgen der gesetzlichen sowie privaten Kranken- und Pflegeversicherungen (Basistarife).

Die Höhe der Grundsicherungsleistung richtet sich also nach dem individuellen Bedarf und auch nach den in einer Stadt oder Gemeinde errechneten Sätzen zur Existenzsicherung. So kann der individuelle Bedarf in teuren Städten schon allein wegen der hohen Mieten höher ausfallen als in ländlichen Regionen. Der jeweilige Grundsicherungsbetrag wird berechnet, indem vom vorab aufgestellten individuellen Bedarf das vorhandene Einkommen, beispielsweise die eigene Rente, Vermögen oder auch Geldgeschenke, abgezogen werden. Der Differenzbetrag entspricht der staatlichen Grundsicherungsleistung. Es darf jedoch ein Schonvermögen von 5000 Euro vorhanden sein, das nicht zunächst verbraucht werden muss. Die eigenen Kinder werden nicht ohne Weiteres vom Sozialamt herangezogen, sondern hier werden Freibeträge des Selbstbehalts berücksichtigt; gegebenenfalls wird der Einzelfall der Vermögenslage der Kinder geprüft, etwa auch deren eigene Schulden oder Darlehensverpflichtungen berücksichtigt.

Ein Antrag auf Grundsicherung im Alter oder Grundsicherung bei Erwerbsminderung kann in den kommunalen Sozialämtern eingereicht werden. Der Antrag sollte schriftlich gestellt werden. Es genügt erst einmal auch ein formloser Antrag. Unterlagen können nachgereicht werden. Die Antragsstellung bezieht sich auf den Monat, in dem der Antrag eingereicht wurde. Eine rückwirkende Berücksichtigung ist nicht möglich. Eine Auflistung aller Sozialämter in Deutschland sowie Adressen und Telefonnummern ist zu finden unter:

www.sozialaemter.com

Die Deutsche Rentenversicherung Bund berät schnell und kostenlos per Mail oder Servicetelefon.

Deutsche Rentenversicherung Bund
10704 Berlin
Servicetelefon: 0800 – 1000 480 70
E-Mail: meinefrage@drv-bund.de
www.deutsche-rentenversicherung.de

Weiterführende Informationen außerdem unter:
Bundesministerium für Arbeit und Soziales (BMAS)
Wilhelmstraße 49
10117 Berlin
Telefon: 030 – 18 527-0
www.bmas.de

Unterstützung und Beratung bei der Antragstellung geben in der Regel etwa auch die lokalen Einrichtungen der offenen Altenhilfe, im Falle von München, z.B. die Alten- und Service-Zentren im Viertel (siehe S. 297).

Aufstocken mit Arbeitslosengeld II bei teilweiser Erwerbsminderungsrente

Personen, die die Altersgrenze zum Renteneintritt noch nicht erreicht haben, aber aufgrund von Krankheit oder Behinderung nicht mehr im Stande sind, voll zu arbeiten, können eine teilweise Erwerbsminderungsrente beziehen. Für hilfebedürftige Arbeitssuchende mit teilweiser Erwerbsminderung besteht hier außerdem Anspruch auf ALG II, nachdem das ALG I abgeschöpft ist.

Der Erwerbslosenverein Tacheles e.V. informiert und berät rund um SGB II, Sozialrecht, soziale Ausgrenzung und Gegenwehr und stellt außerdem einen Leitfaden zum »ALG II« sowie zur »Sozialhilfe von A–Z« zur Verfügung.

Tacheles e.V. Erwerbslosen- und Sozialhilfeverein
Rudolfstraße 125
42285 Wuppertal
Telefon: 0202 – 31 84 41
E-Mail: info@tacheles-sozialhilfe.de
www.tacheles-sozialhilfe.de

Hinzuverdienstgrenzen

Grundsicherung und Zuverdienst
Personen, die Grundsicherung im Alter oder bei voller Erwerbsminderung beziehen, dürfen zwar begrenzt arbeiten. Jeder Hinzuverdienst aus Erwerbsarbeit wird jedoch derzeit mit der Grundsicherungsleistung verrechnet. Aufwandsentschädigungen für ehrenamtliche Tätigkeiten bleiben hingegen bis maximal 200 Euro monatlich anrechnungsfrei.

Erwerbsminderungsrente und Zuverdienst
Personen, die die Altersgrenze für den Renteneintritt noch nicht erreicht haben, eine volle Erwerbsminderungsrente und kei-

ne Grundsicherung beziehen, dürfen monatlich flexibel hinzuverdienen, jedoch anrechnungsfrei jährlich maximal 6300 Euro. Bei einer Rente wegen teilweiser Erwerbsminderung hängt die jährliche Hinzuverdienstgrenze vom Grad der teilweisen Erwerbsminderung ab sowie davon, ob zusätzlich ALG II bezogen wird.

ALG II und Zuverdienst
Personen, die Arbeitslosengeld II beziehen, dürfen hingegen bis maximal 100 Euro monatlich anrechnungsfrei hinzuverdienen.

Der pauschale Freibetrag bei Erwerbstätigkeit beträgt 100 Euro und deckt damit spezielle Ausgaben, wie Versicherungen, Altersvorsorge oder Werbekosten, ab. Weitere Freibeträge für darüber liegendes Einkommen ist prozentual gestaffelt nach Einkommenshöhe. Bei einem Bruttoeinkommen von 100,01 Euro bis 1.000,00 Euro bleiben 20 Prozent anrechnungsfrei. Bei 1000,01 Euro bis 1200,00 Euro nochmals zehn Prozent.

Altersrente und Zuverdienst
Personen, die die Altersgrenze für den Renteneintritt erreicht haben und keine Grundsicherung beziehen, können abzugsfrei hinzuverdienen.

Siehe dazu:
www.finanztip.de/berufsunfaehigkeitsversicherung/erwerbsm
inderungsrente/
www.finanztip.de/berufsunfaehigkeitsversicherung/erwerbs
unfaehigkeitsrente/

Weiterführende Informationen stellt auch hier die Deutsche Rentenversicherung Bund bereit (genaue Adresse und Telefonnummer siehe oben). Ebenso bietet es sich an, sich bei den lokalen Beratungsstellen der offenen Altenhilfe über die jeweils individuellen Möglichkeiten beraten zu lassen.

Schuldnerberatung

Das sinkende Rentenniveau, die steigenden Energie-, Lebenshaltungs- und Gesundheitskosten, die Zunahme unterbrochener Erwerbsbiografien, der wachsende Niedriglohnsektor und steigende Mieten führen dazu, dass der Anteil der Altersüberschuldung stetig wächst. Wenn weder Ersparnisse, Einnahmen aus Immobilien oder eine private Zusatzvorsorge vorhanden sind, können sich ältere Menschen nach Renteneintritt ihre Existenz oft nicht mehr selbstständig sichern und laufen damit Gefahr, sich zu verschulden.

Mit dem Ziel, diese Notlagen dennoch zu überwinden, bieten bundesweit zahlreiche Beratungsstellen ihre Hilfestellung an.

Der Weg zur Schuldnerberatung ist für viele eine große Überwindung. Erste Hilfestellungen können Online-Beratungen bieten. Kostenfreie Schuldnerberatung wird in der Regel von gemeinnützigen Trägern, Wohlfahrtsverbänden und Kommunen angeboten. Gewerbliche Schuldnerberatungen und Rechtsanwälte sind hingegen kostenpflichtig. Die Bundesarbeitsgemeinschaft Schuldnerberatung e.V. hat für Ratsuchende wichtige Informationen sowie anonyme, kostenfreie und datensichere Beratungsangebote zusammengestellt.

Bundesarbeitsgemeinschaft Schuldnerberatung BAG-SB e.V.
Markgrafendamm 24
10245 Berlin
Telefon: 030 – 346 55 666 0
E-Mail: info@bag-sb.de
www.bag-sb.de/ratsuchende

Informationen über kostenfreie Beratungsangebote können auch über die örtliche Kommune erfragt werden.

Eine Auflistung der Beratungsstellen in Bayern mit Übersichtskarte und weiteren Informationen für Ratsuchende findet sich beispielsweise auf der Internetseite der Landesarbeitsgemeinschaft Schuldner- und Insolvenzberatung Bayern e.V. unter der Rubrik »Rat und Tat«: www.schuldnerberatung-bayern.de/

Unter der Rubrik »Links« sind auf dieser genannten Website außerdem die Landesarbeitsgemeinschaften weiterer Bundesländer gelistet, die in der Regel kostenfreie Beratung anbieten.

Finanzberatung für Frauen

Das Thema Geld war (und ist) eines, mit dem sich in der Familie überwiegend Männer beschäftigten. Hinzu kommt, dass die Bundesbürgerinnen und -bürger im internationalen Vergleich ein vorsichtiges und risikoscheues Anlageverhalten aufweisen. Unabhängige Finanzberatungsstellen für Frauen orientieren sich speziell an deren Bedarf und informieren zum Beispiel über die Möglichkeiten, beizeiten finanziell für das Alter vorzusorgen. Hilfreiche Informationen erhält man auf den Internetseiten oder aus Fachbüchern, die kostenlos oder kostengünstig in den jeweiligen Stadtbibliotheken ausgeliehen werden können.

FinanzFachFrauen

Der Verein FinanzFachFrauen e.V. ist ein bundesweiter Zusammenschluss von Finanz- und Versicherungsexpertinnen. Neben Workshops, Seminaren, Konferenzen, Publikationen und Vorträgen rund ums Thema »Frau und Geld« bietet der Verein insbesondere Finanzberatung für Frauen an.

Die FinanzFachFrauen e.V.
Venusbergweg 48
53115 Bonn
kontakt@finanzfachfrauen.de
www.finanzfachfrauen.de

frau & geld

frau & geld ist eine GmbH & Co. KG, die seit 30 Jahren Finanzdienstleitungen für Frauen anbietet. Die Mitinhaberin Helma Sick ist unabhängige Finanzexpertin, Autorin verschiedener Finanzratgeber für Frauen und Kolumnistin bei der Zeitschrift Brigitte im Bereich »Geld und Vorsorge«.

frau & geld
Finanzdienstleistungen für Frauen GmbH & Co. KG
Robert-Koch-Straße 1
80538 München
Telefon: 089 – 287 29 63 0
E-Mail: kontakt@frau-und-geld.com
www.frau-und-geld.com

Weiterführende Publikationen:
Sick, Helma, Renate Schmidt (2015): Ein Mann ist keine Altersvorsorge. Warum finanzielle Unabhängigkeit für Frauen so wichtig ist. München.
Sick, Helma, Renate Fritz (2010): Reich in Rente. Wie Frauen finanziell am besten vorsorgen. München.

herMoney

herMoney ist ein unabhängiges Informationsportal für Frauen, das für unterschiedliche Altersphasen verschiedene Finanz- und Vorsorgetipps anbietet, die speziell auf weibliche Anforderungen und Lebensverläufe zugeschnitten sind.

www.hermoney.de

2. Wohnen in einer teuren Stadt: Unterstützungsangebote

Bezahlbarer Wohnraum ist eines der zentralen Probleme besonders in teuren Städten. Die Nachfrage nach Sozialwohnungen oder günstigen Genossenschaftswohnungen ist größer als das Angebot. Hohe Mieten und allgemeiner Wohnungsnotstand verringern die Chancen im Alter, noch dazu mit geringem Alterseinkommen, alleinlebend oder mit besonderen Bedürfnissen, wie dem nach barrierefreiem und pflegegeeignetem Wohnraum, auf dem freien Wohnungsmarkt eine passende und finanzierbare Wohnung zu finden. Auch Wohneigentum aufrechtzuerhalten, kann mit Eintritt ins Rentenalter finanzielle Schwierigkeiten hervorrufen. Verschiedene Unterstützungsangebote setzen hier an.

Miet- und Heizkostenübernahme im Grundsicherungsbezug

Wer die Kriterien für den Grundsicherungsbezug oder ALG-II-Bezug erfüllt, erhält neben dem Regelbedarf auch eine angemessene Aufwendung für Unterkunft und Heizung. Basierend auf der Analyse des jeweiligen örtlichen Wohnungsmarkts wird der Angemessenheitsgrad von den Kommunen spezifisch ermittelt und festgesetzt.

Ein Antrag auf Grundsicherung im Alter oder Grundsicherung bei Erwerbsminderung kann in den kommunalen Sozialämtern eingereicht werden (siehe S. 265f.).

Wohngeld

Bei geringem Einkommen gibt es die Möglichkeit, Wohngeld zu beantragen. Das Wohngeld ist ein staatlicher Zuschuss zur Miete (Mietzuschuss) oder für Eigentümer und Eigentümerinnen zu den Kosten selbst genutzten Wohneigentums (Lastenzuschuss).

Wohngeld erhält nur, wer keine anderen staatlichen Transferleistungen bezieht, wie zum Beispiel Grundsicherung im Alter, da dort die Unterkunftskosten bereits berücksichtigt sind.

Ein Antrag auf Wohngeld kann in den kommunalen Wohnämtern eingereicht werden. Auch hier bieten die lokalen Anlaufstellen der Altenhilfe Beratung an. Detaillierte Informationen sowie einen formlosen Antrag auf Wohngeld, einen Wohngeldrechner und ein Adressverzeichnis aller zuständigen Behörden ist zu finden unter:

www.wohngeld.org

Soziale Wohnraumförderung

Mit geringem Alterseinkommen besteht Anspruch auf eine geförderte Mietwohnung. Die Vergabe von Sozialwohnungen wird auf Landesebene verwaltet. Hierfür kann ein Wohnungsberechtigungsschein beantragt werden. Mit diesem erhält man Zugang (meist online, bei Problemen leistet das jeweilige Sozialamt aber Hilfestellung) zum sozialen Wohnungsmarkt der Region. Anhand verschiedener Kriterien wird neben dem Anspruch auf eine Sozialwohnung auch die »soziale Dringlichkeit« ermittelt. Anhand der sozialen Dringlichkeitsstufe werden die vorhandenen Wohnungen dann verteilt, oder man kommt auf eine Warteliste.

Die Antragstellung erfolgt meist in den kommunalen Wohnämtern. Weiterführende Informationen sind zu finden unter:

www.wohnberechtigungsschein.net

Wohnungsanpassung

Die eigene Wohnung altersgerecht zu gestalten, um so lange wie möglich zu Hause zu leben und die dort aufgebauten sozialen Netzwerke nutzen zu können, ist ein zentrales Anliegen vieler älterer Mieterinnen und Mieter, noch dazu wenn es aufgrund des Wohnungsnotstandes kaum Alternativen gibt. Die Bundesarbeitsgemeinschaft Wohnungsanpassung e.v. ist ein Verein zur Förderung des selbstständigen Wohnens älterer und behinderter Menschen und gibt Auskunft über Wohnberatungsstellen in den jeweiligen Städten und Kommunen.

Bundesarbeitsgemeinschaft Wohnungsanpassung e.v.
Mühlenstraße 48
13187 Berlin
Telefon: 030 – 47 47 47 00
E-Mail: info@wohnungsanpassung-bag.de
www.bag-wohnungsanpassung.de

Das Bundesministerium für Familie, Senioren, Frauen und Jugend stellt zudem die Informationsbroschüre »Länger zuhause leben« als PDF zum Download im Internet kostenlos zu Verfügung:

Bundesministerium für Familie, Senioren, Frauen und Jugend (Hrsg.) (2019): Länger zuhause leben. Ein Wegweiser für das Wohnen im Alter.
www.bmfsfj.de/bmfsfj/service/publikationen/laenger-zuhau se-leben/77502

Auch kostenlos postalisch anzufordern unter:
Publikationsversand der Bundesregierung
Postfach 48 10 09
18132 Rostock
Telefon: 030 – 1827 22 721

Hilfe bei Wohnungslosigkeit

Wohnungslose Personen erhalten Unterstützung von der Bundesarbeitsgemeinschaft Wohnungslosenhilfe e.V. Der bundesweite Verein will wohnungslosen Menschen ein Leben in Würde ermöglichen und das Menschenrecht auf Wohnen und Existenzsicherung verwirklichen. Beratungsstellen für Wohnungslose bieten außerdem alle große Wohlfahrtsverbände (genaue Adressen unter Punkt 6).

Bundesarbeitsgemeinschaft Wohnungslosenhilfe e.V.
Boyenstraße 42
10115 Berlin
Telefon: 030 – 284 45 37 0
www.bagw.de

Energieberatung und Handwerksleistungen

Die Verbraucherzentrale berät, wie sich Energie und damit verbundene Kosten sparen lassen. Die Telefonberatung ist kostenlos. Beratungsangebote in einer Beratungsstelle oder zu Hause sind ebenfalls kostenlos für Personen mit geringem Einkommen.

Verbraucherzentrale Bundesverband e.V.
Team Energieberatung
Markgrafenstraße 66
10969 Berlin
Telefon: 030 – 258 00 0
E-Mail: eteam@vzbv.de
Kostenfreie Telefonberatung unter: 0800–809 80 24 00

Die Verbraucherzentrale stellt außerdem die Informationsbroschüre »Energie sparen im Haushalt« als PDF zum Download im Internet kostenlos zur Verfügung:

Verbraucherzentrale Bundesverband e.V. (Hrsg.) (2017):
Energie sparen im Haushalt.
www.verbraucherzentrale-energieberatung.de/assets/downloads/ flyer/Flyer_Strom_sparen_im_Haushalt.pdf

Hilfreich ist auch der bundesweit agierende sogenannte Stromspar-Check, eine gemeinsame Aktion des Deutschen Caritasverbandes e.V. und des Bundesverbandes der Energie- und Klimaschutzagenturen Deutschlands e.V. Haushalte mit geringem Einkommen können sich kostenlos vor Ort beraten und den Stromverbrauch überprüfen lassen. Man erhält Tipps zum Stromsparen und bei einem zweiten Besuch kostenlose Soforthilfen, wie Energiespar- und LED-Lampen.

www.stromspar-check.de/

In manchen Kommunen bietet der regionale Energieversorger eine kostenlose Energieberatung vor Ort für Haushalte mit geringem Einkommen an. Zum Beispiel die Stadtwerke München:

www.swm.de/privatkunden/kundenservice/energieberatung/beratungsservice.html

Einige kommunale Stellen der großen Wohlfahrtsverbände oder kommunale Sozialämter bieten außerdem kostenfrei mobile Werkstätten an. Ehrenamtliche mit handwerklichen Kenntnissen stehen dort zur Verfügung, um Reparaturarbeiten und Handwerksleistungen direkt im Haushalt zu übernehmen (genaue Adressen und Telefonnummern unter Punkt 6).

3. Grundbedürfnisse stillen: Essen, Kleidung, tägliche Gebrauchsgegenstände

Nicht nur die Miete gehört zu den monatlichen Fixkosten, sondern auch Ausgaben für Lebensmittel und Kleidung. Hinzu kommen hin und wieder Kosten für die Reparatur oder Beschaffung von Gegenständen, die man täglich braucht und die zum Leben notwendig sind. Wenn die Lebenshaltungskosten insbesondere in teuren Städten höher sind als die zur Verfügung stehenden Mittel und es gerade am Monatsende eng wird, helfen womöglich folgende Adressen weiter.

Essenstafeln

Unter dem gemeinnützigen Verein Tafel Deutschland e.V. versammeln sich über 940 Essenstafeln in ganz Deutschland, die Essen kostenlos oder kostengünstig an bedürftige Menschen verteilen. Der Verein arbeitet unabhängig, ehrenamtlich und spendenbasiert. Auf der Homepage oder telefonisch erfährt man, wo sich die nächste Tafel befindet:

Tafel Deutschland e.V.
Dudenstraße 10
10965 Berlin
Telefon 030 – 200 59 76 0
E-Mail: info@tafel.de
www.tafel.de

Foodsharing

Foodsharing e.V. ist ein gemeinnütziger Verein zur Umverteilung von Lebensmitteln. Über das Internetportal bieten Privatpersonen sowie Betriebe und Unternehmen Lebensmittel an, die kostenlos abgeholt werden können. Die Registrierung auf der Plattform ist ebenfalls kostenlos.

foodsharing.de

Mittagstische und »Essen auf Rädern«

Viele soziale Einrichtungen, in München etwa auch die Alten- und Service-Zentren in den verschiedenen Vierteln, bieten preisgünstige Mittagstische an. Insbesondere Pflegedienste kümmern sich um das Essen auf Rädern und bringen fertige Mahlzeiten direkt nach Hause. In manchen örtlichen Sozialämtern können Menschen, die Grundsicherung im Alter oder bei Erwerbsminderung beziehen, hierfür einen Zuschuss beantragen. »Essen auf Rädern« bieten neben vielen Privatunternehmen auch soziale Wohlfahrtsverbände an, wie zum Beispiel: Arbeiterwohlfahrt, Caritas, Deutsches Rotes Kreuz, Paritätischer Wohlfahrtsverband (Adressen siehe unter Punkt 6).

Secondhand-Ware

Kleidung, Bücher, Haushaltsgegenstände sowie Accessoires aus zweiter Hand bietet Oxfam, ein gemeinnütziger Verein, der über ehrenamtliche Arbeit gespendete Secondhand-Ware günstig verkauft und die Einnahmen wiederum für eine gerechte Welt ohne Armut einsetzt. Eine Suchmaschine aller Oxfam-Shops in Deutschland gibt es auf der einschlägigen Homepage. Auch die bundesweiten ReSales-Filialen setzen auf Secondhand-Ware und Nachhaltigkeit und bieten ein ähnliches Sortiment.

www.shops.oxfam.de
www.resales.de

Kleiderkreisel

Kleiderkreisel ist eine Secondhand-Plattform, auf der Kleidung verkauft, gekauft, getauscht und verschenkt werden kann. Die Registrierung auf der Plattform ist kostenlos.

www.kleiderkreisel.de

Kleiderkammern und Sozialkaufhäuser

In Deutschland gibt es viele Kleiderkammern und Sozialkaufhäuser. Die meisten werden von großen Wohlfahrtsverbänden betrieben, beispielsweise vom Deutschen Roten Kreuz oder der Caritas (genaue Adressen und Telefonnummern unter Punkt 6). Kleiderkammern und Sozialkaufhäuser verteilen gespendete Secondhand-Ware wie Kleidung, Möbel, Hausrat, Spielsachen et cetera kostenlos oder zu sehr günstigen Preisen an bedürftige Menschen. Die Ware wird entweder unbürokratisch ausgegeben oder durch Nachweis eines Berechtigungsscheins, der die Bedürftigkeit bestätigt. Den Berechtigungsschein erhält man in den örtlichen Sozialämtern oder in den Beratungsstellen der jeweiligen sozialen Einrichtung durch Vorlage entsprechender Unterlagen, wie zum Beispiel des ALG-II-Bescheids oder des Rentenbescheids. In vielen Städten gibt es neben den Angeboten der großen Wohlfahrtsverbände außerdem kleinere Hilfsorganisationen, die ebenfalls Kleiderkammern und Sozialkaufhäuser betreiben, wie zum Beispiel Diakonia oder Weißer Rabe in München. Weitere Auskunft erhält man beispielsweise unter der kostenlosen Service-Hotline des Deutschen Roten Kreuzes (08000 – 365 000) oder im Internet unter:

www.drk.de/hilfe-in-deutschland/existenzsichernde-hilfe/kleiderkammern/
www.ortsdienst.de/sozialkaufhaus
www.diakonia.de/kleiderkammer
www.weisser-rabe.de/unsere-betriebe/gebrauchtwarenhaeuser

Flohmärkte und Trödel

Verschiedene Internetportale bieten eine gute Übersicht über Flohmärkte und Trödelmärkte in ganz Deutschland und informieren über Öffnungszeiten und Termine.

www.meine-flohmarkt-termine.de
www.markt.de/ratgeber/troedelmaerkte/Uebersicht-Flohmaerkte-in-Deutschland

Tauschringe

Tauschringe oder Tauschkreise sind alternative Handelssysteme, über die Dienstleistungen oder Waren ohne Einsatz von Geld getauscht werden. Die Internetseite »Tauschwiki« informiert allgemein über das Tauschkonzept und gibt außerdem eine Übersicht aller Tauschringe in Deutschland.

www.tauschwiki.de/wiki/Hauptseite

4. Gutes Leben: Soziale Teilhabe trotz knapper Mittel

Eine der häufigsten Folgeerscheinungen von Armut ist soziale Isolation und Vereinsamung. Sich im öffentlichen Raum zu bewegen und an sozialem Leben teilzunehmen, kostet meist Geld. Daher ziehen sich viele Menschen, die wenig finanziellen Spielraum haben, zunehmend in die eigenen vier Wände zurück. Im Folgenden sind einige Tipps aufgelistet, die soziale Teilhabe trotz knapper Mittel möglich machen können.

Kino – Konzerte – Museen

Viele Kinos bieten einmal in der Woche einen ermäßigten Kinotag an oder haben Ermäßigungen für diverse Personenkreise, wie Studierende oder auch Seniorinnen und Senioren.

Über kostenlose Konzerte informieren vielerorts die städtischen Magazine und Anzeigen. Auf der Internetplattform TwoTickets kann man beispielsweise gegen eine monatliche günstige Mitgliedsgebühr eine bestimmte Anzahl an Freikarten für diverseste städtische Veranstaltungen erhalten.

www.twotickets.de/freikarten/kostenfrei

In vielen deutschen Museen gibt es ermäßigte Wochentage oder auch eintrittsfreie Tage. Einige Museen sind komplett kostenlos. Einige Museen gewähren darüber hinaus freien Eintritt bei Nachweis des Grundsicherungsbezugs. Außerdem bieten viele Museen spezielle Programme für Seniorinnen und Senioren an. Der deutsche Museumsbund liefert eine Überblicksliste der Eintrittspreise von über 900 deutschen Museen. Die Mitgliedschaft im deutschen Museumsbund ist für Sozialleistungsbeziehende ermäßigt und ermöglich bei Vorlage in den entsprechenden Mitgliedsmuseen zusätzliche Eintrittsermäßigungen.

Deutscher Museumsbund e.V.
In der Halde 1
14195 Berlin
Telefon: 030 – 84 10 95 17
E-Mail: office@museumsbund.de
www.museumsbund.de/mitgliedsmuseen

Mobilität

Viele Städte bieten Ermäßigungen für den öffentlichen Nahverkehr für bestimmte Personenkreise an, unter anderem für Rentnerinnen und Rentner oder für Menschen, die Sozialleistungen beziehen. Günstige Angebote, sich außerhalb der Stadt zu bewegen, gibt es beispielsweise über Fernbusanbieter oder Mitfahrzentralen. Dort bieten Privatpersonen einen Platz in ihrem Auto an. Der Preis beruht auf Verhandlungsbasis.

www.fernbusse.de/buslinien
www.drive2day.de
www.blablacar.de

Rundfunk – Internet – Telefon

Personen, die unter anderem Grundsicherung im Alter, Grundsicherung bei Erwerbsminderung oder Arbeitslosengeld II beziehen, haben Anspruch auf eine Befreiung von Rundfunkgebühren. Zudem können auch Menschen mit bestimmten Schwerbehindertengrad eine Befreiung beantragen. Einen entsprechenden Antrag kann man in den kommunalen Sozialämtern stellen oder direkt online über ein Serviceportal der öffentlich-rechtlichen Rundfunkanstalten ausfüllen und abschicken.

In vielen städtischen Bibliotheken kann man kostenlos PCs und freien Internetzugang nutzen. Öffentliche WLAN-Netze gibt es in vielen Restaurants und Cafés.

Die Telekom vergibt auf Antrag eine Ermäßigung der Telefongebühren. Diesen Sozialtarif erhalten vor allem Menschen, die von den Rundfunkgebühren befreit sind. Außerdem kann in den kommunalen Sozialämtern ein Zuschuss zu den Telefonkosten beantragt werden, Dort wird überprüft, ob ein Anspruch besteht.

www.rundfunkbeitrag.de
www.telekom.de/hilfe/vertrag-meine-daten/tarife-optionen
/sozialtarif-bestellen-oder-verlaengern

Bildung

Viele Volkshochschulen in Deutschland bieten spezielle Programme für Seniorinnen und Senioren an. Ermäßigte Angebote gibt es außerdem für Menschen, die Grundsicherung im Alter beziehen. Ebenso gibt es Seniorenstudienprogramme und öffentliche Vorträge an den Universitäten und Hochschulen. Der Akademische Verein der Senioren gibt Auskunft über das Studium in der zweiten Lebenshälfte. Viele Stadtbibliotheken bieten außerdem ermäßigte oder sogar kostenlose Bibliotheksausweise an.

www.volkshochschule.de
www.senioren-studium.de

Städtische soziale Einrichtungen für ältere Menschen

Kommunen oder Wohlfahrtsverbände stellen in vielen Städten ein flächendeckendes Netzwerk an Einrichtungen für ältere Menschen zur Verfügung. Es sind offene Treffpunkte, die vielfältige Angebote an Aktivitäten, Kursen und Gruppen bereithalten, von gemeinsamen Mahlzeiten, Fitness und Yoga, Sprachen und Bildung bis zu organisierten Ausflügen und Reisen, die meist kostenlos oder gegen ein geringes Entgelt ältere Menschen zusammenbringen und Raum für Austausch und gemeinsame Unternehmungen bieten. Weiterführende Informationen geben hier die kommunalen Ableger der Wohlfahrtsverbände (genaue Adressen unter Punkt 6). Die Stadt München hat hier beispielsweise das Konzept der Alten- und Service-Zentren im gesamten Stadtraum etabliert.

Ermäßigungen und Angebote in und von der Stadt

Stadtspezifische Internetportale informieren über kostenlose Veranstaltungen im gesamten Stadtgebiet, so zum Beispiel das Portal KulturRaum München. Unter der Rubrik »Eintritt frei für alle« listet der gemeinnützige Verein diverse kostenfreie Angebote und Veranstaltungen auf, von Konzerten bis hin zu Fitnessangeboten.

Einige Städte vergeben außerdem speziell Ausweise, mit denen man Zugang zu Ermäßigungen verschiedenster kultureller Angebote und städtischer Infrastruktur erhält. Die Stadt München vergibt den sogenannten »München-Pass« kostenlos an Bürgerinnen und Bürger mit geringem Einkommen und ermöglicht damit viele Vergünstigungen bei städtischen Institutionen (unter anderem öffentlicher Nahverkehr, Museen, Sportstätten, Schwimmbäder) und nicht-städtischen Einrichtungen (Kinos, Theater, Tierpark, et cetera).

www.kulturraum-muenchen.de/eintritt-frei/
www.muenchen.de/rathaus/Stadtverwaltung/Sozialreferat/So
zialamt/Muenchen-Pass.html

5. Wenn die körperlichen Kräfte schwinden: Gesundheit und Pflege finanzieren

Mit zunehmendem Alter sind meist auch höhere finanzielle Ausgaben für die eigene Gesundheit verbunden, sei es durch den Bedarf an Arzneimitteln oder Hilfsmitteln oder durch steigende Krankenversicherungsbeiträge. Viele fürchten überdies, zum Pflegefall zu werden. Neben der Angewiesenheit auf andere sind es die Kosten für die Pflege, die vielen älteren Menschen Sorgen bereiten. Die Angst davor, dass die eigenen Kinder dafür in die Pflicht genommen werden, ist groß. Hilfe und Unterstützung in Fragen zu Gesundheit und Pflege bieten insbesondere die Krankenkassen, die Pflegekassen, die Kommunen, aber auch das Gesundheitsministerium des Bundes und des jeweiligen Bundeslandes. Auch hier kann bei Fragen eine öffentliche Altenhilfe vor Ort in der Nachbarschaft eine erste Anlaufstelle sein.

Bürgertelefon des Bundesgesundheitsministeriums

Das Bürgertelefon des Bundesgesundheitsministeriums ist eine unabhängige Anlaufstelle für alle Fragen rund um das deutsche Gesundheitssystem. Das Bürgertelefon hat für jeden Themenbereich eine extra Durchwahl, zum Beispiel zur Pflegeversicherung (030 – 340 60 66 02) oder zur Krankenversicherung (030 – 340 60 66 01).

Bundesgesundheitsministeriums
Friedrichstraße 108
10117 Berlin
Dienstsitz-Telefon: 030 – 18441 0
E-Mail: poststelle@bmg.bund.de

284

www.bundesgesundheitsministerium.de/service/buergertele
fon.html

Auch die Kommunen stehen bei Fragen zur Gesundheit zur Verfügung. Das Referat für Gesundheit und Umwelt der Landeshauptstadt München listet beispielsweise alle wichtigen Anlaufstellen und Adressen von Ärzten, Kranken- und Sanitätshäusern
sowie Krankenkassen und Apotheken auf oder bietet eine Medi-
kamentenhilfe an, das heißt vergünstigte Medikamente für Menschen mit geringem Einkommen.

Landeshauptstadt München
Referat für Gesundheit und Umwelt
Bayerstraße 28a
80335 München
Telefon: 089 – 233 96 300
E-Mail: rgu@muenchen.de
www.muenchen.de/rathaus/Stadtverwaltung/Referat-fuer-Ge
sundheit-und-Umwelt.html

Bundespatientenbeauftragter

Die Bundesregierung stellt außerdem einen Beauftragten für die
Belange von Patientinnen und Patienten. Patientenbeauftragte
gibt es auch auf Länderebene.

Beauftragter der Bundesregierung für die Belange der Patientinnen und Patienten
Friedrichstraße 108
10117 Berlin
Telefon: 030 – 18 441 3424
E-Mail: bmg.bund.de
www.patientenbeauftragter.de

Unabhängige Patientenberatung

Neben staatlichen Anlaufstellen für Patientinnen und Patienten gibt es auch unabhängige Patientenberatungsstellen auf Bundes- sowie kommunaler Ebene.

Die Unabhängige Patientenberatung Deutschland (UPD) be- rät zu den Themen Gesundheitsvorsorge, Krankheiten, medizini- schen Behandlungen und informiert Versicherte und Patientin- nen sowie Patienten über ihre Rechte bei Behandlungsfehlern. Die Beratung erfolgt online, per Telefon oder vor Ort.

www.patientenberatung.de

Der Gesundheitsladen München e.V. beispielsweise ist so ein kommunales gemeinnütziges Beratungs-, Informations- und Kommunikationszentrum auf städtischer Ebene.

Allgemeine Informationen rund um das Thema Gesundheit sowie kompetente Beratungsangebote findet man auf der Home- page oder telefonisch (089 – 77 25 65).

www.gl-m.de/

Zuzahlungsbefreiung für Gesundheitsleistungen

Wer in der gesetzlichen Krankenkasse versichert ist, muss zu Ge- sundheitsleistungen eine sogenannte Zuzahlung leisten, etwa für Krankengymnastik, Behandlungen im Krankenhaus oder Medi- kamente. Für jedes verschreibungspflichtige Arzneimittel zahlen gesetzlich Versicherte pro Packung zehn Prozent des Verkaufs- preises dazu, jedoch höchstens zehn Euro und mindestens fünf Euro. Damit diese Zuzahlungen niemanden finanziell überfor- dern, gibt es eine Zuzahlungsbelastungsgrenze pro Kalenderjahr. Sie wird individuell berechnet und beträgt zwei Prozent, für chro- nisch Kranke ein Prozent des jährlichen Bruttoeinkommens. Für die Berechnung der individuellen Zuzahlungsbelastungsgrenze gibt es Rechner im Internet oder bei den Krankenkassen:

www.aponet.de/service/zuzahlungsbefreiung/zuzahlungsrechner.html

Ist die Zuzahlungsbelastungsgrenze erreicht, kann ein Antrag auf Zuzahlungsbefreiung bei der gesetzlichen Krankenkasse gestellt werden. Die Krankenkasse prüft den Antrag und stellt bei Bewilligung eine Bescheinigung aus. Damit müssen für den Rest des Jahres keine weiteren Zuzahlungen mehr geleistet werden. Bereits zu viel geleistete Zuzahlungen werden ebenfalls erstattet.

Zur Antragstellung auf Zulassungsbefreiung informieren das Bundesgesundheitsministerium (Adresse und Telefonnummer siehe oben) sowie alle gesetzlichen Krankenkassen.

www.bundesgesundheitsministerium.de/zuzahlung-und-erstattung-arzneimittel.html

Es gibt aber auch Medikamente, für die gar nichts gezahlt werden muss, sogenannte zuzahlungsbefreite Medikamente. Dies hängt von den Rabattverträgen der jeweiligen gesetzlichen Krankenkasse mit den Arzneimittelherstellern ab. Weitere Informationen erhält man in den Apotheken oder bei den Krankenkassen. Eine Liste aller zuzahlungsbefreiten Medikamente gibt es im Internet:

www.aponet.de/service/zuzahlungsbefreiung/zuzahlungsbefreiungsliste-fuer-medikamente.html

Nicht-verschreibungspflichtige Arzneimittel müssen in der Regel selbst bezahlt werden.

Kostenübernahme von Hilfsmitteln

Hilfsmittel sind bewegliche Gegenstände, zum Beispiel Rollatoren, Kompressionsstrümpfe oder Sehhilfen wie Lupen. Hilfsmittel sind zudem von Pflegehilfsmitteln zu unterscheiden. Eine Kostenübernahme durch die gesetzliche Krankenversicherung ist nur möglich, wenn das Produkt im Hilfsmittelverzeichnis gelistet ist. Eine Online-Version des Hilfsmittelverzeichnisses stellt der GKV-Spitzenverband zur Verfügung.

www.gkv-spitzenverband.de

Zahnersatz

Personen, die ein geringes Einkommen haben, sind härtefallberechtigt. Sie erhalten von der Krankenkasse einen höheren Zuschuss, der aber extra beantragt werden muss. Es besteht außerdem ein Anspruch, dass die Krankenkasse die Kosten für den Zahnersatz im Rahmen einer Regelversorgung übernimmt. Auskunft erhält man bei der Krankenkasse oder bei der Bundeszahnärztekammer:

Bundeszahnärztekammer
Arbeitsgemeinschaft der Deutschen Zahnärztekammern e.V. (BZÄK)
Chausseestraße 13
10115 Berlin
Telefon: 030 – 40005 0
E-Mail: info@bzaek.de
www.bzaek.de

Der Flyer »Zahnersatz und kein Geld?« vom Gesundheitsladen München enthält hierzu außerdem wertvolle Informationen:

www.gl-m.de/fileadmin/Veroeffentlichungen/Broschueren/
14_GL_Kurzinfo_AchtungZE_2018.pdf

Pflegeversicherung – Pflegeleistungen – Pflegeberatung

Wie viel die Pflegeversicherung bezahlt, hängt vom Pflegegrad ab. Das Bundesministerium für Gesundheit gibt Auskunft über die Einstufung in die verschiedenen Pflegestufen. Oft reichen die eigene Rente und die Pflegeversicherung nicht aus, um die Pflegekosten zu decken. Der Online-Ratgeber »Pflegeleistungs-Helfer« des Bundesgesundheitsministeriums informiert darüber, welche Zusatzleistungen beantragt werden können.

Kinder sind unterhaltspflichtig für ihre pflegebedürftigen Eltern, wenn diese die Pflege, etwa in einem Pflegeheim, nicht selbst bezahlen können. Zunächst greifen jedoch die Pflegeversicherung, dann das Einkommen, die Rente und das Vermögen des Elternteils. Dann muss gegebenenfalls die Ehepartnerin oder der Ehepartner für die Kosten aufkommen. Danach erst müssen Kinder Elternunterhalt leisten, jedoch nur, wenn sie über ein gewisses Einkommen verfügen. Die eigenen Unterhaltspflichten der Kinder und Ehepartner, zum Beispiel Rücklagen für die eigene Altersvorsorge oder zu begleichende Schulden, sind außerdem vorrangig. Die Höhe der Unterhaltszahlungen ist somit von vielen Faktoren abhängig und muss im Einzelfall berechnet werden.

Kostenlose Pflegeberatung bieten alle großen Wohlfahrtsverbände an (genaue Kontaktdaten unter Punkt 6). Außerdem gibt es unabhängige Pflegeberatungsangebote auf Länderebene, beispielsweise die »Leitstelle Pflegeservice Bayern«, die sich als erste Anlaufstelle für gesetzlich Versicherte versteht (0800 – 772 1111). Antworten auf Fragen zum Thema Pflegeversicherung erhält man außerdem über das Bürgertelefon des Bundesgesundheitsministeriums (Telefonnummer siehe S. 284).

www.bundesgesundheitsministerium.de/themen/pflege.html
www.bundesgesundheitsministerium.de/service/pflegeleistun
gs-helfer.html
www.pflegeservice-bayern.de

6. Weitere Hilfsnetzwerke: Beratungsstellen, Clearingstellen, Wohlfahrtsverbände, kommunale Einrichtungen und sonstige Vereine

Staatliche Unterstützungsmaßnahmen, wie beispielsweise die Grundsicherung im Alter, sind hilfreich und notwendig, jedoch meist kompliziert in der Beantragung und oft, gerade in teuren Städten, nicht ausreichend, um Armut in ihrer gesamten Problematik aufzufangen. Hier setzen auf verschiedenen Ebenen Beratungsangebote an. Der wachsenden Zahl der von Altersarmut Betroffenen versucht eine immer größer werdende Unterstützungslandschaft aus Wohlfahrtsverbänden, Beratungsstellen, kommunalen Einrichtungen, unabhängigen Vereinen und ehrenamtlich Tätigen entgegenzuwirken. Das Feld der Hilfsangebote in der Bundesrepublik ist in seiner Vielfalt oft nicht überschaubar. Sogenannte »Clearingstellen«, sprich Schnittstellen, sind übergeordnete Stellen, die das breite staatliche wie nicht-staatliche Hilfsnetzwerk in Deutschland zusammenstellen und sortieren. Sie vermitteln dann je nach Problemlage an entsprechende spezialisierte Beratungsstellen weiter und sind damit erste Anlaufstelle für Laien wie auch Expertinnen und Experten. Nachfolgend sind einige dieser Clearingstellen sowie nicht-staatliche Verbände und Vereine auf Ebene des Bundes sowie kommunaler Ebene aufgelistet, die im Feld der Altersarmut unterstützen können.

Behördennummer und Bürgertelefone

Unter der sogenannten Behördennummer 115 erhält man Antworten auf Verwaltungsfragen aller Art, zum Beispiel zum Wohnberechtigungsschein oder zur Grundsicherung im Alter. Dort kann man sich allgemein informieren oder wird bei spezifischen Fragen entsprechend weitervermittelt.

Weiterführende Informationen unter:
www.115.de/DE/Startseite/startseite_node.html

Die Bürgertelefone dienen ebenfalls als erste Anlaufstellen. Das Bürgertelefon des Bundesministeriums für Arbeit und Soziales beantwortet unter anderem Fragen rund um die Themen »Rente« (Telefon: 030 – 221 911 001) oder »Minijob« (Telefon: 030 – 221 911 005).

Weiterführende Informationen unter:
ww.bmas.de/DE/Service/Buergertelefon/buergertelefon.html

Auch auf kommunaler Ebene helfen die Bürgertelefone der Sozialreferate, Sozialbürgerhäuser oder Rathäuser bei Fragen weiter. Oft stellen die kommunalen Sozialämter auch spezifische Informationsbroschüren für Bürgerinnen und Bürger sowie spezielle Beratungsangebote der Stadt zur Verfügung. Das Sozialreferat München beispielsweise informiert im zweiten Armutsbericht 2017 ausführlich über soziale Ungleichheit und Handlungsfelder zum Thema Armutsbekämpfung in der Stadt. Die kostenlose Broschüre »Günstiger Leben in München« beinhaltet eine Bandbreite an Informationen und Tipps für die Stadtbevölkerung.

Weiterführende Informationen unter:
Landeshauptstadt München, Sozialreferat, Amt für Soziale Sicherung, Fachstelle Armutsbekämpfung (Hrsg.) (2017): Münchner Armutsbericht 2017. München.
www.muenchen.info/soz/pub/pdf/586_Muenchner_Armuts bericht_2017.pdf.

Landeshauptstadt München, Sozialreferat, Amt für Soziale Sicherung, Fachstelle Armutsbekämpfung (Hrsg.) (2016): Günstiger Leben in München. Tipps, Adressen, Informationen. München.

www.muenchen.info/soz/pub/pdf/470_guenstiger_leben_muenchen.pdf.

NAKOS

Nakos ist eine nationale Informations- und Vermittlungsstelle im Feld der Selbsthilfe in Deutschland. Sie richtet sich an Bürgerinnen und Bürger, Selbsthilfegruppen, Fachleute und Medien und beantwortet alle Fragen zur Selbsthilfe. Der Verein zur Selbsthilfeunterstützung ist gut informiert über alle Bereiche, zu denen sich Menschen zusammengeschlossen haben, und greift bei der Kontaktvermittlung auf eine große Datenbank zurück. Die Serviceleistungen sind kostenlos.

Nationale Kontakt- und Informationsstelle
zur Anregung und Unterstützung von Selbsthilfegruppen
Otto-Suhr-Allee 115
10585 Berlin
Telefon: 030 – 31 01 89 60
E-Mail: selbsthilfe@nakos.de
www.nakos.de

BAGSO

Die Bundesarbeitsgemeinschaft der Senioren-Organisationen e.V. ist die Lobby der älteren Menschen in Deutschland. Als Interessenvertretung älterer Menschen gegenüber Politik, Wirtschaft und Gesellschaft stellt sie auch ein vielfältiges Angebot an Informationen, unter anderem zum Thema Wohnen, Gesundheit oder Pflege, bereit:

Bundesarbeitsgemeinschaft der Senioren-Organisationen e.V.

Thomas-Mann-Straße 2–4

53111 Bonn

Telefon: 0228 – 24 99 93 0

E-Mail: kontakt@bagso.de

www.bagso.de

VdK

Der Sozialverband VdK Deutschland e.V. ist ein bundesweit agierender gemeinnütziger Verband, der sich für soziale Gerechtigkeit und eine gerechtere Sozialpolitik einsetzt. Der Verband fordert unter anderem eine Rente, von der die Menschen im Alter gut leben können, speziell auch Freibeträge für den Zuverdienst bei Grundsicherung im Alter, sowie gesetzliche Kranken- und Pflegeversicherungen, die für jede und jeden bezahlbar sind. Neben der sozialpolitischen Interessenvertretung aller Bürger und Bürgerinnen stellt der Verband insbesondere Sozialrechtsberatung und gut verständliche Broschüren zur Verfügung.

Sozialverband VdK Deutschland e.V.

Bundesgeschäftsstelle

Linienstraße 131

10115 Berlin

Telefon: 030 – 92 10 580 0

E-Mail: kontakt@vdk.de

www.vdk.de

AWO

Die Arbeiterwohlfahrt gehört zu den sechs Spitzenverbänden der Freien Wohlfahrtspflege in Deutschland. Einen Schwerpunkt der AWO bildet die Seniorenarbeit mit Wohnprojekten und Pflegeheimen, ambulanten Unterstützungsangeboten sowie Seniorentreffs. Eine bundesweite Pflege- und Seniorenberatung kann online oder unter der kostenlosen Telefonnummer 0800 – 60 70 110 kontaktiert werden. Zudem gibt es von der AWO Schuldner- und Migrationsberatungsstellen. Die Homepage des Bundesverbandes bietet Suchfunktionen zu ortsnahen Angeboten.

Arbeiterwohlfahrt Bundesverband e.V.
Heinrich-Albertz-Haus
Blücherstraße 62/63
10961 Berlin
Telefon: 030 – 26309 0
E-Mail: info@awo.org
www.awo.org

Deutsches Rotes Kreuz

Das Deutsche Rote Kreuz ist eine humanitäre Organisation mit dem Ziel, sich für die Schwächsten und Verletzlichsten der Gesellschaft einzusetzen. Der nationale Verband der internationalen humanitären Bewegung gehört in Deutschland zum Spitzenverband der freien Wohlfahrtspflege und engagiert sich mit seinen verschiedenen Landesverbänden aktiv in der Sozialen Arbeit. Ein Schwerpunktbereich stellt dabei die Altenhilfe und Gesundheitsförderung dar. Neben Pflegediensten bietet das DRK beispielsweise auch in Altentagesstätten ein vielschichtiges Alltagsprogramm sowie gezielte Beratung für ältere Menschen an.

Deutsches Rotes Kreuz e.V.
Generalsekretariat
Carstennstraße 58
12205 Berlin
Telefon: 030 – 85404 0
E-Mail: drk@drk.de
www.drk.de

294

Diakonie

Die Diakonie Deutschland ist der soziale Dienst der evangelischen Kirchen. Zu den Themenschwerpunkten des Verbandes zählen unter anderem »Armut und Arbeit«, »Wohnungslosigkeit« sowie »Gesundheit und Pflege«. Die Diakonie Deutschland berät online, hilft bundesweit in einer Vielzahl verschiedener Einrichtungen Menschen vor Ort und setzte sich 2018 verstärkt für Armutsprävention für Frauen ein. Eine kostenfreie Telefonseelsorge (0800 – 1110 11) bietet rund um die Uhr Hilfe in jeder Problemlage an. Einzelne Einrichtungen stellen außerdem Hilfs- und Beratungsangebote speziell für Frauen zu Verfügung.

Diakonie Deutschland – Evangelischer Bundesverband
Evangelisches Werk für Diakonie und Entwicklung
Caroline-Michaelis-Straße 1
10115 Berlin
Telefon: 030 – 65211 0
E-Mail: diakonie@diakonie.de
www.diakonie.de

Caritas

Der Deutsche Caritasverband ist der Wohlfahrtsverband der römisch-katholischen Kirche. Er hilft und berät unter anderem ältere Menschen zu den Themen »Wohnen«, »Pflege«, »Aktiv sein«, »Sterben und Tod«. Neben einer umfassenden Online-Beratung zum Leben im Alter stellen die kommunalen Caritasstellen auch Hilfe vor Ort zur Verfügung, etwa in Begegnungsstätten für ältere Menschen. Auf der Homepage des Verbandes lassen sich alle bundesweiten Einrichtungen und entsprechenden Dienste der Caritas anhand der Postleitzahl finden.

Deutscher Caritasverband e.V.
Karlstraße 40
79104 Freiburg
Telefon: 0761 – 200 0
E-Mail: info@caritas.de
www.caritas.de

Sozialdienst katholischer Frauen (SKF)

Der Sozialdienst katholischer Frauen, ein Frauen- und Fachverband der sozialen Arbeit, bietet insbesondere Hilfe für Frauen und Familien sowie Frauen in schwierigen Lebenslagen an. Zu den Arbeitsfeldern des Vereins zählen unter anderem die Armutsbekämpfung und Prävention, die Schuldnerberatung sowie Wohnungslosenhilfe. Die insgesamt 143 bundesweiten Ortsvereine sind Träger verschiedener Beratungsstellen und Frauenhäusern. Auf der Homepage kann man sich allgemein informieren oder konkrete Hilfe vor Ort finden.

Sozialdienst katholischer Frauen Gesamtverein e.V.
Agnes-Neuhaus-Straße 5
44135 Dortmund
Telefon: 0231 – 55 70 26 0
E-Mail: info@skf-zentrale.de
www.skf-zentrale.de

Paritätischer Wohlfahrtsverband

Der Paritätische Wohlfahrtsverband ist einer der Spitzenverbände der Freien Wohlfahrtspflege der Bundesrepublik. Zu den Schwerpunktthemen zählen unter anderem die Bereiche »Wohnen« und »Armut«. Seit 1989 erfasst und analysiert der Verband die Situation sozialer Ungleichheit in der Bundesrepublik und veröffentlicht die Ergebnisse in seinen Armutsberichten. Die Landesverbände

296

sind Träger einer Vielzahl von Selbsthilfe- und Unterstützungs-
stellen mit flächendeckenden Beratungsangeboten. Hilfe vor Ort
ist über die Homepage zu finden.

Der Paritätische Gesamtverband
Oranienburger Straße 13–14
10178 Berlin
Telefon: 030 – 24636 0
E-Mail: info@paritaet.org
www.der-paritaetische.de

Alten- und Service-Zentren München

Das bundesweit einmalige Konzept der Alten- und Service-Zentren (ASZ) verknüpft versorgende und präventive Angebote für ältere Menschen. Über 30 ASZ im gesamten Stadtgebiet dienen als
Begegnungsstätten und Anlaufstellen in der Nachbarschaft. Sie
wollen die Selbstständigkeit älterer Menschen stärken und erhalten, sie unterstützen den Verbleib in der eigenen häuslichen Umgebung, helfen bei physischen und psychischen Problemen und
möchten Isolation, Vereinsamung sowie Ausgrenzung entgegenwirken. Neben der häuslichen Versorgung bieten die ASZ zum
Beispiel auch Mittagstische an sowie ein vielfältiges Angebot an
kostenfreien oder günstigen Gruppen, Kursen, Informations-, Be-
gegnungs- und generationsübergreifenden Veranstaltungen. Sie
organisieren darüber hinaus kulturspezifische Angebote für Migrantinnen und Migranten.

www.muenchen.de/rathaus/Stadtverwaltung/Sozialreferat/So
zialamt/ASZ.html

LichtBlick Seniorenhilfe

LichtBlick Seniorenhilfe e.V. ist ein Verein, der sich seit seiner Gründung 2003 gegen Altersarmut und Einsamkeit im Alter einsetzt. Er unterstützt bedürftige Senioren und Seniorinnen auf verschiedenen Ebenen und engagiert sich dafür, älteren Menschen in Deutschland eine Stimme zu geben. Neben der spendenbasierten finanziellen Soforthilfe bietet LichtBlick Seniorenhilfe e.V. außerdem Patenschaften für Bedürftige an sowie ortsabhängig beispielsweise kostenlose Mittagstische oder auch Lebensmittelgutscheine.

LichtBlick Seniorenhilfe e.V.
Schweigerstraße 15
81541 München
Telefon: 089 – 67 97 10 10
E-Mail: info@seniorenhilfe-lichtblick.de
www.seniorenhilfe-lichtblick.de

ZONTA

Zonta ist ein internationaler Club, in dem sich berufstätige Frauen in verantwortungsvollen Positionen zusammengeschlossen haben. Der Club setzt sich dafür ein, die Situation von Frauen auf allen Ebenen gesellschaftlichen Lebens zu verbessern. Gemeinsam mit dem Caritasverband München haben die vier Münchner Zonta Clubs 2015 das Projekt »Altersarmut und Frauen« ins Leben gerufen. Neben Präventionsarbeit hilft das Projekt auf Basis von Spendengeldern akut und unbürokratisch Frauen, die von Armut betroffen sind oder an der Armutsgrenze leben. Anträge können über den Caritasverband München gestellt werden.

www.zonta-muenchen-i.de/projekte/wechselnd.html?id=299

Caritas München
Hirtenstraße 4
80335 München
Telefon: 089 – 55 169 741
E-Mail: info@caritasmuenchen.de
www.caritas-nah-am-nächsten.de

Nachbarschaftshilfe

Das Netzwerk Nachbarschaft ist eine Internetplattform für Nachbarinnen und Nachbarn, die Infrastruktur für organisierte Nachbarschaftshilfe bereitstellt.

Netzwerk Nachbarschaft
c/o AMG Hamburg
Goernestraße 30
20249 Hamburg
Telefon: 040 – 480 650 18
www.netzwerk-nachbarschaft.net

Anmerkungen

1 Interview vom 12.3.2015 mit Irene Götz und Petra Schweiger. Siehe auch ausführlich das entsprechende Porträt unten.

2 Siehe zu Alter und Prävention auch Götz/Lehnert (2016) sowie allg. die Beiträge in Pohlmann (2016).

3 Siehe Bertelsmann Stiftung 2017. Zu den hier vermittelten Prognosen, die auf repräsentativen Langzeit-Daten des Sozio-ökonomischen Panels fußen, in Kurzform auch Alexander Preker: Altersarmut nimmt in Deutschland drastisch zu. In: Spiegel Online, 26.6.2017. Die Studie der Stiftung wurde von den Wirtschaftsforschungsinstituten DIW (Deutsches Institut für Wirtschaftsforschung) und ZEW (Zentrum für Europäische Wirtschaftsforschung) zur Entwicklung der Altersarmut bis 2036 durchgeführt.

4 Siehe den Münchner Armutsbericht von 2017, S. 154. Im Folgenden zitiert als Sozialreferat der Landeshauptstadt München (2017).

5 Siehe Der Paritätische Wohlfahrtsverband (2017), S. 19.

6 Siehe ebd. Entsprechende Zahlen legt auch die Studie der Bertelsmann-Stiftung von 2017 (siehe Anm. 3) vor und rechnet mit einem Anstieg der Armutsrisikoquote in Deutschland von derzeit 16,2 auf rund 20 Prozent im Jahr 2036 für Neurentnerinnen und -rentner. München übrigens hat laut Münchner Armutsbericht im Jahr 2017 diese Quote von rund 20 Prozent armutsgefährdeten über 65-Jährigen bereits erreicht, siehe Sozialreferat der Landeshauptstadt München (2017), S. 142, Abb. 58.

7 Siehe ebd., S. 144.

8 Siehe ebd. Durch die gesetzlichen Rentenabsenkungen gleichen sich hier die Geschlechter auf immer niedrigerem Niveau

allmählich an: Im Jahr 2016 bezogen Männer, die in München neu in Rente gingen, nur noch 888 Euro im Durchschnitt, Neurentnerinnen 804 Euro.

9 Siehe ebd., S. 144. 2016 waren es deutschlandweit und auch in München rund 5,5 Prozent, die ihre Rente aufstockten; dabei liegt die Armutsgefährdungsschwelle hier bereits bei rund 20 Prozent der Bevölkerung. Siehe zu den entsprechenden Zahlen für Deutschland die Studie der Bertelsmann Stiftung von 2017, wie Anm. 3. Die Prognosen für den Zuwachs an Grundsicherungsempfängern sind steigend.

10 Siehe Sozialreferat der Landeshauptstadt München (2017), S. 144ff. Auch bei Bezieherinnen und Beziehern von Mehrfachrenten wird es mit einem monatlichen Budget von durchschnittlich rund 1245 Euro bzw. 1342 Euro (im Jahr 2016 zur Zeit der Erhebungen) knapp.

11 Siehe BMAS (2017) und kritisch dazu z.B. Christoph Butterwegge: Armutsbericht. Zensiert und geschönt. In: ZEIT Online, 12.4.2017.

12 Siehe den fünften Altenbericht der Bundesregierung »Potenziale des Alters in Wirtschaft und Gesellschaft« (BMSFSJ 2006) Siehe kritisch auch zu dieser verbreiteten Aktivierung der RuheständlerInnen Denninger et al. (2014).

13 Siehe Rau (2016).

14 Zum Konzept der Lebensführung im Alter siehe Backes/Clemens (2003) und Clemens (2004).

15 Der Kulturwissenschaftler Harm-Peer Zimmermann (2013) hat diese Haltung als »Alters-Coolness« eindrücklich beschrieben.

16 Siehe hierzu den Altersforscher Kruse (2005), der Selbstständigkeit als eine »zentrale Kategorien einer ethischen Betrachtung des Alters« herausstellt.

17 Siehe z.B. Bode (2014).

18 Siehe Butterwegge/Hansen (2012). Dies gilt auch für Bayern. Hier ist die Armutsgefährdung im Vergleich zu anderen Grup-

pen für alleinlebende Frauen ab 65 Jahren besonders hoch, siehe BSMASFF (2012), S. 348.

19 Laut der Deutschen Rentenversicherung bekamen *langjährig versicherte* Männer in Westdeutschland im Jahr 2016 im Schnitt rund 1200 Euro Rente, im Osten rund 1100 Euro. Die Durchschnittsrente für *langjährig versicherte* Frauen in den alten Bundesländern lag bei rund 750 Euro. In den neuen Bundesländern war sie aufgrund der früheren Erwerbsbiografien zu DDR-Zeiten (noch) etwa 100 Euro höher. Da heutige Rentenbezieherinnen im Vergleich zu Männern seltener langjährige (Vollzeit-)Versicherungszeiten aufweisen können, ist ihre Rente in der Regel niedriger als 750 Euro. Nach dem Rentenreport Bayern des Deutschen Gewerkschaftsbundes beträgt die durchschnittliche Rente bei einem Ausstieg aus der Erwerbstätigkeit im Jahr 2015 bei männlichen Neurentnern in diesem Bundesland 1049 Euro, bei Frauen lediglich 616 Euro. (DGB Bezirk Bayern 2016, S. 6–15), was wiederum mit den Rentenabsenkungen zu tun hat.

20 Siehe BMAS (2017), S. 442.

21 Siehe Backes (2004), S. 396f.

22 Siehe Niederfranke (1999), S. 11ff. und Höpflinger (2007), S. 251f.

23 Siehe Backes (2004), S. 396f.; siehe auch Götz/Lehnert (2016).

24 Siehe Denninger et al. (2014).

25 Siehe hier auch das Interview mit Gisela Notz über »Arbeit für 0,00 Euro. Das soziale Ehrenamt als kostenlose Ressource«, in Goettle (2014), S. 153–164.

26 Siehe den sechsten Altenbericht der Bundesregierung (BMFSFJ 2010, S. 43ff.).

27 Siehe Sozialreferat der Landeshauptstadt München (2017), S. 143.

28 Siehe Bourdieu (1982).

29 Siehe Bourdieu (2009).

30 Das Projekt trägt den Titel »Prekärer Ruhestand. Arbeit und

Lebensführung von Frauen im Alter« und wurde von der Deutschen Forschungsgemeinschaft finanziert (2015–2019). An ihm arbeiteten – außer der Autorin dieses Beitrags als Leitung – Esther Gajek, Alex Rau, Marcia von Rebay, Petra Schweiger und Noémi Sebők-Polyfka mit. Siehe Götz (2017), Götz et al. (2017) und http://www.volkskunde.uni-muenchen. de/vkee_download/doku_prekaerer-ruhestand.pdf. Siehe zu einer einschlägigen Tagungsdokumentation im Vorfeld des Projektes auch Götz/Lehnert (2014). Derzeit entstehen drei Dissertationen zu diesem Thema zu Einzelaspekten.

31 Siehe zu diesem weiten Begriff von Prekarität Castel/Dörre (2009).

32 Vorbild für diese Form, objektive gesellschaftliche Lagen in der Praxis der Lebensführung in Einzelfallstudien aufscheinen zu lassen, ist Pierre Bourdieus Studie »Elend der Welt«, siehe Bourdieu et al. (1997).

33 Siehe Sozialreferat der Landeshauptstadt München (2012), S. 83.

34 Siehe Sozialreferat der Landeshauptstadt München (2017), S. 147.

35 In einem Fall – bei Traudel Heller – handelte es sich um eine Pension von rund 1460 Euro. Der Münchner Armutsbericht (Sozialreferat der Landeshauptstadt München 2017, S. 147) merkt an, dass Beamtinnen und Beamte über deutlich höhere monatliche Bezüge als Rentnerinnen und Rentner verfügen und »tendenziell fast nie« von Altersarmut bedroht sind.

36 Deutschlandweit wird der Anteil der Bedürftigen, die nicht zum Amt gehen, auf rund 68 Prozent geschätzt; an dieser allerdings schwierigen Berechnung hat sich auch der Münchner Armutsbericht (Sozialreferat der Landeshauptstadt München (2017, S. 144) orientiert.

37 Siehe den Rentenreport des DGB Bezirk Bayern (2016), S. 6–15.

38 Gegen diese Altersbilder arbeitet etwa der sechste Altenbericht der Bundesregierung an, wenngleich aus einer dezidierten

Perspektive der Aktivierung Älterer für den von Fachkräftemangel geprägten derzeitigen Arbeitsmarkt, siehe BMSFSJ
(2010).

39 Siehe die Forschungen von Baethge (1991).

40 Siehe Boltanski/Chiapello (2003).

41 Ehegattensplitting wird als ein Relikt einer Nachkriegs-Fami-
lienpolitik stark kritisiert, siehe z.B. Sick/Schmidt (2015), weil
es dazu beiträgt, diese für die Frauen rententechnisch sehr ungünstigen Arbeitsteilungen beizubehalten. So begünstigt es
steuerlich die Ehemänner, die häufig auch aufgrund der Wahl
lukrativer Berufe besser verdienen als die Frauen. Diese zahlen
den Preis, spätestens wenn die Ehe scheitert.

42 Laut dritten »Bericht der Staatsregierung zur sozialen Lage in
Bayern« aus dem Jahr 2012 sind in Bayern 75,6 Prozent der erwerbstätigen Mütter mit Kindern unter 18 Jahren teilzeitbe-
schäftigt (BSMASFF 2012, S. 124f.). Bei heterosexuellen Paaren mit minderjährigen Kindern tragen knapp 65 Prozent der
Paare beide durch Erwerbsarbeit zum Familieneinkommen
bei, wobei anzunehmen ist, dass die Kindererziehungs- und
Pflegearbeit dennoch nach wie vor bei den Frauen liegt. In
29 Prozent der Fälle übernimmt immer noch der Mann die al-
leinige Ernährerrolle; bei lediglich 3 Prozent ist nur die Frau
erwerbstätig. Eine andere Statistik besagt: Der Frauenanteil in
Bayern bei Teilzeitbeschäftigungen beträgt fast 85 Prozent; bei
älteren Arbeitnehmerinnen nimmt der Anteil an Teilzeitbe-
schäftigten und geringfügig Beschäftigten noch einmal drastisch zu (siehe ebd., S. 125). Anzumerken ist auch, dass in der
ehemaligen DDR wie in anderen sozialistischen Nachbarlän-
dern die Erwerbstätigkeit der Frauen in Vollzeit politisch gewollt und weitaus häufiger war, was sich noch heute auf etwas
höhere Renten auswirkt.

43 Auch wenn in den letzten Jahren die Zahl der sozialversiche-
rungspflichtig erwerbstätigen Frauen (wie auch die der Männer) in Deutschland im Vergleich zu anderen europäischen

Ländern besonders deutlich gestiegen ist, ist die Zahl der Vollzeit beschäftigten Frauen gleich geblieben, nur die Teilzeitbeschäftigungen stiegen bei ihnen zwischen 2007 und 2017. Siehe zu diesen Statistiken: Bundesagentur für Arbeit (2018), bes. S. 8. Laut einer weiteren Studie der Hans-Böckler-Stiftung (https://www.boeckler.de/51973.htm#) begründet mehr als drei Viertel der Mütter in Westdeutschland (78 Prozent) ihre Teilzeitbeschäftigung weiterhin mit Aufgaben in der familiären Betreuung. In Ostdeutschland dagegen sind die Verbleibszeiten in Teilzeit kürzer und häufig dem Fehlen von Vollzeitarbeitsplätzen geschuldet (das Gleiche gilt generell für Männer, die viel seltener und eher vorübergehend Teilzeit arbeiten).

44 Jüngste Gesetzesänderungen wie die Einführung der »Mütterrente« zum 1.7.2014 versuchen, der ungleichen Verteilung von Renten in Bezug auf weibliche und männliche Lebensläufe durch die Anerkennung von Kindererziehungszeiten entgegenzuwirken.

45 Siehe Denninger et al. (2014), S. 71f.

46 Seit 2018 wird nur ein gewisser Sockelbetrag der »Riester-Rente« und von Betriebsrenten als Freibetrag akzeptiert, siehe zur Kritik etwa die Stimmen der Sozialversicherungsverbände, zitiert z.B. in Sozialreferat der Landeshauptstadt München (2017), S. 163.

47 Siehe Maximilian Heim: Angela Merkel im ZDF. Wie eine Putzfrau Merkel sprachlos macht. In: SZ Online, 15.9.2017.

48 Die »Ideologie« der Frauenberufe und die Realitäten auf diesem für Männer und Frauen ungleiche Chancen und Entlohnungen bietenden Arbeitsmarkt finden sich erstmals analysiert bei Beck-Gernsheim (1976).

49 Zu den häufig ausbeuterischen Arbeitsverhältnissen für Care-Arbeiterinnen siehe z.B. Schwarz (2015).

50 Siehe Annette Ramelsberger: Kampf um Gleichberechtigung nach 1945. Als der Mann zur Last wurde. In: SZ Online, 7.5.2015.

51 Noch heute ist der Unterhalt für die Kinder ein umkämpftes Thema: »Einer Studie des Deutschen Instituts für Wirtschaftsforschung zufolge erhält etwa die Hälfte der Alleinerziehenden keinen einzigen Cent von ihrem Ex-Partner. Ein weiteres Viertel bekommt zwar etwas, doch nur jeder vierte Unterhaltspflichtige begleicht den vollständigen Betrag.« Hier zit. Christoph Schäfer: Wenn Papa nicht zahlt. Frankfurter Allgemeine Zeitung Online, 14.11.2017.

52 Siehe Sick/Schmidt (2015). Die beiden schlagen z.B. vor, dass die Ehemänner ihren Frauen eine private Altersvorsorge als Kompensation für die entgangenen Rentenpunkte finanzieren, falls sich das Paar für die traditionelle Arbeitsteilung entscheidet und die Frau dem Mann damit den Rücken für das Geldverdienen freihält, anstatt selbst in Vollzeit erwerbstätig zu bleiben.

53 Siehe Unterweger (2013), S. 217.

54 Siehe etwa den Rentenreport des DGB Bezirk Bayern (DGB Bayern 2016, S. 22f.).

55 Während bei Älteren ohne Migrationshintergrund rund 11 Prozent armutsgefährdet sind, liegt die Quote bei Deutschen mit Migrationshintergrund bei über 29 Prozent – so weit die Zahlen des fünften Armuts- und Reichtumsberichts der Bundesregierung (BMAS 2017, S. 442). Andere Studien wie die des Paritätischen Wohlfahrtsverbandes von 2016 gehen von insgesamt dramatischeren Zahlen und einem generell stärkeren Zuwachs an Altersarmen aus, siehe Der Paritätische Wohlfahrtsverband (2017).

56 Siehe Backes (2004), S. 398.

57 Diese trug der von dem Pädagogen Georg Picht auf den Punkt gebrachten Tatsache Rechnung, dass die bisherigen Bildungsverliererinnen die »katholischen Arbeitermädchen vom Lande« gewesen seien, siehe Picht (1964).

58 Siehe Gerhard (2008), S. 188ff. oder Nave-Herz (1993), S. 66.

59 Siehe Bundesagentur für Arbeit, Arbeitsmarkt in Zahlen 2016,

zitiert in Sozialreferat der Landeshauptstadt München (2017), S. 147.

60 Siehe BMFSFJ (2010), S. 31, S. 177–230.

61 Siehe van Dyk (2009), S. 322.

62 Siehe zu dieser Moral der Selbstaktivierung im Alter in einer »Aktivgesellschaft« kritisch Denninger et al. (2014), van Dyk (2015, bes. S. 97–111), Keupp (2015) und Lessenich/Otto (2005).

63 Laut Statistischem Bundesamt, zitiert nach Sozialreferat der Landeshauptstadt München (2017), S. 147.

64 Siehe ebd., S. 149 und S. 164f. mit einem Interview mit Ulrike Mascher, der ehem. Vorsitzenden des Sozialverbands VdK, über die Forderungen, den Sozialabbau in Deutschland zu stoppen.

65 Siehe Scherger (2013).

66 Siehe zu diesem Aspekt des Wohnerlebens und Zurechtwohnens der Wohnungen im Alter als zentraler Stütze auch Claßen et al. (2014).

67 Siehe hierzu die Studie von Huszka (2018).

68 Siehe Sozialreferat der Landeshauptstadt München (2017), S. 156f.

69 Siehe Lessenich (2008).

70 Siehe Schroeter/Rosenthal (2005) und Fussek (2007).

71 Siehe van Dyk/Lessenich (2009).

72 Siehe van Dyk (2015), S. 140f.

73 Siehe Grebe (2015), S. 11.

74 Siehe Keil/Scherf (2016), S. 6.

75 Eine bedeutende Komponente der »Weltgestaltung« im Alter, so Kruse (2016, S. 112), ist die Weitergabe von Wissen und Erfahrung an die Jüngeren. Den Kindern oder seiner Umwelt etwas zu geben, sie irgendwie unterstützen zu können, gibt – wie auch zivilgesellschaftliches Engagement – Anerkennung und zeigt, dass man noch am Leben gestaltend teilhat. Siehe auch zur einschlägigen Studie Kruses, die allerdings auf Befragungen mit 400 Hochaltrigen basiert, Kruse/Schmitt (2005).

76 Siehe Staudinger (2000).

77 Siehe Stoppe (2008).

78 Siehe Brandstädter (2007).

79 Die Bestrebungen der Großen Koalition im Jahr 2018, eine Grundrente einzuführen, die zumindest für langzeitbeschäftigte Rentnerinnen und Rentner zehn Prozent über der errechneten Höhe der Grundsicherung im Alter liegt, ist bislang nur ein Tropfen auf einen heißen Stein. Siehe die radikaleren Vorschläge z.B. von Christoph Butterwegge oder Otto Teufel, (Goettle 2014, S. 75–86 und S. 127–139).

80 Siehe DGB Bezirk Bayern (2016).

81 Siehe Robert Bosch Stiftung (2013).

Literatur

BACKES, GERTRUD M. (1981): *Frauen im Alter. Ihre besondere Benachteiligung als Resultat lebenslanger Unterprivilegierung.* Bielefeld: AJZ Verlag.

BACKES, GERTRUD M. (2004): Alter(n). Ein kaum entdecktes Arbeitsfeld der Frauen- und Geschlechterforschung. In: Becker, Ruth; Kortendiek, Beate (Hrsg.): *Handbuch Frauen- und Geschlechterforschung. Theorie, Methoden, Empirie.* Wiesbaden: VS Verlag für Sozialwissenschaften, S. 395–401.

BACKES, GERTRUD M., WOLFGANG CLEMENS (2003): *Lebensphase Alter. Eine Einführung in die sozialwissenschaftliche Alternsforschung.* Weinheim: Juventa Verlag.

BAETHGE, MARTIN (1991): Arbeit, Vergesellschaftung, Identität. Zur zunehmenden normativen Subjektivierung der Arbeit. In: Soziale Welt 42/1, S. 6–19.

BECK-GERNSHEIM, ELISABETH (1976): *Der geschlechtsspezifische Arbeitsmarkt. Zur Ideologie und Realität von Frauenberufen.* Frankfurt am Main: Aspekte-Verlag.

BERTELSMANN STIFTUNG (Hrsg.) (2017): *Entwicklung der Altersarmut bis 2036. Trends, Risikogruppen und Politikszenarien.* o. O.

BMAS (Bundesministerium für Arbeit und Soziales) (Hrsg.) (2017): *Lebenslagen in Deutschland. Der fünfte Armuts- und Reichtumsbericht der Bundesregierung.* Berlin.

BMFSFJ (Bundesministerium für Familie, Senioren, Frauen und Jugend) (Hrsg.) (2017): *Länger zuhause leben. Ein Wegweiser für das Wohnen im Alter.* Berlin www.bmfsfj.de/bmfsfj/service/publikationen/laenger-zuhause-leben/77502.

BMFSFJ (Bundesministerium für Familie, Senioren, Frauen und Jugend) (Hrsg.) (2006): *Fünfter Bericht zur Lage der älteren Generation in der Bundesrepublik Deutschland. Potenziale des Alters in Wirtschaft und Gesellschaft. Der Beitrag älterer Menschen zum Zusammenhalt der Generationen.* Berlin.

BMFSFJ (Bundesministerium für Familie, Senioren, Frauen und Jugend) (Hrsg.) (2010): *Sechster Bericht zur Lage der älteren Generation in der Bundesrepublik Deutschland. Altersbilder in der Gesellschaft und Stellungnahme der Bundesregierung* (Bundestagsdrucksache 17/3815, 17. Wahlperiode). Berlin.

BODE, SABINE (2014): *Die vergessene Generation. Die Kriegskinder brechen ihr Schweigen.* Stuttgart: Klett-Cotta.

BOLTANSKI, LUC, EVE CHIAPELLO (2003): *Der neue Geist des Kapitalismus.* Konstanz: Universitätsverlag.

BOURDIEU, PIERRE (1982): *Die feinen Unterschiede. Kritik der gesellschaftlichen Urteilskraft.* Frankfurt am Main: Suhrkamp.

BOURDIEU, PIERRE (2009): Ökonomisches Kapital, kulturelles Kapital, soziales Kapital. In: Solga, Heike; Powell, Justin; Berger, Peter A. (Hrsg.): *Soziale Ungleichheit. Klassische Texte zur Sozialstrukturanalyse.* Frankfurt am Main: Suhrkamp, S. 111–125.

BOURDIEU, PIERRE ET AL. (1997): *Das Elend der Welt. Zeugnisse und Diagnosen alltäglichen Leidens an der Gesellschaft* (Edition discours, Bd. 9). Konstanz: Universitätsverlag.

BRANDSTÄDTER, JOCHEN (2007): Hartnäckige Zielverfolgung und flexible Zielanpassung als Entwicklungsressourcen. Das Modell assimilativer und akkommodativer Prozesse. In: Brandstädter, Jochen; Lindenberger, Ulman (Hrsg): *Entwicklungspsychologie der Lebensspanne. Ein Lehrbuch.* Stuttgart: Kohlhammer, S. 413–445.

BSMASFF (Bayerisches Staatsministerium für Arbeit und Sozialordnung, Familie und Frauen) (Hrsg.) (2012): *Dritter Bericht der Staatsregierung zur sozialen Lage in Bayern.* München.

BUNDESAGENTUR FÜR ARBEIT, STATISTIK/ARBEITSMARKTBERICHTERSTATTUNG, Berichte 2018: *Blickpunkt Arbeitsmarkt Die Arbeitsmarktsituation von Frauen und Männern 2017.* Nürnberg, Juli 2018.

BUTTERWEGGE, CAROLIN, DIRK HANSEN (2012): Altersarmut ist

überwiegend weiblich. Frauen als Hauptleidtragende des Sozial-
abbaus. In: Butterwegge, Christoph; Bosbach, Gerd; Birkwald,
Matthias W. (Hrsg.): *Armut im Alter. Probleme und Perspektiven
sozialer Sicherung.* Frankfurt am Main: Campus, S. 111–129.

BUTTERWEGGE, CHRISTOPH (2009): *Armut in einem reichen
Land. Wie das Problem verharmlost und verdrängt wird.* Frankfurt am Main/New York: Campus.

CASTEL, ROBERT, KLAUS DÖRRE (Hrsg.) (2009): *Prekarität, Abstieg, Ausgrenzung. Die soziale Frage am Beginn des 21. Jahrhun-
derts.* Frankfurt am Main/New York: Campus.

CLASSEN, KATRIN, FRANK OSWALD, MICHAEL DOH, UWE KLEI-
NEMAS, HANS-WERNER WAHL (2014): *Umwelten des Alterns.
Wohnen, Mobilität, Technik und Medien* (Grundriss Gerontolo-
gie, Bd. 10). Stuttgart: Kohlhammer.

CLEMENS, WOLFGANG (2004): Lebenslage und Lebensführung im
Alter – zwei Seiten einer Medaille? In: Backes, Gertrud M.; Clemens, Wolfgang; Künemund, Harald (Hrsg.): *Lebensformen
und Lebensführung im Alter.* Wiesbaden: Springer, S. 43–58.

DENNINGER, TINA, SILKE VAN DYK, STEPHAN LESSENICH,
ANNA RICHTER (2014): *Leben im Ruhestand. Zur Neuverhand-
lung des Alters in der Aktivgesellschaft.* Bielefeld: Transcript.

DER PARITÄTISCHE WOHLFAHRTSVERBAND/GESAMTVERBAND
(Hrsg.) (2017*): Menschenwürde ist Menschenrecht. Bericht zur
Armutsentwicklung in Deutschland 2017.* Berlin.

DGB-BEZIRK BAYERN (Der Deutsche Gewerkschaftsbund Bayern) (Hrsg.) (2016): *Rentenreport Bayern 2016.* München.

KEUPP, HEINER (2015): Alter ist auch nicht mehr das, was es einmal war! In: Dill, Helga; Keupp, Heiner (Hrsg.): *Der Alterskraftunternehmer.* Bielefeld: Transcript, S. 17–48.

DYK, SILKE VAN (2009): »Junge Alte« im Spannungsfeld von
liberaler Aktivierung, Ageism und Anti-Ageing-Strategien. In:
dies.; Lessenich, Stephan (Hrsg.): *Die jungen Alten. Analysen einer neuen Sozialfigur.* Frankfurt am Main/New York: Campus,
S. 316–339.

DYK, SILKE VAN (2015): *Soziologie des Alters.* Bielefeld: Transcript.

DYK, SILKE VAN, STEPHAN LESSENICH (Hrsg.) (2009): *Die jungen Alten. Analysen einer neuen Sozialfigur.* Frankfurt am Main/ New York: Campus.

ENDTER, CORDULA, SABINE KIENITZ (Hrsg.) (2017): *Alter(n) als soziale und kulturelle Praxis. Ordnungen – Beziehungen – Materialitäten* (Aging Studies, Bd. 10). Bielefeld: Transcript.

FUSSEK, KLAUS (2007): *Im Netz der Pflegemafia. Wie mit menschenunwürdiger Pflege Geschäfte gemacht werden.* München: C. Bertelsmann.

GERHARD, UTE (2008): Frauenbewegung. In: Roth, Roland; Rucht, Dieter (Hrsg.): *Die sozialen Bewegungen in Deutschland seit 1945. Ein Handbuch.* Frankfurt am Main/New York: Campus, S. 188–217.

GOETTLE, GABRIELE (2014): *Haupt- und Nebenwirkungen. Zur Katastrophe des Gesundheits- und Sozialsystems.* München: Kunstmann.

GÖTZ, IRENE (2017): Stil und Stilisierung im prekären Ruhestand oder wie ältere Frauen ihr kulturelles Kapital ökonomisieren. In: Sutter, Ove; Flor, Valeska (Hrsg.): *Ästhetisierung der Arbeit. Empirische Kulturanalysen des kognitiven Kapitalismus.* (Bonner Beiträge zur Alltagskulturforschung, Bd. 11) Münster u.a.: Waxmann, S. 105–120.

GÖTZ, IRENE, ESTHER GAJEK, ALEX RAU, PETRA SCHWEIGER (2017): Prekärer Ruhestand. Arbeit und Leben von Frauen im Alter. In: Endter, Cordula; Kienitz, Sabine (Hrsg.): *Alter(n) als soziale und kulturelle Praxis. Ordnungen – Beziehungen – Materialitäten* (Aging Studies, 10). Bielefeld: Transcript, S. 55–80.

GÖTZ, IRENE, KATRIN LEHNERT (Hrsg.) (2014): Prekärer Ruhestand. Arbeit und Lebensführung von Frauen im Alter. Workshop-Dokumentation. URL: www.volkskunde.uni-muenchen. de/vkee_download/doku_prekaerer-ruhestand.pdf.

GÖTZ, IRENE, KATRIN LEHNERT (2016): Präventive Vermeidung von Altersarmut. In: Pohlmann, Stefan (Hrsg.): *Alter und Prävention*. Wiesbaden: Springer, S. 85–106.

GREBE, HEINRICH (2015): Wie Hochbetagte um sich selbst Sorge tragen. In: Aus Politik und Zeitgeschichte. 65/38–39, S. 10–17.

HEINZELMANN, MARTIN (2004): *Das Altenheim – immer noch eine »totale Institution«? Eine Untersuchung des Binnenlebens zweier Altenheime*. Göttingen: Cuvillier.

HÖPFLINGER, FRANÇOIS (2007): Männer im Alter – Altern von Männern. In: Hollstein, Walter; Matzner, Michael (Hrsg.): *Soziale Arbeit mit Jungen und Männern*. München/Basel: Ernst Reinhardt Verlag, S. 243–259.

HUSZKA, VICTORIA (2018): *»Rent a Grandma«: aktivierte Alterskraft. Großelterliche Gefühle und Fürsorge im Spiegel der Debatten um (Selbst-)Verantwortung im Alter* (Münchner ethnographische Schriften, Bd. 26). München: Herbert Utz Verlag.

KEIL, ANNELIE, HENNING SCHERF (2016): *Das letzte Tabu: Über das Sterben reden und den Abschied leben lernen*. Freiburg im Breisgau: Herder.

KRUSE, ANDREAS (2005): Selbständigkeit, bewußt angenommene Abhängigkeit, Selbstverantwortung und Mitverantwortung als zentrale Kategorien einer ethischen Betrachtung des Alters. In: Zeitschrift für Gerontologie und Geriatrie, 38/4, S. 273–287.

KRUSE, ANDREAS (2016): Prävention im Alter. Anthropologischer Kontext, Konzepte, Befunde. In: Pohlmann, Stefan (Hrsg.): *Alter und Prävention*. München: Springer, S. 107–129.

KRUSE, ANDREAS, ERIC SCHMITT (2015): Shared Responsibility and Civic Engagement in Very Old Age. In: Research in Human Development 12, S. 133–148.

LESSENICH, STEPHAN (2008): *Die Neuerfindung des Sozialen*. Bielefeld: Transcript.

LESSENICH, STEPHAN, ULRICH OTTO (2005): Zwischen »verdientem Ruhestand« und »Alterskraftunternehmer«: Das Alter in der Aktivgesellschaft – eine Skizze und offene Fragen zur Gestalt eines Programms und seinen »Widersprüchen«. In: Otto,

Ulrich (Hrsg.): *Partizipation und Inklusion im Alter – aktuelle Herausforderungen.* Jena: IKS Garamond, S. 5–18.

NAVE-HERZ, ROSEMARIE (1993): *Die Geschichte der Frauenbewegung in Deutschland,* Bonn: Bundeszentrale für Politische Bildung.

NIEDERFRANKE, ANNETTE (1999): Das Alter ist weiblich. Frauen und Männer altern unterschiedlich. In: Dies.; Naegele, Annette; Frahm, Gerhard (Hrsg.): *Funkkolleg Altern 2. Lebenslagen und Lebenswelten, soziale Sicherung und Altenpolitik.* Opladen/Wiesbaden: Westdeutscher Verlag, S. 7–52.

POHLMANN, STEFAN (Hrsg.) (2016): *Alter und Prävention.* Wiesbaden: Springer.

PICHT, GEORG (1964): *Die deutsche Bildungskatastrophe. Analyse und Dokumentation.* Freiburg im Breisgau/Olten: Walter-Verlag.

RAU, ALEXANDRA (2016): *Alltag Flaschensammeln. Ethnographie einer informellen Arbeitspraxis* (Münchner ethnographische Schriften, Bd. 20). München: Herbert Utz Verlag.

ROBERT BOSCH-STIFTUNG (Hrsg.) (2013): *Die Zukunft der Arbeitswelt. Auf dem Weg ins Jahr 2030.* Stuttgart.

SCHERGER, SIMONE (2013): Zwischen Privileg und Bürde. Erwerbstätigkeit jenseits der Rentengrenze in Deutschland und Großbritannien. In: Zeitschrift für Sozialreform 59/2, S. 137–166.

SCHROETER, KLAUS R., THOMAS ROSENTHAL (Hrsg.) (2005): *Soziologie der Pflege. Grundlagen, Wissensbestände und Perspektiven.* Weinheim: Beltz.

SCHWARZ, JULIA (2015): *Globalisierte(s) Sorgen. »24-Stunden-Pflege« als transnationale Care Work* (Münchner ethnographische Schriften, Bd. 19). München: Herbert Utz Verlag.

SICK, HELMA, RENATE FRITZ (2010): *Reich in Rente. Wie Frauen finanziell am besten vorsorgen.* München: Diana-Verlag.

SICK, HELMA, RENATE SCHMIDT (2015): *Ein Mann ist keine Altersvorsorge. Warum finanzielle Unabhängigkeit für Frauen so wichtig ist.* München: Kösel-Verlag.

SOZIALREFERAT DER LANDESHAUPTSTADT MÜNCHEN (2012): *Münchner Armutsbericht 2011*. München.

SOZIALREFERAT DER LANDESHAUPTSTADT MÜNCHEN (2017): *Münchner Armutsbericht 2017*. München.

STAUDINGER, URSULA M. (2000): Viele Gründe sprechen dagegen und trotzdem geht es vielen Menschen gut: Das Paradox des subjektiven Wohlbefindens. In: Psychologische Rundschau 51/4, S. 185–197.

STOPPE, GABRIELA (2008): *Depressionen im Alter*. In: Bundesgesundheitsblatt – Gesundheitsforschung – Gesundheitsschutz, 51, S. 406–410.

UNTERWEGER, GISELA (2013): *Der Umgang mit Geld als kulturelle Praxis. Eine qualitative Untersuchung in der gesellschaftlichen Mitte*. Zürich: Chronos.

ZIMMERMANN, HARM-PEER (2013): Alters-Coolness. Gefasstheit und Fähigkeit zur Distanzierung. In: Rentsch, Thomas; Zimmermann, Harm-Peer; Kruse, Andreas (Hrsg.): *Altern in unserer Zeit. Späte Lebensphasen zwischen Vitalität und Endlichkeit*. Frankfurt am Main/New York: Campus, S. 101–125.

ZIMMERMANN, HARM-PEER (Hrsg.) (2018): *Kulturen der Sorge. Wie unsere Gesellschaft ein Leben mit Demenz ermöglichen kann*. Frankfurt am Main/ New York: Campus.

Dank

An dem Zustandekommen dieses Buches waren neben der Herausgeberin verschiedene Autorinnen beteiligt. Esther Gajek vom Lehrstuhl für vergleichende Kulturwissenschaft der Universität Regensburg – sie brachte ihre langjährige Erfahrung als Interviewerin und Autorin auch im Gebiet der Altersforschung ein; Alex Rau – als wissenschaftliche Mitarbeiterin und Koordinatorin meines DFG-Projektes »Prekärer Ruhestand« verfasste sie einen großen Teil der Porträts sowie Teil III des Buches; Marcia von Rebay – sie unterstützte uns als Projektassistenz tatkräftig bei Recherchen; Petra Schweiger, seit diesem Jahr Patientenbeauftragte der Stadt München – von den Kontakten zu Älteren aus ihrer früheren Physiotherapeutinnen-Tätigkeit und ihrem einschlägigen Fachwissen, mit dem sie als Mitarbeiterin unsere Diskussionen bereicherte, profierten wir besonders; und nicht zuletzt schärfte Noémi Sebök-Polyfka unseren Blick durch die vergleichende Perspektive auf die Lebenswelten von älteren Frauen in der Slowakei. Katrin Lehnert, Dachverband Deutsches Frauenarchiv, und Margit Weber, Universitätsfrauenbeauftragte der LMU München, danke ich überdies für die Begleitung des Projektes insbesondere in seinen Anfängen.

Großer Dank gebührt unseren Interviewpartnerinnen, die offen über ihre oft prekäre Situation sprachen. Dafür, dass wir zu ihnen Kontakte knüpfen und überdies einschlägige Informationen rund um die soziale Lage von älteren Frauen einholen konnten, danken wir den Mitarbeiterinnen der Münchner Alten- und Service-Zentren: Melanie Ritter (Westend), Elisabeth Robles-Salgado (Thalkirchen), Birgit Schmidt-Deckert (Maxvorstadt), Dorothee Hollberg, Sabine Schmidt (Milbertshofen); außerdem Elisabeth Mühlauer, Schuldnerberatung AWO, Evelyn Töpfer, Diakonia,

Renate Rabenstein, Bayerisches Rotes Kreuz, sowie Victoria Huszka, Universität Bonn.

Des Weiteren wäre dieses Projekt nicht zustande gekommen ohne die Finanzierung der Deutschen Forschungsgemeinschaft und die Unterstützung des Instituts für Empirische Kulturwissenschaft und Europäische Ethnologie an der LMU München. Antje Kunstmann danken wir für ihre konzeptionellen Anregungen und ihre umsichtige Betreuung bei der Drucklegung.

München, den 3.12.2018   Irene Götz

© Verlag Antje Kunstmann GmbH, München 2019
Umschlaggestaltung: Heidi Sorg und Christof Leistl
Typografie und Satz: frese-werkstatt.de
Druck und Bindung; Pustet, Regensburg
ISBN 978-3-95614-292-5